高等职业教育土木建筑类专业新形态教材

工程建设法规

主　编　齐红军
副主编　李常茂　陈会玲　赵长莉
参　编　赵淑敏　蒋桂梅　史　芳
　　　　王兴科　李　璐　初云燕
　　　　曹立静
主　审　杨　群　曹新刚

北京理工大学出版社
BEIJING INSTITUTE OF TECHNOLOGY PRESS

内 容 提 要

本书根据最新的工程建设法律法规，按照土木工程类相关专业应用型人才培养计划和课程设置要求，针对培养对象适应职业发展应具备的知识和能力要求进行编写。全书共分为十章，主要内容包括工程建设法规概论、建设工程许可制度及相关法规、建筑工程发承包与招投标法规、建设工程合同法规、建设工程勘察设计法规、建设工程监理法规、建设工程质量管理法规、建设工程安全法规、环境保护与建筑节能法规、建设工程纠纷与法律服务等。

本书可作为高等院校土木工程类、工程管理类及其他相关专业的教材和教学参考书，也可作为相关人员的岗位培训教材，尤其是注册建造师、注册监理工程师考前辅导教材。

版权专有　侵权必究

图书在版编目（CIP）数据

工程建设法规 / 齐红军主编.—北京：北京理工大学出版社，2023.8重印
ISBN 978-7-5682-8574-2

Ⅰ.①工⋯　Ⅱ.①齐⋯　Ⅲ.①建筑法—中国　Ⅳ.①D922.297

中国版本图书馆CIP数据核字（2020）第101250号

出版发行 / 北京理工大学出版社有限责任公司
社　　　址 / 北京市丰台区四合庄路6号院
邮　　　编 / 100070
电　　　话 / （010）68914775（总编室）
　　　　　　（010）82562903（教材售后服务热线）
　　　　　　（010）68944723（其他图书服务热线）
网　　　址 / http://www.bitpress.com.cn
经　　　销 / 全国各地新华书店
印　　　刷 / 北京紫瑞利印刷有限公司
开　　　本 / 787毫米×1092毫米　1/16
印　　　张 / 14　　　　　　　　　　　　　　　责任编辑 / 时京京
字　　　数 / 340千字　　　　　　　　　　　　文案编辑 / 时京京
版　　　次 / 2023年8月第1版第4次印刷　　　　责任校对 / 刘亚男
定　　　价 / 38.00元　　　　　　　　　　　　责任印制 / 边心超

图书出现印装质量问题，请拨打售后服务热线，本社负责调换

前　言

随着我国社会经济的发展和土木工程类行业参与国际工程建设市场竞争的需要，工程建设已纳入法制化轨道。作为土木工程类专业的学生，不仅要掌握自然科学知识和专业技能知识，而且要掌握工程建设相关的法律法规知识。因此"工程建设法规"成为交通运输与土建类相关专业的一门专业课程，学生学习掌握建设法规、遵守建设法规是今后从事工程建设领域工作应当具备的法律素质。

本书主要具有以下特色：

1. 内容选取以必需、够用为原则

针对培养对象适应未来职业发展应具备的知识和能力等要求，以讲清概念和政策、强化应用为重点，不拘泥于理论的系统性、完整性。本书侧重介绍我国工程建设法律领域实践中用得较多的法律法规。

2. 内容布局贴近工程工作过程实际

基本按照工程建设活动的工作过程安排内容，使读者在学习过程中能较清楚地了解从工程建设项目的报建、招标投标、施工到竣工验收全过程中各阶段所涉及的相关法律、法规、规章和规范。基于工作过程的内容布局，既遵循工程建设活动的一般规律，又便于读者理解和学习。

3. 思路与执业资格考试相衔接

我国现行很多执业资格考试中，都含有"工程建设法规"这一科目。考虑到土木工程类专业应用型人才今后的发展方向，以及为满足目前高等院校学生培养目标的双证书要求，本书内容的编写结合了注册建造师、注册监理工程师等执业资格考试大纲的要求，因此，本书也可作为有关执业资格考试的复习参考书。

4. 以案说法，突出应用性和实践性

本书中阐述重要知识点时都附有针对性的案例，以利于内容的掌握。每章结尾均配套了综合练习题，以加强读者对本章重要内容的理解和应用，培养其实践能力。

5. 内容新，前瞻性强

本书充分吸收近年来工程建设法规的最新成果，力求反映我国最新的立法动向。

本书由陕西铁路工程职业技术学院齐红军担任主编，由陕西铁路工程职业技术学院李常茂、陕西工业职业技术学院陈会玲、枣庄职业学院赵长莉担任副主编，陕西铁路工程职业技术学院赵淑敏、蒋桂梅、史芳、王兴科、李璐，山东协和学院初云燕、曹立静参与了本书的编写工作。全书由中铁建工集团建筑安装工程有限公司杨群、中铁一局集团物资工贸有限公司曹新刚主审，齐红军、李常茂统稿。本书配套有丰富的资源和课件，在编写过程中得到了刘斌、苏昭、李辉、苏仁权等同志的大力帮助，在此一并表示感谢。

由于编者水平有限，书中难免存在的不足之处，敬请同行与读者批评指正。

编　者

目 录

第一章 工程建设法规概论 ……… 1

第一节 工程建设法规概述 ……… 1
一、工程建设法规的概念和调整对象 … 1
二、工程建设法规的特性 ……… 2
三、工程建设法规体系 ……… 3

第二节 工程建设法律关系 ……… 4
一、工程建设法律关系的概念与特征 … 4
二、工程建设法律关系的构成要素 …… 5
三、建设法律、行政法规和相关法律的关系 ……… 6
四、工程建设法律关系的产生、变更和终止 ……… 7

第三节 工程建设程序 ……… 9
一、工程建设程序的概念及其重要性 … 9
二、工程建设的阶段划分及其内容 …… 9

第四节 工程建设法规责任 ……… 11
一、法律责任的概念与特征 ……… 11
二、法律责任的构成要件 ……… 12
三、工程建设法律责任的分类 ……… 12
四、工程建设法律责任的归责与免责 … 14

本章小结 ……… 15
小知识 ……… 15
练习题 ……… 16
综合练习题 ……… 16

第二章 建设工程许可制度及相关法规 ……… 17

第一节 建设工程许可制度 ……… 17
一、建设工程许可的概念、特点和意义 ……… 17
二、建筑工程施工许可制度 ……… 18
三、建筑从业资格制度 ……… 23

第二节 《中华人民共和国保险法》与工程建设相关的主要规定 …… 25
一、工程建设保险的概念和种类 …… 25
二、建筑工程一切险 ……… 26
三、安装工程一切险 ……… 28

第三节 《中华人民共和国劳动法》与工程建设相关的主要规定 ……… 30
一、劳动合同基本内容 ……… 30
二、劳动安全卫生规程和标准 ……… 33
三、对女职工和未成年职工的特殊保护 ……… 33
四、劳动争议的处理 ……… 34

第四节 《中华人民共和国消防法》与工程建设相关的主要规定 ……… 35
一、《中华人民共和国消防法》 …… 35
二、工程建设消防规定 ……… 35
三、工程建设消防安全措施 ……… 36

第五节 税法与工程建设相关的主要规定 ……… 37
一、税法 ……… 37
二、纳税程序 ……… 37
三、违反税法的责任 ……… 38

本章小结 ……… 39
小知识 ……… 40
练习题 ……… 40
综合练习题 ……… 41

第三章 建筑工程发承包与招投标法规 ……… 42

第一节 建筑工程发包与承包概述 …… 42
一、建筑工程发包与承包概念 ……… 42

二、建筑工程发包与承包的原则 …… 43
　　三、建筑工程发包与承包的特征 …… 44
　　四、建筑工程发包 ………………… 44
　　五、建筑工程承包 ………………… 45
第二节　建筑工程招标 ………………50
　　一、招标人 ………………………… 50
　　二、招标工作机构 ………………… 51
　　三、招标条件 ……………………… 52
　　四、招标方式 ……………………… 52
　　五、建筑工程招标程序 …………… 53
　　六、招标文件的编制 ……………… 54
　　七、资格审查 ……………………… 57
第三节　建筑工程投标 ………………59
　　一、投标人 ………………………… 59
　　二、投标工作机构 ………………… 60
　　三、投标程序 ……………………… 61
　　四、投标文件的编制 ……………… 62
　　五、投标人的法律禁止性规定 …… 64
第四节　开标、评标与中标 …………67
　　一、开标 …………………………… 67
　　二、评标 …………………………… 68
　　三、中标 …………………………… 69
本章小结 …………………………………70
小知识 ……………………………………71
练习题 ……………………………………71
综合练习题 ………………………………72

第四章　建设工程合同法规 …………74

第一节　建设工程合同概述 …………74
　　一、《合同法》 …………………… 74
　　二、《合同法》的基本原则与调整范围 … 75
　　三、合同的要素 …………………… 76
　　四、合同的种类 …………………… 77
第二节　建设工程合同制度 …………78
　　一、建设工程合同的订立 ………… 78
　　二、建设工程合同的效力 ………… 81
　　三、建设工程合同的履行 ………… 84
　　四、建设工程合同的变更、转让与
　　　　终止 …………………………… 87
　　五、建设工程合同的索赔 ………… 90
　　六、建设工程合同的违约责任 …… 97

第三节　建设工程勘察设计合同 ……99
　　一、建设工程勘察设计合同的概念及
　　　　分类 …………………………… 99
　　二、建设工程勘察设计合同订立的
　　　　程序 …………………………… 99
　　三、合同当事人对对方资格和资信的
　　　　审查 ………………………… 100
　　四、建设工程勘察设计的定金 …… 100
第四节　建设工程施工合同 ……… 100
　　一、建设工程施工合同的概念及法定
　　　　形式 ………………………… 100
　　二、建设工程施工合同的内容 …… 101
　　三、建设工程施工合同发承包双方的
　　　　主要义务 …………………… 103
本章小结 ……………………………… 103
小知识 ………………………………… 104
练习题 ………………………………… 104
综合练习题 …………………………… 104

第五章　建设工程勘察设计法规 … 107

第一节　建设工程勘察设计概述 …… 107
　　一、建设工程勘察设计的概念 …… 107
　　二、建设工程勘察设计的调整对象 … 107
　　三、建设工程勘察设计的工作原则 … 108
第二节　建设工程勘察设计资质管理 … 109
　　一、建设工程勘察设计资质管理
　　　　概述 ………………………… 109
　　二、建设工程勘察设计资质的分类和
　　　　分级 ………………………… 109
　　三、建设工程勘察设计资质的申请
　　　　条件 ………………………… 110
　　四、建设工程勘察设计资质申请提供的
　　　　材料 ………………………… 111
　　五、建设工程勘察设计资质的撤销与
　　　　注销 ………………………… 112
第三节　建设工程勘察设计文件的编制与
　　　　审批 ………………………… 114
　　一、建设工程勘察设计文件的编制原则和
　　　　依据 ………………………… 114
　　二、建设工程勘察设计文件的编制
　　　　要求 ………………………… 115

三、建设工程勘察设计文件的基本内容
　　　　和深度 …………………………… 115
　　四、建设工程勘察设计文件的审批与
　　　　修改 …………………………… 117
本章小结 ………………………………… 118
小知识 …………………………………… 118
练习题 …………………………………… 119
综合练习题 ……………………………… 119

第六章　建设工程监理法规 ……… 120

第一节　建设工程监理概述 …………… 120
　　一、建设工程监理的概念 ………… 120
　　二、建设工程监理的性质 ………… 120
第二节　工程监理单位资质管理 ……… 121
　　一、工程监理单位资质等级 ……… 121
　　二、工程监理单位资质的申请与
　　　　审批 …………………………… 123
　　三、资质的监督管理 ……………… 124
　　四、工程监理单位的资质许可制度 … 125
　　五、工程监理单位的权利、义务和法律
　　　　责任 …………………………… 125
第三节　建设工程监理的实施 ………… 127
　　一、我国实行强制监理的范围 …… 127
　　二、建设工程监理的依据 ………… 127
　　三、建设工程监理的内容 ………… 128
本章小结 ………………………………… 129
小知识 …………………………………… 129
练习题 …………………………………… 130
综合练习题 ……………………………… 130

第七章　建设工程质量管理法规 … 131

第一节　建设工程质量概述 …………… 131
　　一、建设工程质量的概念及影响
　　　　因素 …………………………… 131
　　二、建设工程质量的管理体系 …… 132
第二节　建设工程质量监督管理 ……… 132
　　一、建设工程质量监督管理法规 … 132
　　二、建设工程质量领导责任制 …… 132
　　三、建设工程质量监督管理机构及其
　　　　职责 …………………………… 133

第三节　建设工程行为主体的质量责任与
　　　　义务 …………………………… 134
　　一、建设单位的质量责任和义务 … 134
　　二、勘察设计单位的质量责任和
　　　　义务 …………………………… 135
　　三、施工单位的质量责任和义务 … 136
　　四、工程监理单位的质量责任和
　　　　义务 …………………………… 137
　　五、材料、设备供应单位的质量责任与
　　　　义务 …………………………… 138
第四节　建设工程竣工验收制度 ……… 139
　　一、竣工验收的条件和类型 ……… 139
　　二、竣工验收的相关内容 ………… 140
　　三、规划、消防、节能、环保等相关
　　　　部门的验收制度 ……………… 141
　　四、竣工结算、质量争议的规定 … 144
第五节　建设工程质量保修制度 ……… 148
　　一、质量保修书和最低保修期限的
　　　　规定 …………………………… 148
　　二、质量责任的损失赔偿 ………… 150
本章小结 ………………………………… 151
小知识 …………………………………… 152
练习题 …………………………………… 152
综合练习题 ……………………………… 153

第八章　建设工程安全法规 ……… 154

第一节　建设工程安全生产概述 ……… 154
　　一、《中华人民共和国安全生产法》
　　　　简介 …………………………… 154
　　二、工程安全生产管理概述 ……… 155
　　三、建设工程安全生产的立法现状 … 155
　　四、安全生产管理的基本方针 …… 155
　　五、建设工程安全生产管理基本
　　　　制度 …………………………… 156
第二节　施工安全生产许可证制度 …… 158
　　一、安全生产许可证的申领 ……… 158
　　二、安全生产许可证审批及时效 … 159
　　三、安全生产许可证监督管理 …… 159
　　四、违反安全生产许可管理应承担的
　　　　法律责任 ……………………… 159
第三节　建设工程各方安全生产管理的主要

责任和义务 …………………… 160
　　一、建设单位安全生产管理的主要责任
　　　和义务 …………………………… 160
　　二、勘察、设计单位安全生产管理的主要
　　　责任和义务 ……………………… 162
　　三、施工单位安全生产管理的主要责任和
　　　义务 ……………………………… 162
　　四、工程监理、检验检测单位安全生产
　　　管理的主要责任和义务 ………… 164
　　五、机械设备和配件单位安全生产管理的
　　　主要责任和义务 ………………… 164
　第四节　安全生产的监督管理 ……… 165
　　一、政府主管部门安全监督管理 …… 165
　　二、安全生产的监督方式 …………… 165
　　三、安全监督检查人员职权 ………… 166
　　四、安全监督检查人员义务 ………… 166
　第五节　施工安全事故的应急救援与调查
　　　处理 ……………………………… 166
　　一、生产安全事故的等级划分标准 … 166
　　二、施工生产安全事故应急救援预案 … 167
　　三、施工生产安全事故报告及处理 … 167
　本章小结 ………………………………… 169
　小知识 …………………………………… 169
　练习题 …………………………………… 171
　综合练习题 ……………………………… 171

第九章　环境保护与建筑节能法规　172

　第一节　施工环境保护法规 ………… 172
　　一、施工现场水污染防治的规定 …… 172
　　二、施工现场大气污染防治的规定 … 173
　　三、施工现场固体废弃物污染防治的
　　　规定 ……………………………… 174
　　四、施工现场噪声污染防治的规定 … 175
　　五、建设项目环境影响评价制度 …… 176
　　六、环境保护"三同时"制度 ……… 178
　第二节　建筑节能法规 ……………… 179
　　一、节能的概念 ……………………… 179
　　二、民用建筑节能 …………………… 179
　本章小结 ………………………………… 182

　小知识 …………………………………… 182
　练习题 …………………………………… 183
　综合练习题 ……………………………… 183

第十章　建设工程纠纷与法律
　　　　　服务 ……………………… 184

　第一节　建设工程争议概述 ………… 184
　　一、建设工程纠纷的主要种类 ……… 184
　　二、民事纠纷的法律解决途径 ……… 187
　　三、建设工程行政纠纷 ……………… 188
　　四、行政纠纷的法律解决途径 ……… 189
　第二节　民事诉讼制度 ……………… 190
　　一、民事诉讼的法院管辖 …………… 190
　　二、民事诉讼当事人和代理人的
　　　规定 ……………………………… 192
　　三、民事诉讼证据的种类、保全和
　　　应用 ……………………………… 192
　　四、民事诉讼时效 …………………… 195
　　五、诉讼时效中止和中断 …………… 196
　第三节　民事诉讼的审判程序 ……… 197
　　一、一审程序 ………………………… 197
　　二、第二审程序 ……………………… 198
　　三、审判监督程序 …………………… 199
　　四、民事诉讼的执行程序 …………… 200
　第四节　《仲裁法》法律制度 ………… 203
　　一、仲裁的基本制度 ………………… 203
　　二、仲裁协议的规定 ………………… 203
　第五节　调节、和解制度与争议评审 … 208
　　一、调节的规定 ……………………… 208
　　二、和解的规定 ……………………… 211
　　三、争议评审机制的规定 …………… 212
　本章小结 ………………………………… 214
　小知识 …………………………………… 214
　练习题 …………………………………… 215
　综合练习题 ……………………………… 215

参考文献 …………………………… 216

第一章　工程建设法规概论

职业能力目标

在工程建设实施过程中，熟练掌握和运用与施工管理业务相关的法律法规，是今后从事交通运输与土建类及相关领域工作应当具备的执业技术能力之一。在实际工程中，能运用所学知识，分析和解决工程中遇到的法律问题，保证工程建设从项目选定到竣工投产遵守严格的程序，按科学规律，有计划、分阶段逐步实施；并具有获取相关执业资格的能力。

学习要求

了解工程建设法规的概念和调整对象、特性，工程建设法律关系的概念与特征，工程建设程序的概念及其重要性，法律责任的概念与特征；熟悉建设法律、行政法规和相关法律的关系，法律责任的构成要素，工程建设法律责任的分类及归责与免责；掌握工程建设法规体系，工程建设法律关系的构成要素，工程建设法律关系的产生、变更和终止，工程建设的阶段划分及其内容。

本章重点：工程建设法规的概念和调整对象，工程建设法律关系，工程建设法规体系的概念，工程建设法规体系的构成，工程建设程序。

本章难点：建设法律体系的概念和工程建设法规体系的构成。

第一节　工程建设法规概述

一、工程建设法规的概念和调整对象

工程建设法规是指由国家立法机关或者其授权的行政机关制定的，由国家强制力保证实施的，旨在调整国家行政管理机关、企事业单位、社会团体和公民在建设活动或建设行政管理活动中所发生的各种社会关系的法律规范的总称。

工程建设法规概述

工程建设法规的调整对象是在建设活动中所发生的各种社会关系，其包括建设活动中所发生的行政管理关系、经济协作关系及主体内部民事关系。

（1）建设活动中的行政管理关系。建设活动中的行政管理关系是指国家及住房城乡建设主管部门与建设单位、设计单位、施工单位、建筑材料和设备的生产供应单位及建设监理等中介服务单位之间发生相应的管理与被管理的关系。在法制社会，这种关系要由相应的工程建设法规来规范、调整：一方面提供规划、指导、协调与服务；另一方面进行检查、监督、控制与调节。

(2)建设活动中的经济协作关系。工程建设是非常复杂的活动,由许多单位和人员参与,共同协作完成。在建设活动中,必然存在着大量的寻求合作伙伴和相互协作的问题,在这些协作过程中所产生的权利与义务关系,也应由工程建设法规来加以规范、调整。这是一种平等自愿、互利互助的横向协作关系,一般以合同的形式确定,合同是当事人之间为实现一定的经济目的,明确相互权利、义务关系的协议。

(3)从事建设活动的主体内部民事关系。从事建设活动的主体内部民事关系是指在建设活动中所产生的国家、单位、公民之间的民事权利、义务关系,如土地征用、房屋拆迁、人身伤害、财产及相关权利的转让。这种关系必须由工程建设法规及民法等相关法律来加以规范、调整。

二、工程建设法规的特性

1. 行政强制性

行政强制性是工程建设法规的主要特征。工程建设活动投入资金量大,需要消耗大量的人力、物力、财力及土地等资源,涉及面广,影响力大且持久。不仅如此,工程建设产品的质量还关系到人民的生命和财产安全,这也造就了它的特殊性。这一特殊性决定了工程建设法规必然要采用直接体现行政权力活动的调整方法,即以行政指令为主的调整方式。工程建设法规调整方式的特点主要体现为行政强制性。其调整方式如下:

(1)授权。国家通过工程建设法律规范授予国家工程建设管理机关某种管理权限,或具体的权力,对建设业进行监督管理。如《中华人民共和国建筑法》(以下简称《建筑法》)规定:"建筑工程招标的开标、评标、定标由建设单位依法组织实施,并接受有关行政主管部门的监督等的行为。"

(2)命令。国家通过工程建设法律规范赋予工程建设法律关系主体某种作为的义务。如《建筑法》规定:"建筑工程勘察设计、施工的质量必须符合国家有关建筑工程安全标准的要求,具体管理办法由国务院规定。"

(3)禁止。国家通过工程建设法律规范赋予工程建设法律关系主体某种不作为的义务。如《建筑法》规定:"发包单位及其工作人员在建筑工程发包中不得收受贿赂、回扣或者索取其他好处;承包单位及其工作人员不得利用向发包单位及其工作人员行贿、提供回扣或者给予其他好处等不正当手段承揽工程"。

(4)许可。国家通过工程建设法律规范允许特别的主体在法律允许范围内有某种作为的权利。如允许取得房屋建筑工程施工总承包一级资质的企业,承担40层以下、各类跨度的房屋建筑工程。

(5)免除。国家通过工程建设法律规范对主体依法应履行的义务在特定情况下予以免除。如工程投资额在30万元以下或者建筑面积在300 m^2 以下的建筑工程,可以不申请办理施工许可证。对个人购买并居住超过一年的普通住房,销售时免征增值税。用炉渣、粉煤灰等废渣作为主要原料生产建筑材料的可享有减、免税的优惠等。

(6)确认。国家通过工程建设法律规范授权工程建设管理机关依法对争议的法律事实和法律关系进行认定,并确定其是否存在,是否有效。例如,各级建设工程质量监督站检查受监工程的勘察设计、施工单位和建筑构件厂的资质等级与从业范围,监督勘察设计、施工单位和建筑构件厂严格执行技术标准,检查其工程(产品)质量等。

(7)计划。国家通过工程建设法律规范对工程建设业进行计划调节。计划一般可分为指令性计划与指导性计划两种。指令性计划具有法律约束力和强制性，当事人必须严格执行，违反指令性计划的行为，将要承担法律责任。指令性计划本身就是行政管理。指导性计划一般不具有约束力，是可以变动的，但是在条件可能的情况下也是应该遵守的。

(8)撤销。国家通过工程建设法律规范授予工程建设行政管理机关运用行政权力对某些权利能力或法律资格予以撤销或消灭。如国家对无证设计、无证施工的取缔就属于撤销。

2. 经济性

工程建设法律规范属于经济法部门的法律法规，其主要特征是工程建设活动中的工程项目投资、房地产开发经营等活动占用的资金量大，直接受到国家宏观调控的影响。国家运用法律、法规的手段调控工程建设活动，这些法律、法规即是工程建设法规的一部分。

经济性是工程建设法规的又一重要特征。工程建设法规的经济性既包含财产性，也包含其与生产、分配、交换、消费的联系性。

3. 技术性

技术性是工程建设法律规范的一个十分重要的特征。工程建设活动是一项技术性强、安全系数要求高的活动，为保证工程建设产品的质量和人民生命财产的安全，大量的工程建设法规是以部门规章、技术规范等形式出现的。

【案例 1-1】 目无法规，楼倒人亡，教训惨重

四川省某市某公司的七层框架办公楼于××年1月24日破土动工，当年9月13日完成主体工程，12月8日倒塌，造成死伤数十人，直接经济损失2 000余万元的特别重大事故。

根据调查、取证、鉴定，造成该重大事故的原因主要有以下几个方面：

(1)不按标准、规范进行设计和施工是造成该事故的主要直接原因。该工程的设计单位将承台一律设计成500 mm厚，使绝大多数承台受冲切、受剪、受弯，承载力严重不足；大部分柱下桩基的桩数不够，实际桩数与按规范计算的桩数比较相差10%～33%；底层很多柱及二层部分柱轴压比超过抗震设计规范规定；底层许多柱实际配筋小于按规范计算需要值，有的柱配筋少了近一半。在施工中，工程施工负责人将基础承台减薄100 mm左右。

(2)工程施工管理混乱、违反建筑市场管理规定是造成该事故的原因之一。该工程由该市第二建筑公司承包，该公司将工程交由挂靠该公司的乙施工单位施工，乙又聘用持有新能源技术开发公司仅有中级施工员实习证的农民为现场施工员。该工程10月24日开工，同年11月8日才补办了施工许可证。上述行为严重违反了《建筑法》和《建筑市场管理规定》。

【案例评析】

不按标准、规范进行设计、违法分包、违法施工、施工管理混乱，最终楼倒人亡，造成严重的后果。案例反映了我国建筑市场某些环节上存在的混乱的状况，也充分体现了制定法律法规，加强对建筑活动的监督管理的必要性和重要性。

三、工程建设法规体系

工程建设法规体系是指将已经制定和需要制定的建设法律、建设行政法规与建设部门规章、地方性工程建设法规及规章衔接起来，形成一个相互联系、相互补充、相互协调的完整统一的体系。工程建设法规体系的建立，既是我国现代化进程中建设事业发展的客观需要，也是建设领域建立健全法制环境，规范建设行为，实现有法

工程建设法规立法和体系

可依、有章可循的必然要求。

工程建设法规体系是由很多不同层次的法规组成的，组成形式一般有宝塔形和梯形两种。宝塔形结构形式是先制定一部基本法律，将领域内业务可能涉及的所有问题都在该法中做出规定，然后再分别制定不同层次的专项法律、行政法规、部门规章，对一些具体问题进行细化和补充。梯形结构则不设立基本法律，而以若干并列的专项法律组成法规体系的顶层，然后对每部专项法律再配置相应的不同层次的行政法规和部门规章作补充，形成若干相互联系而又相对独立的专项体系。

根据《中华人民共和国立法法》有关立法权限的规定和住房城乡建设部《建设法律体系规划方案》的规定和要求，我国工程建设法规体系确定为梯形结构方式，由以下几个层次组成。

1. 宪法

宪法是国家的根本大法，具有最高的法律地位和效力，任何其他法律、法规都必须符合宪法的规定，而不得与之相抵触。宪法是建筑业的立法依据，同时又明确规定国家基本建设的方针和原则，直接规范与调整建筑业的活动。

2. 建设法律

建设法律是指由全国人大或全国人大常委会制定颁布的属于国务院建设行政主管部门主管业务范围的各项法律，是工程建设法规体系的核心和基础。如《建筑法》《中华人民共和国城乡规划法》(以下简称《规划法》)等。

3. 地方性工程建设法规

地方性工程建设法规是指在不与宪法、法律、行政法规抵触的前提下，由省、自治区、直辖市人大及其常务委员会制定并发布的工程建设法规。其包括省会(自治区首府)城市和经国务院批准的较大的市人大及其常委会制定，报经省、自治区人大或其常务委员会批准的各种法规。

4. 地方性建设规章

地方性建设规章是指省、自治区、直辖市及省会(自治区首府)城市和经国务院批准的较大的市人民政府，根据法律和国务院行政法规制定并颁布的建设方面的规章。

另外，与建设活动关系密切的相关法律、行政法规和部门规章，也起着调整部分建设活动的作用。其所包含的内容或某些规定也是工程建设法规体系的组成部分。

第二节 工程建设法律关系

一、工程建设法律关系的概念与特征

(一)工程建设法律关系的概念

工程建设法律关系是指法律规范调整一定社会关系所形成的权利和义务关系，是工程建设法律规范在社会主义国家经济建设与生活中实施的结果。只有社会组织按照工程建设法律规范进行工程建设活动，形成具体的权利和义务关系时才产生工程建设法律关系。

(二)工程建设法律关系的特征

1. 综合性

工程建设法律规范是由工程建设行政法律、工程建设民事法律和工程建设技术法规构

成的。这三种法律规范在调整工程建设活动中是相互作用、综合运用的。如国家建设主管部门行使组织、管理、监督的职权,依据工程建设程序、工程建设计划,组织、指导、协调、检查建设单位和勘察设计、施工、安装等企业工程建设活动,就必然会导致某种法律关系的产生。这种法律关系决定了工程建设法律关系的综合性。

2. 广泛性与复杂性

工程建设法律关系是一种涉及面广、内容复杂的权利义务关系。工程建设活动关系到国民经济和人民生活。如建设单位要进行工程建设,必须使自己的建设项目获得批准,列入国家计划,由此产生了建设单位与业务主管机关、计划批准机关的关系。工程建设计划被批准后,又需要进行筹备资金、购置材料、招标投标,进一步组织设计、施工、安装,以便将工程建设计划付诸实施,这样又产生了建设单位与银行,物资供应部门,勘察设计、施工、安装等企业的关系,由此决定了工程建设法律关系的广泛性与复杂性。

3. 严格性

建设单位与承建单位在签订勘察设计、施工、安装、购货等合同时,对于制订的工程建设计划必须严格执行。

二、工程建设法律关系的构成要素

法律关系的三要素主要包括法律关系主体、法律关系客体和法律关系内容。工程建设法律关系则是由工程建设法律关系主体、工程建设法律关系客体和工程建设法律关系内容构成。

(一)工程建设法律关系主体

工程建设法律关系主体是指管理和参加工程建设活动,受工程建设法律规范调整,在法律上享有权利、承担义务的当事人,也就是工程建设活动的管理者和参与者。工程建设法律关系主体包括以下三种。

1. 国家机关

(1)国家发展和改革委员会及各级地方人民政府发展和改革委员会。其职权是负责编制长期、中期和年度建设计划,组织计划的实施,督促各部门严格执行工程建设程序等。

(2)国家住房城乡建设主管部门。其主要是指国家住房和城乡建设部及各级地方住房城乡建设主管部门,其职权是制定工程建设法规,对城市建设、村镇建设、工程建设、建筑业、房地产业、市政公用事业进行组织管理和监督。

(3)国家建设监督部门。其主要包括国家财政机关、中国人民银行、国家审计机关、国家统计机关等。

(4)国家建设各业务主管部门。如交通部、水利部、铁道路等部门,负责本部门、本行业的建设管理工作。

2. 社会组织

作为工程建设法律关系主体的社会组织一般应为法人。法人是指具有权利能力和行为能力、依法享有权利和承担义务的组织。依据《中华人民共和国民法通则》(以下简称《民法通则》)第三十七条的规定:法人必须依法成立;有必要的财产或者经费;有自己的名称、组织机构和场所;能够独立承担民事责任。工程建设法律关系主体的社会组织包括建设单位、勘察设计单位、建筑业企业、房地产开发企业及建设中介机构等。

3. 公民个人

公民个人在工程建设活动中也可以成为工程建设法律关系的主体。如建筑施工企业的从业人员与建筑施工企业签订了劳动用工合同后，即成为工程建设法律关系的主体。

(二) 工程建设法律关系客体

工程建设法律关系客体是指参加工程建设法律关系的主体享有权利和承担义务所共同指向的对象。合同法律关系中的客体习惯上被称之为标的。工程建设法律关系客体可分为以下四种类型。

1. 表现为物的客体

工程建设法律关系中表现为物的客体，如建筑物、设备、钢材和水泥等。

2. 表现为财的客体

工程建设法律关系中表现为财的客体，主要是指资金及各种有价证券。

3. 表现为行为的客体

工程建设法律关系中表现为行为的客体，主要是指人有意识的活动，包括作为和不作为。在工程建设法律关系中，行为多表现为完成一定的工作，如勘察设计、施工安装和检查验收等活动。

4. 表现为非物质财富的客体

工程建设法律关系中表现为非物质财富的客体，是指脑力方面的成果或智力方面的创作，也称为智力成果，通常属于知识产权的客体。如设计单位对设计成果享有著作权，软件公司对自己开发的项目管理软件拥有版权（著作权）等。

(三) 工程建设法律关系内容

工程建设法律关系的内容即工程建设法律关系主体享有的权利和应承担的义务。这种内容要由相关的法律或合同来确定。如开发权、所有权、经营权及保证工程质量的经济义务和法律责任都是工程建设法律关系的内容。根据工程建设法律关系主体地位的不同，其权利义务关系表现为两种不同情况：一是基于主体双方地位平等基础上的对等的权利义务关系；二是基于主体双方地位不平等的基础上产生的不对等的权利义务关系，如政府有关部门对建设单位和施工企业依法进行的监督和管理活动形成的法律关系。

三、建设法律、行政法规和相关法律的关系

(一) 建设法律、行政法规与行政法的关系

建设法律、行政法规在调整建设活动中产生的社会关系时，会形成行政监督管理关系。行政监督管理关系是指国家行政机关或者其正式授权的有关机构对建设活动的组织、监督、协调等形成的关系。建设活动事关国计民生，与国家、社会的发展，公民的工作、生活及生命财产的安全等，都有直接的关系。因此，国家必然要对建设活动进行监督和管理。

我国政府一直高度重视对建设活动的监督管理。在国务院和地方各级人民政府都设有专门的建设行政管理部门，对建设活动的各个阶段依法进行监督管理，包括立项、资金筹集、勘察设计、施工、验收等。国务院和地方各级人民政府的其他有关行政管理部门，也承担了相应的建设活动监督管理的任务。行政机关在这些监督管理中形成的社会关系就是建设行政监督管理关系。

（二）建设法律、行政法规与民法商法的关系

建设法律、行政法规在调整建设活动中产生的社会关系，会形成民事商事法律关系。建设民事商事法律关系是建设活动中由民事商事法律规范所调整的社会关系。建设民事商事法律关系有以下特点：

(1)建设民事商事法律关系是主体之间的民事商事权利和民事商事义务关系。民法商法调整一定的财产关系和人身关系，赋予当事人以民事商事权利和民事商事义务。在民事商事法律关系产生以后，民事商事法律规范所确定的抽象的民事商事权利和民事商事义务便落实为约束当事人行为的具体的民事商事权利和民事商事义务。

(2)建设民事商事法律关系是平等主体之间的关系。民法商法调整平等主体之间的财产关系和人身关系，这就决定了参加民事商事关系的主体地位平等，相互独立、互不隶属。同时，由于主体地位平等，决定了其权利义务一般也是对等的。任何一方在享受权利的同时，也要承担相应的义务。

(3)建设民事商事法律关系主要是财产关系。民法商法以财产关系为主要调整对象。因此，民事商事关系也主要表现为财产关系。民事商事关系虽然也有人身关系，但在数量上较少。

(4)建设民事商事法律关系的保障措施具有补偿性和财产性。民法商法调整对象的平等性和财产性，也表现在民事商事关系的保障手段上，即民事商事责任以财产补偿为主要内容，惩罚性和非财产性责任不是主要的民事商事责任形式。在建设活动中，各类民事商事主体，如建设单位、施工单位、勘察设计单位、监理单位等，都是通过合同建立起相互的关系。合同关系就是一种民事商事关系。

建设民事商事法律关系是民事商事关系的重要组成部分。

（三）建设法律、行政法规与社会法的关系

建设法律、行政法规在调整建设活动中产生的社会关系，会形成社会法律关系。例如，施工单位应当做好员工的劳动保护工作，建设单位也要提供相应的保障；建设单位、施工单位、监理单位、勘察设计单位都会与自己的员工建立劳动关系。

四、工程建设法律关系的产生、变更和终止

（一）工程建设法律关系产生、变更和终止的概念

1. 工程建设法律关系的产生

工程建设法律关系的产生是指工程建设法律关系主体之间形成一定的权利义务关系。建设单位与施工单位签订了建筑工程承包合同，主体双方产生了相应的权利与义务。此时，受工程建设法规调整的工程建设法律关系随即产生。

2. 工程建设法律关系的变更

工程建设法律关系的变更是指工程建设法律关系的三要素发生了变化。

(1)主体变更。主体变更是指建设工程法律关系主体数目的增多或减少。在建设工程合同中客体不变，相应权利义务也不变，此时主体改变称为合同转让。

(2)客体变更。客体变更是指工程建设法律关系中权利义务所指向的事物发生变化。客体变更可以是其范围变更，也可以是其性质变更。

(3)内容变更。工程建设法律关系主体与客体的变更,必然导致相应的权利和义务的变更,即内容的变更。

3. 工程建设法律关系的终止

工程建设法律关系的终止是指主体之间的权利义务关系不复存在,彼此丧失了约束力。工程建设法律关系的终止包括自然终止、协议终止和违约终止。

(1)自然终止。工程建设法律关系自然终止是指某类工程建设法律关系所规范的权利义务顺利得到履行,并取得了各自的利益,从而使该法律关系达到完结。

(2)协议终止。工程建设法律关系协议终止是指工程建设法律关系主体之间协商解除某类工程建设法律关系规范的权利义务,致使该法律关系归于消灭。

(3)违约终止。工程建设法律关系违约终止是指工程建设法律关系主体一方违约,或因不可抗力因素致使某类工程建设法律关系规范的权利不能实现。

(二)工程建设法律关系产生、变更和终止的原因

法律事实是工程建设法律关系产生、变更和终止的原因。所谓法律事实,是指能够引起法律关系产生、变更和终止的客观现象和客观事实。

工程建设法律事实是工程建设法律规范所确定的,能够引起工程建设法律关系产生、变更或消灭的客观现象和客观事实。

工程建设法律事实按是否包含当事人的意志可分为事件和行为两类。

1. 事件

事件是指不以当事人的意志为转移而产生的自然现象。当工程建设法律规范规定将某种自然现象和建设权利义务关系联系在一起时,这种现象就成为法律事实的一种,即事件。

事件可分为自然事件、社会事件及意外事件三种情况。

(1)自然事件。自然现象引起的,如地震、台风、水灾、火灾等自然灾害。

(2)社会事件。社会现象引起的,如战争、暴乱、政府禁令等。

(3)意外事件。即突发事故,如失火、爆炸、触礁等自然事件和社会事件。

2. 行为

行为是指人的有意识的活动。行为包括积极的作为和消极的不作为,这些都能引起工程建设法律关系的产生、变更或消灭。行为通常表现为民事法律行为、违法行为、行政行为和立法行为四种。

(1)民事法律行为。民事法律行为是指公民或者法人设立、变更、终止民事权利和民事义务的合法行为,如签约行为、投标行为等。

(2)违法行为。违法行为包括违约行为和侵权行为。

(3)行政行为。行政行为是指国家授权机关依法行使对工程建设业的管理权而产生法律后果的行为。

(4)立法行为。立法行为是指国家机关在法定权限内通过规定的程序,制定、修改、废止工程建设法律规范性文件的活动。

第三节 工程建设程序

一、工程建设程序的概念及其重要性

1. 工程建设程序的概念

工程建设程序是指工程项目从设想、选择、评估、决策、设计、施工到竣工验收及投入生产的整个建设过程中，各项工作必须遵循的先后顺序。这个顺序是人们在长期认识客观规律的基础上总结制定的，是建设项目科学决策和顺利实施的重要保证。

工程建设程序

2. 工程建设程序的重要性

工程建设项目是社会化大生产，其建设周期长，资金和资源占用多，建设环境及内外协作关系复杂，突发性事件或因素多，因此，必须要求各行为主体进行广泛而严密的配合，而各项活动又必须在一定的建设地点集中进行和完成，活动空间受到限制，因此只能在时间上进行科学合理的安排。例如，任何工程项目，通常都必须先调研后立项，先选址、勘察后设计，先设计后施工等。前一阶段工作是后一阶段工作的基础和前提，前者未完成后者就不能或无法进行。这种先后顺序是不能颠倒和违反的，否则将造成资源的严重浪费和经济的重大损失。

二、工程建设的阶段划分及其内容

我国现行工程建设有关程序法规，将工程建设划分为工程建设前期阶段、工程建设准备阶段、工程建设实施阶段、工程竣工验收与保修阶段、工程建设后评价阶段五个阶段，每个阶段又包括若干环节。这些阶段和环节各有不同的工作内容，并有着客观的先后顺序。由于工程项目性质、规模、复杂程度的不同，同一阶段内各环节可能会交叉，有些环节也可能被省略，在具体执行中，应在工程建设程序大前提下灵活开展。

(1) 工程建设前期阶段。工程建设前期阶段即决策分析阶段，目的是对工程项目投资的合理性进行考察和对工程项目进行选择，并从根本上决定其投资效益。其包括以下五个环节：

1) 投资意向。投资意向是投资主体发现合适的投资机会而产生的投资愿望，是工程建设活动的起点。

2) 投资机会分析。投资机会分析是投资主体对投资机会进行的初步考察和分析，当认为机会合适、有良好预期效益时，即可采取进一步行动。

3) 项目建议书。项目建议书是要求建设某具体工程项目的建议文件，主要从宏观上分析项目建设的必要性，同时初步分析建设的可能性，以便在一个确定地区或部门内，以自然资源和市场预测为基础，选择建设项目。限额以上大中型的项目建议书，由行业归口部门初审后，再由国家发改委审批；小型项目则按隶属关系由主管部门或地方发改委审批。

4) 可行性研究。可行性研究是指项目建议书经批准后，分析论证项目在技术上是否可行，经济上是否合理。可行性研究是项目最终决策和进行初步设计的重要文件，必须经过具备资格的咨询机构评估确认，方可作为投资决策的依据。

5)审批立项。审批立项是有关部门对可行性研究报告的审批程序。审查通过后即予以立项，正式进入工程建设准备阶段。

(2)工程建设准备阶段。工程建设准备阶段包括以下五个环节：

1)规划。在规划区内建设的工程，必须符合城市规划和村庄、集镇规划的要求。在城市规划区内进行工程建设的，要在依法领取城市规划行政主管部门核发的《选址意见书》《建设用地规划许可证》《建设工程规划许可证》后，方可获取土地使用权并进行设计、施工等相关建设活动。

2)获取土地使用权。《中华人民共和国土地管理法》第九条规定："城市市区的土地属于国家所有。农村和城市郊区的土地，除由法律规定属于国家所有的外，属于农民集体所有；宅基地和自留地、自留山，属于农民集体所有。"工程建设用地都必须通过国家对土地使用权的出让而取得，需要在农民集体所有土地上进行工程建设的，也必须先由国家征用农民土地，然后再将土地使用权出让给建设单位或个人。

3)征收。征收是工程建设的重要环节之一，为规范国有土地上房屋征收与补偿活动，维护公共利益，保障被征收房屋所有权人的合法权益，国务院于2011年1月21日起公布并施行了《国有土地上房屋征收与补偿条例》。对国有土地上的房屋进行征收与补偿，必须符合该条例的有关规定。

4)报建。建设项目批准立项后，建设单位或其代理机构需持项目立项批文、银行出具的资信证明、建设用地批文等资料，向当地住房城乡建设主管部门或其授权机构进行报建。

5)工程发包与承包。建设项目批准立项并报建后，需对拟建工程发包，以优选工程勘察设计、施工、总承包和监理等单位。

(3)工程建设实施阶段。工程建设实施阶段包括以下四个环节：

1)工程勘察设计。设计是工程建设中与勘察密不可分的重要环节。设计文件是制订建设计划、组织施工和控制投资的依据。设计必须在进行工程勘察取得足够地质、水文等基础资料后才能进行。建设项目的设计一般可分为初步设计和施工图设计。对于重大和技术复杂的项目，其可根据实际情况在初步设计和施工图设计之间增设技术设计。

2)施工准备。施工准备包括施工单位在技术、物资方面的准备和建设单位取得开工许可的准备。

3)工程施工。工程施工是施工队伍具体配置各种施工要素，将工程设计转化为建筑产品的过程。工程施工管理水平的高低、工作质量的好坏对建设项目的质量和所产生的效益起着十分关键的作用。工程施工管理包括施工调度、施工安全、文明施工及环境保护等内容。

4)生产准备。生产准备是指工程施工临近结束时，为保证建设项目能及时投产使用而进行的准备活动。其是建设阶段转入生产经营的必要条件。其内容主要包括：招收和培训人员，组织设备安装调试及工程验收；生产管理机构设置，管理制度的制定，生产人员配备；生产技术准备；落实原材料、燃料、水、电的来源及其他需要协作配合的条件和物资的准备。

(4)工程竣工验收与保修阶段。工程项目按设计文件规定内容和标准全部建成，并按规定将工程内外全部清理完毕后称为竣工。竣工验收是工程建设过程的最后一环，也是基本建设转入生产或使用的标志。只有当工程验收合格后，方可交付使用。

《建筑法》及相关法规规定，工程竣工验收交付使用后，在保修期内，承包单位要对工程中出现的质量缺陷承担保修与赔偿责任。

(5)工程建设后评价阶段。工程建设后评价是工程竣工投产、生产经营一段时间后，对项目立项决策、设计、施工、竣工投产、生产运营等全过程进行系统评价的一种技术经济活动。

【案例1-2】 违反基本建设程序酿成重大安全事故

2014年12月31日9时28分许，位于佛山市顺德区东富华工程机械制造有限公司(以下简称富华公司)车间发生重大爆炸事故，造成18人死亡、32人受伤，直接经济损失3786万元。

该起事故的直接原因是事故车间可燃气体与空气混合形成爆炸性混合物，遇现场电焊作业产生的火花引发爆炸。

调查发现，富华公司新厂项目于2012年1月取得顺德区发展规划和统计局批准的核准批复，事故厂房为富华公司新厂车间三，于2012年1月中旬动工建设、2014年3月月初基本完工、2014年5月月底投入筹备使用，至事故发生时止，新厂未履行工程建设、环境保护、消防等竣工验收程序及建设项目安全设施"三同时"程序(注：《中华人民共和国安全生产法》规定，安全设施，必须与主体工程同时设计、同时施工、同时投产使用)。

在事故处理过程中，富华公司法人代表、董事长、安全生产主要负责人吴某某涉嫌重大责任事故罪，移送司法机关处理。富华公司副总经理叶某某，分管安全生产工作，涉嫌重大责任事故罪，被司法机关于2015年1月14日批准逮捕。

【案例评析】

本案是一个严重违反建设工程程序的项目，因为缺失建设程序中的监管环节，工程施工存在安全隐患，导致了极为严重的后果，应当引起建设单位和从事建筑活动的单位的警惕，防止类似事故再次发生。

第四节 工程建设法规责任

一、法律责任的概念与特征

(一)法律责任的概念

法律责任又称违法责任，其是指法律关系的主体由于其行为违法，按照法律、法规规定必须承担的消极法律后果。这一概念包括三层含义：第一，承担法律责任的主体既包括公民、法人，也包括机关和其他社会组织；既包括中国人，也包括外国人和无国籍人；第二，违法行为的实施是承担法律责任的核心要件；第三，法律责任是一种消极的法律后果，即是一种法律上的惩戒性负担。

(二)法律责任的特征

(1)法律责任具有国家强制性。法律责任是以国家强制力为后盾的。所谓国家强制力，主要是指国家司法机关或者国家授权的行政机关采取强制措施强迫违法行为人承担法律责任。而社会责任中的道德责任，只能通过舆论监督等途径保证执行，而不能通过国家强制力保证执行。

(2)法律责任的大小是与违法行为相联系的。违反法律责任的内容多、程度深,法律责任就大;相反,违反法律责任的内容少、程度浅,法律责任就小。

(3)法律责任需由专门的国家机关和部门认定。法律责任是指根据法律的规定须由违法者承担的一定责任,是法律适用的一个组成部分。

(4)法律的内容是法律规范明确并具体规定的。法律责任必须由有立法权的机关根据职权,依照法定程序制定的有关法律、行政法规、地方法规、部门规章或者地方规章来加以明文规定,否则就不构成法律责任。

二、法律责任的构成要件

通常,有违法行为就要承担法律责任,受到法律的制裁。根据违法行为的一般特点,将法律责任的构成要件概括为主体、过错、违法行为、损害事实和因果关系五个方面。

(1)主体。法律责任主体是指违法主体或者承担法律责任的主体。责任主体不完全等同于违法主体。

(2)过错。过错即承担法律责任的主观故意或者过失。

(3)违法行为。违法行为是指违反法律规定的义务、超越权利的界限行使权利及侵权行为的总称,一般认为违法行为包括犯罪行为和一般违法行为。

(4)损害事实。损害事实即受到的损失和伤害的事实,包括对人身、财产和精神(或者三方面兼有)造成的损失和伤害。

(5)因果关系。因果关系即行为与损害之间的因果关系,它是存在于自然界和人类社会中各种因果关系的特殊形式。

三、工程建设法律责任的分类

工程建设法律责任是指在工程建设活动中对违法行为所应承担的带有强制性的法律责任。依照违法行为和违法者承担法律责任的方式不同,法律责任可分为刑事责任、民事责任、行政责任、经济责任与违宪责任。

(一)刑事责任

刑事责任是指行为人因其犯罪行为必须承受的,由司法机关代表国家确定的否定性法律后果。产生刑事责任的原因在于行为人行为的严重社会危害性,只有行为人的行为具有严重的社会危害性即构成犯罪,才能追究行为人的刑事责任。

《中华人民共和国刑法》(以下简称《刑法》)第一百三十七条规定了工程建设领域的建筑工程重大安全事故罪,"建设单位、设计单位、施工单位、工程监理单位违反国家规定,降低工程质量标准,造成重大事故的,对直接责任人,处五年以下有期徒刑或者拘役,并处罚金;后果特别严重的,处五年以上十年以下有期徒刑,并处罚金。"

(二)民事责任

民事责任是指按照民法规定,民事主体违反民事义务时应承担的法律责任,以产生责任的法律基础为标准。承担民事责任的方式主要有停止侵害、排除妨碍、消除危险、恢复原状、修理、重做、更换、消除影响、恢复名誉、赔礼道歉、赔偿损失、支付违约金和返还财产。

根据承担民事责任的原因，可将民事责任分为违约责任、一般侵权责任和特殊侵权责任。违约责任与侵权责任的区别如下：

(1)所违反的义务及所依据的法律不同。违约责任是行为人违反了约定的合同义务；侵权责任是行为人违反了法律规定的不得侵犯他人权利的义务，不以当事人之间事先存在的合同关系为前提，它主要依据民事法律中有关侵权行为致人损害的条款来确定。

(2)受侵害的权利和利益的性质不同。违约行为侵害的是合同相对人的债权，属于相对权，侵犯的是特定个人的利益；侵权行为侵犯的是受害人的健康权、人格权、生命权及财产权。某些侵权行为所侵犯的是社会利益。

(3)责任的构成不同。违约责任以违约行为的存在为核心；一般侵权责任则要求不仅存在侵权行为，而且存在损害事实、侵权行为与损害事实之间的因果关系，以及行为人的主观过错。

(三)行政责任

行政责任是指因违反行政法律和法规而必须承担的法律责任。行政责任一般可分为行政处分和行政处罚两类。

(1)行政处分。行政处分是指国家机关、企事业单位和社会团体依照行政管理法规、规章、制度、纪律等，按干部、人事管理权限对机关工作人员和职工所做的处罚。其是一种内部处罚，若对这种处罚不服，不能提起诉讼，只能向作出处罚决定的机关、单位或者上级主管部门提出申诉或者提请劳动仲裁。

(2)行政处罚。行政处罚是指特定的国家行政机关对违反行政管理法规的单位或者个人依法给予的制裁。行政处罚是行政责任的核心，也是国家法律责任制度的重要组成部分，还是行政机关依法管理的重要手段之一。

(四)经济责任

经济责任是指经济关系主体因违反经济法律和法规而应承担的法律责任。经济责任的承担方式主要是行政责任和民事责任，如果违反经济法律和法规的行为触犯了刑法的规定，则必须承担刑事责任。

(五)违宪责任

违宪责任是指有关国家机关制定的某种法律和法规、规章，或者有关国家机关、社会组织或公民的活动与宪法规定相抵触而产生的法律责任。违宪责任的产生原因是违宪行为。

【案例1-3】 施工单位违法施工，造成建筑事故，受到行政处罚

2019年4月10日9时30分左右，扬州市广陵区古运新苑农民拆迁安置小区四期B2地块一停工工地，擅自进行基坑作业时发生局部坍塌，造成5人死亡、1人受伤。事故原因为该工地存在安全隐患，不具备施工条件，施工单位在工程项目存在安全隐患未整改到位的情况下，擅自复工。事故发生后，有关部门对事故责任单位和事故责任者依法进行处理。对施工单位暂扣安全生产许可证，责令停业整顿，相关人员移交司法机关追究刑事责任；对市住建局党委书记、局长进行诫勉谈话，区政府副区长予以政务记过处分，区质安站站长政务撤职处分。

【案例评析】

本案例中，有关部门对施工单位给予责令停业整顿，即属于行政处罚范畴。对有关责任人员所给予记过、撤职等处分，属于行政处分。

四、工程建设法律责任的归责与免责

(一)工程建设法律责任的归责

归责又称为法律责任的归结,其是指由特定国家机关或国家授权的机关依法对行为人的法律责任进行判断和确认。我国通常可将归责原则分为过错责任原则、无过错责任原则和公平责任原则三种。

1. 过错责任原则

过错责任原则是指以行为人的过错为承担民事责任要件的归责原则。《民法通则》第一百零六条第二款规定:"公民、法人由于过错侵害国家的、集体的财产,侵害他人财产、人身的应当承担民事责任。"

2. 无过错责任原则

无过错责任原则又称为无过失责任原则,是指在法律规定的情况下,不以过错的存在判断行为人是否应承担民事责任的归责原则。《民法通则》第一百零六条第三款规定:"没有过错,但法律规定应当承担民事责任的,应当承担民事责任。"

3. 公平责任原则

公平责任原则是指在法律没有规定适用无过错责任原则,而适用过错责任又显失公平时,依公平的原则在当事人之间分配损害的归责原则。《民法通则》第一百三十二条规定:"当事人对造成损害都没有过错的,可以根据实际情况,由当事人分担民事责任。"《民通意见》第一百五十七条规定,"当事人对造成损害均无过错,但一方是在为对方的利益或者共同的利益进行活动的过程中受到损害的,可以责令对方或者受益人给予一定的经济补偿。"以上两条可以看作是公平责任原则的适用。

(二)工程建设法律责任的免责

法律责任的免责也称为法律责任的免除,是指法律责任由于出现法定条件被部分或全部地免除。其主要有以下几种免责形式。

1. 时效免责

时效免责即法律责任经过一定期限后而免除。时效免责的意义在于保障当事人的合法权益,督促法律关系的主体及时行使权利,结清权利义务关系,提高司法机关的工作效率,稳定社会生活秩序,促进社会经济的发展。

2. 法定免责

法定免责是指法律直接规定免除责任,主要是指不可抗力。不可抗力是指不能预见、不能避免且不能克服的情况。

3. 不诉及协议免责

不诉及协议免责是指受害人或有关当事人不向法院起诉要求追究行为人的法律责任。行为人的法律责任实际上被免除,或者受害人与加害人在法律允许的范围内协商同意的免责。

本章小结

工程建设法规是指国家立法机关或其授权的行政机关制定的,是调整国家及其有关机构、企事业单位、社会团体、公民之间在建设活动中或建设行政管理活动中发生的各种社会关系的法律法规的总称。工程建设法规的调整对象,是在建设活动中所发生的各种社会关系。它包括建设活动中所发生的行政管理关系、经济协作关系及其相关的民事关系。工程建设法规体系,是指把已经制定和需要制定的建设法律、建设行政法规和建设部门规章衔接起来,形成一个相互联系、相互补充、相互协调的完整统一的框架结构。我国工程建设法规体系由四个层次组成,即宪法、建设法律、地方性工程建设法规和地方建设规章。

工程建设程序是指建设项目从设想、选择、评估、决策、设计、施工到竣工验收、投入生产的整个建设过程中,各项工作必须遵循的先后次序的法则。这个法则是人们在认识工程建设客观规律的基础上总结出来的,是建设项目科学决策和顺利进行的重要保证。工程建设程序共分为五个阶段,即工程项目建设前期阶段、工程建设准备阶段、工程建设实施阶段、工程竣工验收与保修阶段、工程建设后评价阶段。每个阶段又包含若干环节,这个阶段和环节各有其不同的工作内容,并有着客观的先后顺序。

法律责任又称违法责任,是指法律关系的主体由于其行为违法,按照法律、法规规定必须承担的消极法律后果。将法律责任的构成要件概括为主体、过错、违法行为、损害事实和因果关系五个方面。

小知识

商业使用标志性建筑名称须经授权

始发于2019年年底2020年年初的"新冠肺炎"给湖北省尤其是武汉市造成了疫情灾难,并且扩散到全国各地,已经导致重大灾难。为了抗击这场新冠肺炎灾难,湖北省决定在武汉地区建立"火神山"和"雷神山"两所专门医院,用于治疗新冠肺炎重症患者。实践证明,这两所特殊的医院分别以7天和12天时间建成交付使用,为抗击新冠肺炎起到了非常良好的效果。由于这两所特殊医院不仅创造了建筑奇迹,而且产生了抗击新冠肺炎的重要作用,一时间在国内外声名鹊起,蜚声中外。于是,有些人以独到的眼光看到了"火神山"和"雷神山"标志其中的商机,便在2020年2月3日快速地向国家知识产权局商标局提出"火神山"和"雷神山"的商标注册申请(总共20多件),由此引发了社会的关注和焦虑。

国家知识产权局表示,火神山医院、雷神山医院是武汉抗击疫情前线医院名称,是疫情防控期间全社会舆论关注焦点,是全国人民团结一心,抗击疫情的重要标志之一。火神山医院、雷神山医院以外的其他申请人将其作为商标注册易造成重大社会不良影响,因此,"火神山""雷神山"商标注册申请依法应予驳回。

练习题

1. 什么是工程建设法规？工程建设法规的调整对象是什么？
2. 什么是工程建设法规体系？我国工程建设法规体系由哪几个层次组成？
3. 工程建设法律关系的特征有哪些？工程建设法律关系的构成要求主要包括哪些？
4. 我国工程建设的阶段划分为哪几个阶段？
5. 什么是法律责任？工程建设法律责任可分为哪几类？

综合练习题

某市一新建工业开发项目，总建筑面积为 33 000 m²，项目估算投资额为 3 亿元。前期共完成了以下事项：投资意向确定及机会分析；施工准备相关工作并顺利进行施工；施工总承包商、监理单位、专业分包商的承发包工作；编写项目建议书、可行性研究报告并获得立项；初步设计，取得建设工程规划许可证并报建；委托工程勘察设计单位勘察设计及施工图设计。

目前该项目处于竣工验收阶段，分析项目完成的事项，完成以下问题：
(1)重新梳理该项目前期事件先后顺序，并补充缺失的环节。
(2)工程建设项目的报建内容主要包括哪些？
(3)何为"三通一平"，在哪个环节实施？

综合练习题解析

第二章　建设工程许可制度及相关法规

职业能力目标

在实际工程中，能依法取得施工许可证，依据法律程序进行施工准备，确保工程的顺利进行，同时，应具备考取相关执业资格证书的能力。

学习要求

了解建设工程许可的概念、特点和意义，工程建设保险的概念和种类，《中华人民共和国消防法》（以下简称《消防法》），施工现场环境保护制度，税法；熟悉建筑从业资格制度及建造师的从业资格，工程建设消防规定及消防安全措施，纳税程序及违反税法的责任；掌握建筑工程施工许可的相关规范、规定及应承担的法律责任，建筑工程一切险和安装工程一切险的内容，劳动合同的基本内容及劳动争议的处理，施工现场水污染防治、大气污染防治、废弃物污染防治的规定及混进保护"三同时"制度。

本章重点：建设工程许可制度、建筑工程一切险和安装工程一切险内容、环境保护的"三同时"制度、环境影响评价制度、建筑工程的消防安全规定。

本章难点：建设工程许可制度中关于延期开工、核验和重新办理批准的规定与劳动争议处理解决的方法。

第一节　建设工程许可制度

一、建设工程许可的概念、特点和意义

（一）建设工程许可的概念

建设工程许可是指建设行政主管部门或者其他有关行政主管部门准许、变更或终止公民、法人和其他组织从事建设活动的具体行政行为。根据《建筑法》的规定，建设工程许可包括三项许可制度，即建筑工程施工许可制度、从事建设活动的单位资质制度和从事建设活动的个人资格制度。

（二）建设工程许可的特点

（1）建设工程许可行为的主体是住房城乡建设主管部门，而不是其他行政机关，也不是其他公民、法人或组织。

（2）建设工程许可以对建设工程的开工和从事建设活动的单位与个人资格实施行政监督管理为目的。

(3)许可的反面是禁止。建设工程开工和从事建筑活动,只有在符合特定条件的情况下才允许进行。

(4)建设工程许可是依据建设单位或从事建筑活动的单位和个人的申请而进行的行政行为。申请是许可的必要条件。

(5)建设工程许可的有关事项与条件必须依据法律法规的规定进行,不能随意设定。

(三)实行建设工程许可的意义

《建筑法》对三项许可制度作出明确规定,体现了国家对作为一种特殊经济活动的建设活动,进行从严和事前控制的管理,具有非常重要的意义。

(1)实行建设工程许可制度有利于国家对基本建设活动进行宏观调控,既可以监督建设单位尽快建成拟建项目,防止闲置土地影响公众利益,又能保证建设项目开工后顺利进行,避免由于不具备条件盲目开工,给参与建设的各方造成不必要的损失,同时,也有助于建设行政主管部门对在建项目实施有效的监督管理。

(2)建设工程许可制度实行从业资格许可,既有利于确保从事建设活动的单位和人员的素质,又有利于维护他们的合法权益。

(3)实行建设工程许可制度有利于规范建设市场,保证建设工程质量和建设安全生产,维护社会经济秩序,提高投资效益,保障公民生命财产和国家财产安全。

二、建筑工程施工许可制度

建筑工程施工许可制度是由国家授权的有关行政主管部门,在建设工程开工之前对其是否符合法定的开工条件进行审核,对符合条件的建设工程允许其开工建设的法定制度。建立施工许可制度,有利于保证建设工程的开工符合必要条件,避免不具备条件的建设工程盲目开工而给当事人造成损失或导致国家财产的浪费,从而使建设工程在开工后能够顺利实施,也便于有关行政主管部门了解和掌握所辖范围内有关建设工程的数量、规模以及施工队伍等基本情况,依法进行指导和监督,保证建设工程活动依法有序进行。

(一)建筑工程施工许可的规范

《建筑法》第七条规定:"建筑工程开工前,建设单位应当按照国家有关规定向工程所在地县级以上人民政府建设行政主管部门申请领取施工许可证;但是,国务院建设行政主管部门确定的限额以下的小型工程除外。"

建设单位必须在建设工程立项批准后,工程发包前,向建设行政主管部门或其授权的部门办理工程报建登记手续。未办理报建登记手续的工程,不得发包,不得签订工程合同。新建、扩建、改建的建筑工程,建设单位必须在开工前向建设行政主管部门或其授权的部门申请领取建筑工程施工许可证。未领取施工许可证的,不得开工。已经开工的,必须立即停止施工,办理施工许可证手续。否则由此引起的经济损失由建设单位承担责任,并视违法情节,对建设单位作出相应处罚。

在中华人民共和国境内从事各类房屋建设及其附属设施的建造、装修装饰和与其配套的线路、管道、设备的安装,以及城镇市政基础设施工程的施工,建设单位在开工前应当依照《建筑法》和《建筑工程施工许可管理办法》的规定,向工程所在地的县级以上人民政府建设行政主管部门(以下简称发证机关)申请领取施工许可证。建筑工程施工许可证是指建设工程开始施工前建设单位向建设行政管理部门申请的可以施工的证明。

【案例 2-1】 没有办理建筑工程施工许可证的建筑项目应受处罚

某镇为改善当地的经济环境,大力发展果品产业,某果品加工厂决定投资 800 万元建设果汁生产分厂,计划用地 30 亩,用于水果储存加工,经镇政府土地管理科批准,果品加工厂获批了该项目 30 亩农用地的《建设用地规划许可证》和《建设工程规划类许可证》,并筹备 3 个月之后开工建设。但在开工不久,县城建局便发现了该项目无施工许可证,属于违法建设的工程,责令立即停工,限期补办施工许可证,并要处以罚款。

《建筑法》第 64 条规定:"违反本法规定,未取得施工许可证或者开工报告未经批准擅自施工的,责令改正,对不符合开工条件的责令停止施工,可以处以罚款。"《建设工程质量管理条例》第 57 条规定:"违反本条例规定,建设单位未取得施工许可证或者开工报告未经批准,擅自施工的,责令停止施工,限期改正,处工程合同价款 1‰ 以上 2‰ 以下的罚款。"据此,县建设局责令其停工,限期补办施工许可证,并处以工程合同价款 2‰ 的罚款。

另外,该果品加工厂开工建设所依据的《建设用地规划许可证》和《建设工程规划类许可证》均为镇政府的土地管理科颁发,超越了《城乡规划法》规定的核发权限,还依法追究了有关机构和责任人的法律责任

【案例评析】

施工许可证办理是审查工程是否具备施工的关键环节,也是工程项目开工的必要条件,没有施工许可证的建设工程就属于违法建设项目,依法应当给予查处,并追究相关人员责任。

(二)不需要办理施工许可证、不重复办理施工许可证的建设工程

1. 不需要办理施工许可证的建设工程

(1)限额以下的小型工程。按照《建筑法》的规定,国务院建设行政主管部门确定的限额以下的小型工程,可以不申请办理施工许可证。据此,《建筑工程施工许可管理办法》规定,工程投资额在 30 万元以下或者建筑面积在 300 m^2 以下的建筑工程,可以不申请办理施工许可证。省、自治区、直辖市人民政府建设行政主管部门可以根据当地的实际情况,对限额进行调整,并报国务院建设行政主管部门备案。

(2)抢险救灾等工程。《建筑法》规定,抢险救灾及其他临时性房屋建筑和农民自建低层住宅的建筑活动,不适用本法。

2. 不重复办理施工许可证的建设工程

为避免同一建设工程的开工由不同行政主管部门重复审批的现象,《建筑法》规定,按照国务院规定的权限和程序批准开工报告的建筑工程,不再领取施工许可证。这有两层含义:一是实行开工报告批准制度的建设工程,必须符合国务院的规定,其他任何部门的规定无效;二是开工报告与施工许可证不要重复办理。

3. 另行规定的建设工程

《建筑法》规定,军用房屋建筑工程建筑活动的具体管理办法,由国务院、中央军事委员会依据本法制定。据此,军用房屋建筑工程是否实行施工许可,由国务院、中央军事委员会另行规定。

建筑工程施工许可证由国务院建设行政主管部门制定格式,由各省、自治区、直辖市

人民政府建设行政主管部门统一印制。施工许可证可分为正本和副本。正本和副本具有同等法律效力。复印的施工许可证无效。

(三) 申请建筑工程施工许可证的条件和程序

1. 施工许可证的申请主体

建设单位(又称业主或项目法人)是建设项目的投资者,如果建设项目是政府投资,则建设单位为该建设项目的管理单位或使用单位。为施工单位进场和开工做好各项前期准备工作,是建设单位应尽的义务。因此,施工许可证的申请领取,应该是由建设单位负责而不是施工单位或其他单位负责。

2. 施工许可证的申请条件

《建筑法》第八条规定,申请领取建筑工程施工许可证应具备下列条件:

(1) 已经办理该建筑工程用地批准手续;

(2) 依法应当办理建设工程规划许可证的,已经取得建设工程规划许可证;

(3) 需要拆迁的,其拆迁进度符合施工要求;

(4) 已经确定建筑施工企业;

(5) 有满足施工需要的资金安排、施工图纸及技术资料;

(6) 有保证工程质量和安全的具体措施。

《建筑工程施工许可管理办法》第四条进一步规定,建设单位必须具备下述条件,并提交相应的证明文件,才可以申请领取施工许可证:

(1) 依法应当办理用地批准手续的,已经办理该建筑工程用地批准手续。

(2) 在城市、镇规划区的建筑工程,已经取得建设工程规划许可证。

(3) 施工场地已经基本具备施工条件,需要征收房屋的,其进度符合施工要求。

(4) 已经确定施工企业。按照规定应当招标的工程没有招标,应当公开招标的工程没有公开招标,或者肢解发包工程,以及将工程发包给不具备相应资质条件的企业的,所确定的施工企业无效。

(5) 有满足施工需要的技术资料,施工图设计文件已按规定审查合格。

(6) 有保证工程质量和安全的具体措施。施工企业编制的施工组织设计中有根据建筑工程特点制定的相应质量、安全技术措施。建立工程质量安全责任制并落实到人。专业性较强的工程项目编制了专项质量、安全施工组织设计,并按照规定办理了工程质量、安全监督手续。

(7) 建设资金已经落实。建设单位应当提供建设资金已经落实承诺书。

(8) 法律、行政法规规定的其他条件。县级以上地方人民政府住房城乡建设主管部门不得违反法律法规规定,增设办理施工许可证的其他条件。

3. 施工许可证的申请程序

《建筑工程施工许可管理办法》第五条明确规定,申请办理施工许可证,应当按照下列程序进行:

(1) 建设单位向发证机关领取《建筑工程施工许可证申请表》。

(2) 建设单位持加盖单位及法定代表人印鉴的《建筑工程施工许可证申请表》,并附本办法第四条规定的证明文件,向发证机关提出申请。

(3) 发证机关在收到建设单位报送的《建筑工程施工许可证申请表》和所附证明文件后,

对于符合条件的，应当自收到申请之日起七日内颁发施工许可证；对于证明文件不齐全或者失效的，应当当场或者五日内一次告知建设单位需要补正的全部内容，审批时间可以自证明文件补正齐全后作相应顺延；对于不符合条件的，应当自收到申请之日起七日内书面通知建设单位，并说明理由。建筑工程在施工过程中，建设单位或者施工单位发生变更的，应当重新申请领取施工许可证。

(四)延期开工、核验和重新办理批准的规定

1. 申请延期的规定

《建筑法》规定，建设单位应当自领取施工许可证之日起三个月内开工。因故不能按期开工的，应当向发证机关申请延期；延期以两次为限，每次不超过三个月。既不开工又不申请延期或者超过延期时限的，施工许可证自行废止。

2. 核验施工许可证的规定

《建筑法》规定，在建的建筑工程因故中止施工的，建设单位应当自中止施工之日起一个月内，向发证机关报告，并按照规定做好建筑工程的维护管理工作。建筑工程恢复施工时，应当向发证机关报告；中止施工满一年的工程恢复施工前，建设单位应当报发证机关核验施工许可证。

所谓中止施工，是指建设工程开工后，在施工过程中因特殊情况的发生而中途停止施工的一种行为。中止施工的原因很复杂，如地震、洪水等不可抗力，以及宏观调控压缩基建规模、停建缓建建设工程等。对于因故中止施工的，建设单位应当按照规定的时限向发证机关报告，并按照规定做好建设工程的维护管理工作，以防止建设工程在中止施工期间遭受不必要的损失，保证在恢复施工时可以尽快启动。在恢复施工时，建设单位应当向发证机关报告恢复施工的有关情况。中止施工满一年的，在建设工程恢复施工前，建设单位还应当报发证机关核验施工许可证，看是否仍具备组织施工的条件，经核验符合条件的，应允许恢复施工，施工许可证继续有效；经核验不符合条件的，应当收回其施工许可证，不允许恢复施工，待条件具备后，由建设单位重新申领施工许可证。

3. 重新办理批准手续的规定

对于实行开工报告制度的建设工程，《建筑法》规定，按照国务院有关规定批准开工报告的建筑工程，因故不能按期开工或者中止施工的，应当及时向批准机关报告情况。因故不能按期开工超过六个月的，应当重新办理开工报告的批准手续。

【案例 2-2】 延期开工的建筑工程，应当及时向批准机关报告情况

黄河某灌区续建配套与节水改造工程项目2019年度项目开工报告的批复为：你局2018年12月24日报来的《关于黄河灌区续建配套与节水改造工程2019年度项目开工的请示》文件已收悉，根据水利部相关文件有关要求，对你局2019年度大型灌区续建配套与节水改造项目开工条件进行了审查，经研究，批复如下：

(1)黄河灌区节水改造工程2019年度项目的项目法人、设计批复、筹资方案、质量监督、施工监理，以及招标投标、工程合同、材料准备等工作符合相关文件开工条件的有关要求，同意于2019年1月15日起开工建设该项目。

(2)要按照国家发改委、水利部《大型灌区续建配套与节水改造项目建设管理办法》及基本建设项目有关规章制度的要求，依据工程建设有关批复内容，严格程序，科学组织，精心施工，要加强项目管理，抓好安全生产，保质保量完成工程建设任务，及时发挥工程

效益。

(3)项目竣工后,由省水利厅主持验收。对项目预备费,要严格按照有关规定要求,不经批准,严禁动用。

(4)在项目建设过程中,项目部要特别注意加强项目资金管理,严禁挤占、挪用建设资金,保证资金安全;要认真履行合同,及时做好单元、分部等阶段验收工作,做好项目施工、监理、质量检测等资料归档、整理工作,保证工程质量和进度;要积极组建灌区农民用水户协会,提高工程效益和管理水平。

但是,该项目开工报告被批准后,因故未能按时开工,该水利管理局于2019年3月10日、5月10日两次向省水利厅报告工程项目开工准备的进展情况,一直到2019年7月1日方始开工建设该项目是否需重新办理开工报告的批准手续,为什么?

【案例评析】

该项目不需要重新办理开工报告的批准手续。根据《建筑法》第11条规定,"按照国务院有关规定批准开工报告的建筑工程,因故不能按期开工或者中止施工的,应当及时向批准机关报告情况,因故不能按期开工超过6个月的,应当重新办理开工报告的批准手续。"

在本案中,该项目开工报告从被批准到开工建设,虽然一再拖延开工,但是该水利管理局于2019年3月10日、5月10日两次向省水利厅报告工程项目开工准备的进展情况,且延迟开工的时间并未超过6个月。因此,按照法律的规定不需要重新办理开工报告的批准手续。

(五)违法行为应承担的法律责任

1. 未经许可擅自开工应承担的法律责任

《建筑法》规定,违反本法规定,未取得施工许可证或者开工报告未经批准擅自施工的,责令改正,对不符合开工条件的责令停止施工,可以处以罚款。

《建设工程质量管理条例》规定,建设单位未取得施工许可证或者开工报告未经批准,擅自施工的,责令停止施工,限期改正,处工程合同价款1%以上2%以下的罚款。

2. 规避办理施工许可证应承担的法律责任

《建筑工程施工许可管理办法》规定,对于未取得施工许可证或者为规避办理施工许可证将工程项目分解后擅自施工的,由有管辖权的发证机关责令停止施工,限期改正,对建设单位处工程合同价款1%以上2%以下罚款;对施工单位处3万元以下罚款。

3. 骗取和伪造施工许可证应承担的法律责任

《建筑工程施工许可管理办法》规定,建设单位采用欺骗、贿赂等不正当手段取得施工许可证的,由原发证机关撤销施工许可证,责令停止施工,并处1万元以上3万元以下罚款;构成犯罪的,依法追究刑事责任。建设单位隐瞒有关情况或者提供虚假材料申请施工许可证的,发证机关不予受理或者不予许可,并处1万元以上3万元以下罚款;构成犯罪的,依法追究刑事责任。建设单位伪造或者涂改施工许可证的,由发证机关责令停止施工,并处1万元以上3万元以下罚款;构成犯罪的,依法追究刑事责任。

4. 对单位主管人员等处罚的规定

《建筑工程施工许可管理办法》规定,给予单位罚款处罚的,对单位直接负责的主管人员和其他直接责任人员处单位罚款数额5%以上10%以下罚款。单位及相关责任人受到处罚的,作为不良行为记录予以通报。

三、建筑从业资格制度

(一)国家对建筑工程从业者实行资格管理

建筑工程种类很多,不同的建筑工程,其建设规模和技术要求的复杂程度也存在较大的差异。而从事建筑活动的施工企业、勘察单位、设计单位和工程监理单位的技术和实力情况也各不相同。为此,我国在对建筑活动的监督管理中,将从事建筑活动的单位按照其具有的不同经济、技术条件,划分为不同的资质等级,并且对不同的资质等级单位所能从事的建筑活动范围作出了明确的规定。

《建筑法》在法律上确定了建筑从业资格许可制度。《建筑法》第十三条规定:"从事建筑活动的建筑施工企业、勘察单位、设计单位和工程监理单位,按照其拥有的注册资本、专业技术人员、技术装备和已完成的建筑工程业绩等资质条件,划分为不同的资质等级,经资质审查合格,取得相应等级的资质证书后,方可在其资质等级许可的范围内从事建筑活动。"实践证明,从业资格制度是建立和维护建筑市场的正常秩序,保证建筑工程质量的一项有效措施。

同时,在涉及国家、人民生命财产安全的专业技术工作领域,实行专业技术人员职业资格制度,包括注册建筑师、注册结构工程师、注册监理工程师、注册工程造价师、注册估价师和注册建造师等。

(二)国家规范的建筑工程从业者

1. 建筑工程从业的经济组织

建筑工程从业的经济组织主要包括建筑工程总承包企业,建筑工程勘察、设计单位,建筑施工企业,建筑工程监理单位,法律、法规规定的其他企业或者单位(如建筑工程招标代理机构、工程造价咨询机构等)。以上组织应该具备以下条件:

(1)资质条件。
1)有符合国家规定的注册资本。
2)有与其从事的建筑活动相适应的具有法定职业资格的专业技术人员。
3)有从事相关建筑活动所应有的技术设备。
4)法律、行政法规规定的其他条件。
(2)从业资格。在取得的资质证书的资质等级许可范围内从事建筑活动。
(3)建筑行业企业的资质证书。从事建筑活动的企业,须经建设主管部门对其"注册资金、专业技术人员、技术装备、工程业绩、管理水平等"进行审查;由此核发以确定其"可承担任务的范围"的资质证书。
(4)施工企业资质可分为以下几类:
1)施工总承包(特级、一级、二级、三级)。
2)专业承包(一级、二级、三级)。
3)劳务分包。

2. 建筑工程的从业人员

从事建筑工程活动的人员,要通过国家任职资格考试、考核,由建设行政主管部门注册并颁发资格证书。建筑工程的从业人员主要包括注册建筑师、注册结构工程师、注册监理工程师、注册工程造价师、注册建造师,以及法律、法规规定的其他人员。

严禁出卖、转让、出借、涂改、伪造建筑工程从业者资格证件。违反上述规定的，将视具体情节，追究法律责任。建筑工程从业者资格的具体管理办法，由国务院建设行政主管部门另行规定。

下面重点以建造师为例，介绍其从业资格。

(三)建造师的从业资格

1. 建造师的执业要求

(1)建造师执业前提。建造师经注册后，方有资格以建造师名义担任建设工程项目施工的项目经理及从事其他施工活动的管理。取得建造师执业资格，未经注册的，不得以建造师名义从事建设工程施工项目的管理工作。

(2)建造师执业基本要求。建造师在工作中，必须严格遵守法律、法规和行业管理的各项规定，恪守职业道德。

(3)建造师执业分类。建造师执业划分为14个专业：房屋建筑工程、公路工程、铁路工程、民航机场工程、港口与航道工程、水利水电工程、电力工程、矿山工程、冶炼工程、石油化工工程、市政公用与城市轨道工程、通信与广电工程、机电安装工程、装饰装修工程。注册建造师应在相应的岗位上执业，同时鼓励和提倡注册建造师"一师多岗"，从事国家规定的其他业务。

2. 建造师的基本条件

(1)一级建造师应具备的执业技术能力。

1)具有一定的工程技术、工程管理理论和相关经济理论水平，并具有丰富的施工管理专业知识。

2)能够熟练掌握和运用与施工管理业务相关的法律、法规、工程建设强制性标准和行业管理的各项规定。

3)具有丰富的施工管理实践经验和资历，有较强的施工组织能力，能保证工程质量和安全生产。

4)有一定的外语水平。

(2)二级建造师应具备的执业技术能力。

1)了解工程建设的法律、法规、工程建设强制性标准及有关行业管理的规定。

2)具有一定的施工管理专业知识。

3)具有一定的施工管理实践经验和资历，有一定的施工组织能力，能保证工程质量和安全生产。

4)建造师必须接受继续教育，更新知识，不断提高业务水平。

3. 建造师的执业范围

(1)担任建设工程项目施工的项目经理。

(2)从事其他施工活动的管理工作。

(3)法律、行政法规或国务院建设行政主管部门规定的其他业务。

【案例2-3】 建造师的注册管理

某建设集团在一级建造师注册过程中连续发生4人次违规行为：一是该公司李某在申请一级建造师注册时，隐瞒其已在另一个单位注册的事实，提供虚假材料；二是该公司张某在申请一级建造师注册时，未能完成法定的建造师继续教育内容；三是该公司王某在申请一级建造师注册时，提供虚假材料，其实际年龄已 67 周岁；四是陈某因不赡养父母，被该市某区法院判处遗弃罪有期徒刑 2 年，缓刑 2 年执行的处罚。陈某在申请一级建造师注册时，没有告知其被刑事处罚的事实。

本案中 4 名当事人的行为应当作何处理？

【案例评析】

(1)《注册建造师继续教育管理暂行办法》第二十六条规定："注册建造师应按规定参加继续教育，接受培训测试，不参加继续教育或继续教育不合格的不予注册。"据此，本案中的张某未能完成建造师继续教育内容，按规定不能予以注册。

(2)《注册建造师管理规定》第十五条规定："申请人有下列情形之一的，不予注册：受到刑事处罚，刑事处罚尚未执行完毕的。"本案中陈某隐瞒事实，申请一级建造师注册属违法行为，应当不予注册。

(3)《注册建造师管理规定》第三十三条规定："隐瞒有关情况或者提供虚假材料申请注册的，住房城乡建设主管部门不予受理或者不予注册，并给予警告，申请人 1 年内不得再次申请注册。"本案中的李某、张某、王某和陈某 4 人均分别隐瞒事实、提供虚假材料，政府主管部门应当不予受理或者不予注册，并给予警告，在 1 年内不得再次申请注册。

第二节 《中华人民共和国保险法》与工程建设相关的主要规定

一、工程建设保险的概念和种类

(一)工程建设保险的概念

保险是一种受法律保护的分散危险、消化损失的经济制度。危险可分为财产危险、人身危险和法律责任危险三种。财产危险是指财产因意外事故或自然灾害而遭受毁损或灭失的危险；人身危险是指人们因意外事故和失业等原因而招致人身损失的危险；法律责任危险是指对他人的财产、人身实施违法侵害，依法应负赔偿责任的危险。

《中华人民共和国保险法》与工程建设相关的主要规定

《中华人民共和国保险法》(以下简称《保险法》)第二条规定："本法所称保险，是指投保人根据合同约定，向保险人支付保险费，保险人对于合同约定的可能发生的事故因其发生所造成的财产损失承担赔偿保险金责任，或者当被保险人死亡、伤残、疾病或者达到合同约定的年龄、期限等条件时承担给付保险金责任的商业保险行为。"

工程建设保险，是指业主或承包商为了工程建设项目顺利完成而对工程建设中可能产生的人身伤害或财产损失，向保险公司投保以化解风险的行为。

(二)工程建设保险的种类

建设工程活动涉及的法律关系较为复杂,风险较为多样。因此,建设工程活动涉及的险种也比较多,主要包括以下内容:

(1)建筑职工意外伤害险。
(2)建筑工程一切险。
(3)安装工程一切险。
(4)职业责任险。
(5)工程监理责任保险。
(6)机器损坏险及机动车辆险等。

二、建筑工程一切险

(一)建筑工程一切险的概念

建筑工程一切险承保各类民用、工业和公用事业建筑工程项目,包括道路、水坝、桥梁、港埠等,在建造过程中因自然灾害或意外事故而引起的一切损失。

建筑工程一切险往往还加保第三者责任险,即保险人在承保某建筑工程的同时,还对该工程在保险期限内因发生意外事故造成的依法应由被保险人负责的工地及邻近地区的第三者的人身伤亡、疾病或财产损失,以及被保险人因此而支付的诉讼费用和事先经保险人书面同意支付的其他费用,负赔偿责任。

(二)被保险人

在工程建设保险中,保险公司可以在一张保险单上对所有参加该项工程的有关各方都给予所需的保险。即凡在工程进行期间,对这项工程承担一定风险的有关各方,均可作为被保险人。

建筑工程一切险的被保险人包括以下人员:

(1)业主或工程所有人。
(2)承包商或分包商。
(3)技术顾问,包括业主聘用的建筑师、工程师及其他专业顾问。

由于被保险人不止一个,而且每个被保险人各有其本身的权益和责任,为了避免有关各方相互之间追偿责任,大部分保险单还加贴共保交叉责任条款。根据这一条款,每一个被保险人如同各自有一张单独的保单,其应负的那部分"责任"发生问题,财产遭受损失,就可以从保险人那里获得相应的赔偿。如果各个被保险人之间发生相互的责任事故,每一个负有责任的被保险人都可以在保单项下得到保障。即这些责任事故造成的损失,都可由保险人负责赔偿,无须根据各自的责任相互进行追偿。

(三)承保的财产

建筑工程一切险可承保的财产如下:

(1)合同规定的建筑工程,包括永久工程、临时工程及在工地的物料。
(2)建筑用机器、工具、设备和临时工房及其屋内存放的物件,均属履行工程合同所需要的,是被保险人所有的或为被保险人所负责的物件。
(3)业主或承包商在工地的原有财产。

(4)安装工程项目。
(5)场地清理费。
(6)工地内的现成建筑物。
(7)业主或承包商在工地上的其他财产。

(四)承保的危险
保险人对以下危险承担赔偿责任:
(1)洪水、潮水、水灾、地震、海啸、暴雨、风暴、雪崩、地崩、山崩、冻灾、冰雹及其他自然灾害。
(2)雷电、火灾、爆炸。
(3)飞机坠毁,飞机部件或物件坠落。
(4)盗窃。
(5)工人、技术人员因缺乏经验、疏忽、过失、恶意行为等造成的事故。
(6)原材料缺陷或工艺不善所引起的事故。
(7)除外责任外的其他不可预料的自然灾害或意外事故。

【案例2-4】 因自然灾害致使第三者财产缺失,保险公司负责赔偿
某工地建造一幢大厦,业主投保了建筑工程一切险。因该地区河流密集,浅层土质不均匀,使基坑多次坍塌,造成近百根桩基游离,直接经济损失上百万元,业主向保险公司索赔保险公司是否应该向业主赔偿损失?

【案例评析】
经保险公司查勘,认定事故由自然因素造成,属于保险责任范围内,因此及时进行了赔偿。

(五)除外责任
建筑工程一切险的除外责任如下:
(1)被保险人的故意行为引起的损失。
(2)战争、罢工、核污染的损失。
(3)自然磨损。
(4)停工。
(5)错误设计引起的损失、费用或责任;
(6)换置、修理或矫正标的本身原材料缺陷或工艺不善所支付的费用;
(7)非外力引起的机构或电器装置的损坏或建筑用机器、设备、装置失灵;
(8)领有公用运输用执照的车辆、船舶、飞机的损失;
(9)文件、账簿、票据、现金、有价证券、图表资料的损失。

(六)保险责任的起讫
保险单一般规定:保险责任自投保工程开工日起或自承保项目所用材料至工地时起开始。保险责任的终止,则按以下规定办理,以先发生者为准:
(1)保险单规定的保险终止日期。
(2)工程建设或安装完毕,移交给工程的业主,或签发完工证明时终止(如部分移交,则该移交部分的保险即行终止)。
(3)业主开始使用工程时(如部分使用,则该使用部分的保险责任即行终止)。

(4)如果加保保证期(缺陷责任期、保修期)的保险责任,即在工程完毕后,工程移交证书已签发,工程已移交给业主之后,对工程质量还有一个保证期,则保险期限可延长至保证期,但需加缴一定的保险费。

(七)制定费率应考虑的因素

由于工程建设保险的个性很强,每个具体工程的费率往往都不相同,在制定建筑工程一切险费率时应考虑如下因素。

1. 承保责任范围的大小

双方如对承保范围作出特殊约定,则此范围大小对费率会有直接影响。如果承保地震、洪水等灾害,还应考虑以往发生这些灾害的频率及损失大小。

另外,工程建设保险往往有免赔额和赔偿限额的规定。这是对被保险人自己应负责任的规定。如果免赔额高、赔偿限额低,则意味着被保险人承担的责任大,则保险费率就应相应降低;如果免赔额低、赔偿限额高,则保险费率应相应提高。

2. 承保工程本身的危险程度

承保工程本身的危险程度由以下因素决定:
(1)施工种类、工程性质。
(2)施工方法。
(3)工地和邻近地区的自然地理条件。
(4)设备类型。
(5)工地现场的管理情况。

3. 承包商的资信情况

承包商的资信情况包括承包商以往承包工程的情况,以及对工程的经营管理水平、经验等。承包商的资信条件好,则可降低保险费率;反之则应提高保险费率。

4. 保险人承保同类工程的以往损失记录

它是保险人在制定保险费率时应考虑的重要因素。以往有较大损失记录的,则保险费率应相应提高。

5. 最大危险责任

保险人应当估计所保工程可能承担的最大危险责任的数额,作为制定费率的参考因素。

【案例 2-5】 建筑工程一切险的免赔额度

某工程投保了建筑工程一切险,规定免赔额为损失金额的 10%,但最低为人民币 5 万元整,两者以高者为准。该工种发生了保险责任范围的损失 40 万元,保险人应赔付多少万元?

【案例评析】

按损失金额的 10% 计算免赔额为 4 万元,但因规定的免赔额最低为 5 万元,则该事故中免赔额不能以 4 万元计,而要以 5 万元作为此事故的免赔额,因此,这次事故中被保险人要自己负担 5 万元,保险人赔付 35 万元。

三、安装工程一切险

(一)安装工程一切险概述

安装工程一切险承保安装各种工厂用的机器、设备、储油罐、钢结构工程、起重机,以及包含机械工程因素的任何建设工程因自然灾害或意外事故而引起的一切损失。

由于目前机电设备价格日趋高昂、工艺和构造日趋复杂，这使安装工程的风险越来越高。因此，在国际保险市场上，安装工程一切险已发展成为一种保障比较广泛、专业性很强的综合性险种。

安装工程一切险的投保人可以是业主，也可以是承包商或卖方(供货商或制造商)。在合同中，有关利益方，如所有人、承包人、供货人、制造人、技术顾问等其他有关方，都可被列为被保险人。

安装工程一切险也可以根据投保人的要求附加第三者责任险。在安装工程建设过程中因发生任何意外事故，造成在工地及邻近地区的第三者人身伤亡、致残或财产损失，依法应由被保险人承担赔偿责任时，保险人将负责赔偿并包括被保险人因此而支付的诉讼费用或事先经保险人同意支付的其他费用。

(二)保险期限

安装工程一切险的保险期限，通常应以整个工期为保险期限。一般是从被保险项目被卸至施工地点时起生效到工程预计竣工验收交付使用之日止。如验收完毕先于保险单列明的终止日，则验收完毕时保险期亦即终止。若工期延长，被保险人应及时以书面通知保险人申请延长保险期，并按规定增缴保险费。

安装工程第三者责任保险作为安装工程一切险的附加险，其保险期限应当与安装工程一切险相同。

(三)保险标的

安装工程一切险的保险标的有以下内容：

(1)安装的机器及安装费，包括安装工程合同内要安装的机器、设备、装置、物料、基础工程(如地基、座基等)，以及为安装工程所需的各种临时设施(如水电、照明、通信设备等)等。

(2)为安装工程使用的承包人的机器、设备。

(3)附带投保的土木建筑工程项目，其保额不得超过整个工程项目保额的20%。

(4)场地清理费用。

(5)业主或承包商在工地上的其他财产。

(四)制定费率时考虑的因素

在制定安装工程一切险的费率时应注意安装工程的特点。主要有以下内容：

(1)保险标的从安装开始就存在于工地上，风险一开始就比较集中。

(2)试车考核期内任何潜在因素都可能造成损失，且试车期的损失率占整个安装期风险的50%以上。

(3)人为因素造成的损失较多。

总的来讲，安装工程一切险的费率要高于建筑工程一切险。

第三节 《中华人民共和国劳动法》与工程建设相关的主要规定

一、劳动合同基本内容

(一)《中华人民共和国劳动法》与《中华人民共和国劳动合同法》概述

《中华人民共和国劳动法》(以下简称《劳动法》)是调整劳动关系及与劳动关系密切相联系的其他关系的法律规范的总称，是我国社会主义法律体系中一个重要的独立部门。

《中华人民共和国劳动法》与工程建设相关的主要规定

劳动合同法是指关于劳动合同的法律。其有广义和狭义之分。广义上的劳动合同法一般是指所有关于劳动合同的法律规范的总称；狭义上的劳动合同法就是指《中华人民共和国劳动合同法》(以下简称《劳动合同法》)。

《劳动法》是劳动保障立法体系中的基准法，是《劳动合同法》的立法根据。《劳动合同法》对劳动合同制度做了进一步完善。其主要调整以下内容：

(1)因管理劳动力而发生的社会关系。
(2)因执行社会保障而发生的社会关系。
(3)因组织工会和工会活动而发生的社会关系。
(4)因处理劳动争议而发生的关系。
(5)因监督劳动法律、法规的执行而发生的社会关系。

(二)劳动合同的种类

《劳动合同法》规定，劳动合同可分为固定期限劳动合同、无固定期限劳动合同和以完成一定工作任务为期限的劳动合同。

1. 劳动合同期限

劳动合同期限是指劳动合同的有效时间，是劳动关系当事人双方享有权利和履行义务的时间。其一般始于劳动合同的生效之日，终于劳动合同的终止之时。

劳动合同期限由用人单位和劳动者协商确定，是劳动合同的一项重要内容。无论劳动者与用人单位建立何种期限的劳动关系，都需要双方将该期限用合同的方式确认下来，否则就不能保证劳动合同内容的实现，劳动关系将会处于一个不确定状态。劳动合同期限是劳动合同存在的前提条件。

2. 固定期限劳动合同

固定期限劳动合同，是指用人单位与劳动者约定合同终止时间的劳动合同，即劳动合同双方当事人在劳动合同中明确规定了合同效力的起始和终止的时间。劳动合同期限届满劳动关系即告终止。

固定期限劳动合同可以是1年、2年，也可以是5年、10年，甚至更长时间。

3. 无固定期限劳动合同

无固定期限劳动合同，是指用人单位与劳动者约定无确定终止时间的劳动合同。无确定终止时间的劳动合同并不是没有终止时间，一旦出现了法定的解除情形(如到了法定退休年龄)或者双方协商一致解除的，无固定期限劳动合同同样可以解除。

用人单位与劳动者协商一致，可以订立无固定期限劳动合同。有下列情形之一，劳动者提出或者同意续订、订立劳动合同的，除劳动者提出订立固定期限劳动合同外，应当订立无固定期限劳动合同：

(1)劳动者在该用人单位连续工作满10年的。

(2)用人单位初次实行劳动合同制度或者国有企业改制重新订立劳动合同时，劳动者在该用人单位连续工作满10年且距法定退休年龄不足10年的。

(3)连续订立两次固定期限劳动合同，且劳动者没有《劳动合同法》第三十九条和第四十条第一项、第二项规定的情形续订劳动合同的。

需要注意的是，按照《劳动合同法》规定，用人单位自用工之日起满1年不与劳动者订立书面劳动合同的，则视为用人单位与劳动者已订立无固定期限劳动合同。

【案例2-6】 无固定期限劳动合同的订立

某公司有3名员工已在该企业工作满10年，需要续签新的劳动合同，但该公司不打算再与其续签劳动合同。该公司人力资源部向3名员工下发了到期不再续签劳动合同的书面通知。但3名员工不服，认为在该公司工作了这么多年，公司不应该这样做。

该3名员工坚决要求签订劳动合同，并且要求签订无固定期限劳动合同，根据《劳动合同法》规定，是否应当签订无固定期限劳动合同？在公司不同意的情况下，是否可以签订无固定期限劳动合同？

【案例评析】

(1)依据《劳动合同法》第十四条第2款的规定，劳动者在该用人单位连续工作满10年的，劳动者提出或者同意续订、订立劳动合同的，应当订立无固定期限劳动合同。本案例中，3名员工已经在该公司工作了10年，依据《劳动合同法》的规定，该公司必须与3名员工续签无固定期限劳动合同。

(2)3名员工要求续签无固定期限劳动合同，尽管公司单方面不同意，依据上述规定，公司也必须与其续签无固定期限劳动合同，否则将构成违法行为。

4. 以完成一定工作任务为期限的劳动合同

《劳动合同法》规定，以完成一定工作任务为期限的劳动合同，是指用人单位与劳动者约定以某项工作的完成为合同期限的劳动合同。

(三)劳动合同的订立

订立劳动合同，应当遵循合法、公平、平等自愿、协商一致、诚实信用的原则。用人单位自用工之日起即与劳动者建立劳动关系。订立劳动合同，应当具备以下条件：

(1)用人单位的名称、住所和法定代表人或者主要负责人。

(2)劳动者的姓名、住址和居民身份证或者其他有效身份证件号码。

(3)劳动合同期限：劳动合同期限三个月以上不满一年的，试用期不得超过一个月；劳动合同期限一年以上不满三年的，试用期不得超过二个月；三年以上固定期限和无固定期限的劳动合同，试用期不得超过六个月。

(4)工作内容和工作地点。

(5)工作时间和休息、休假。

(6)劳动报酬。

(7)社会保险。

(8)劳动保护、劳动条件和职业危害防护。
(9)法律、法规规定应当纳入劳动合同的其他事项。

(四)劳动合同的效力

1. 劳动合同的履行和变更

劳动合同一经依法订立，便具有法律效力。用人单位与劳动者应当按照劳动合同的约定全面履行各自的义务。当事人双方既不能只履行部分义务，也不能擅自变更合同，更不能任意不履行合同或者解除合同，否则将承担相应的法律责任。用人单位应按合同约定和国家规定，向劳动者及时足额支付劳动报酬；不得强迫或者变相强迫劳动者加班，若安排加班，应按照国家有关规定支付加班费；劳动者对危害生命安全和身体健康的劳动条件有权对用人单位提出批评、检举和控告，劳动者拒绝用人单位管理人员违章指挥、强令冒险作业的，不视为违反劳动合同；用人单位变更名称、法定代表人、主要负责人或者投资人等事项，不影响劳动合同的履行。

2. 劳动合同的解除和终止

(1)《劳动合同法》第三十八条规定，用人单位有下列情形之一的，劳动者可以解除劳动合同：

1)未按照劳动合同约定提供劳动保护或者劳动条件的。
2)未及时足额支付劳动报酬的。
3)未依法为劳动者缴纳社会保险费的。
4)用人单位的规章制度违反法律、法规的规定，损害劳动者权益的。
5)因本法第二十六条第一款规定的情形致使劳动合同无效的。
6)法律、行政法规规定劳动者可以解除劳动合同的其他情形。

用人单位以暴力、威胁或者非法限制人身自由的手段强迫劳动者劳动的，或者用人单位违章指挥、强令冒险作业危及劳动者人身安全的，劳动者可以立即解除劳动合同，不需事先告知用人单位。

(2)《劳动合同法》第三十九条规定，劳动者有下列情形之一的，用人单位可以解除劳动合同：

1)在试用期间被证明不符合录用条件的；
2)严重违反用人单位的规章制度的。
3)严重失职，营私舞弊，给用人单位造成重大损害的。
4)劳动者同时与其他用人单位建立劳动关系，对完成本单位的工作任务造成严重影响，或者经用人单位提出，拒不改正的。
5)因本法第二十六条第一款第一项规定的情形致使劳动合同无效的。
6)被依法追究刑事责任的。

(3)《劳动合同法》第四十四条规定，有下列情形之一的，劳动合同终止：

1)劳动合同期满的。
2)劳动者开始依法享受基本养老保险待遇的。
3)劳动者死亡，或者被人民法院宣告死亡或者宣告失踪的。
4)用人单位被依法宣告破产的。
5)用人单位被吊销营业执照、责令关闭、撤销或者用人单位决定提前解散的。
6)法律、行政法规规定的其他情形。

二、劳动安全卫生规程和标准

劳动安全卫生规程和标准，是指关于消除、限制或预防劳动过程中的危险和有害因素，保护职工安全与健康、保障设备、生产正常运行而制定的统一规定。劳动安全卫生标准分为三级，即国家标准、行业标准和地方标准。

(一)劳动安全卫生制度对用人单位的要求

(1)新建、改建、扩建工程的劳动安全卫生设施必须与主体工程同时设计、同时施工、同时投入生产和使用，并且符合国家规定。

(2)用人单位必须为劳动者提供符合国家规定的劳动安全卫生条件和必要的劳动防护用品，对从事有职业危害作业的劳动者应当定期进行健康检查。

(3)用人单位会同其他有关部门，应当依法对劳动者在劳动过程中发生的伤亡事故和劳动者的职业病状况，进行统计、报告和处理。

(二)劳动安全卫生制度对劳动者的要求

(1)从事特种作业的劳动者必须经过专门培训并取得特种作业资格。
(2)劳动者在劳动过程中必须严格遵守安全操作规程。
(3)劳动者对用人单位管理人员违章指挥、强令冒险作业，有权拒绝执行。
(4)对危害生命安全和身体健康的行为，有权提出批评、检举和控告。

三、对女职工和未成年职工的特殊保护

(一)对女职工的特殊保护

女职工劳动保护是根据妇女生理特点对其中的劳动者所采取的各项保护措施，也就是在劳动过程中的安全和卫生的特殊保护措施。

(1)禁止安排女职工从事矿山井下、国家规定的第四级体力劳动强度的劳动和其他禁忌从事的劳动。

(2)不得安排女职工在经期从事高处、低温、冷水作业和国家规定的第三级体力劳动强度的劳动。

(3)不得安排女职工在怀孕期间从事国家规定的第三级体力劳动强度的劳动和孕期禁忌从事的劳动。对怀孕七个月以上的女职工，不得安排其延长工作时间和夜班劳动。

(4)女职工生育享受不少于九十天的产假。

(5)不得安排女职工在哺乳未满一周岁的婴儿期间从事国家规定的第三级体力劳动强度的劳动和哺乳期禁忌从事的其他劳动，不得安排其延长工作时间和夜班劳动。

【案例2-7】 职工产假期间工程发放问题

汤某是一家大型建筑企业的职工。结婚后不久怀孕，2019年8月，汤某临近产期，向单位请产假90天，单位却只批准了56天，并且表示在产假期间，工资将按基本工资标准的60%发放。汤某找领导反映情况，领导解释说，《中华人民共和国劳动保险条例》规定的产假就是56天，企业完全是依法办事。汤某知道自己的一个朋友生育时休了90天产假，并且全额领到了工资，于是向有关机构咨询，希望了解单位的做法是否合法，法定产假到底是多少天，产假期间是否减发工资。请分析，该企业的做法是否正确？

【案例评析】

汤某所在企业的做法是错误的,法定产假应该是不少于90天,企业在职工休产假期间,可以停发奖金、伙食补贴等非基本工资部分,但是不得减发基本工资。另一种是实行了生育保险社会统筹,企业参加了当地劳动保障部门建立的生育保险,并且按时足额缴纳生育保险费的,女职工产假期间,企业可停发其工资,改由社会保险经办机构发给生育津贴,生育津贴的标准是本企业上年度职工月平均工资,生育津贴由生育保险基金支付。本案例中,汤某所在企业仍然沿用《中华人民共和国劳动保险条例》规定,只批准汤某56天产假,明显违反了《女职工劳动保护规定》的规定。该企业若没有参加生育保险,就应该承担向汤某支付产假工资的义务,但是企业却减发汤某的工资,违反了《女职工劳动保护规定》的规定。

(二)对未成年职工的特殊保护

未成年职工是指年满十六周岁,未满十八周岁的劳动者。未成年职工的特殊保护是针对未成年职工处于生长发育期的特点,以及接受义务教育的需要,采取的特殊劳动保护措施。

禁止未成年职工从事的劳动范围主要有矿山井下、有毒、有害、国家规定的第四级体力劳动强度的劳动,以及其他禁忌从事的劳动,包括森林伐木、归楞及流放作业,凡在坠落高度基准面5 m以上(含5 m)有可能坠落高度进行作业,作业场所放射性物质超过《放射防护规定》中规定剂量的作业,其他对未成年职工的发育成长有影响的作业。而且用人单位应当对未成年职工定期进行健康检查。

四、劳动争议的处理

劳动争议又称劳动纠纷,是指劳动关系当事人之间因劳动的权利与义务发生分歧而引起的争议。

(一)劳动争议的处理原则

解决劳动争议,应当根据合法、公正、及时处理的原则,依法维护劳动争议当事人的合法权益。

(二)劳动争议的解决途径

劳动争议发生后,当事人应当协商解决;不愿协商或者协商不成的,可以向本企业劳动争议调解委员会申请调解,调解不成的,可以向劳动争议仲裁委员会申请仲裁。当事人也可以直接向劳动争议仲裁委员会申请仲裁。对仲裁裁决不服的,可以向人民法院起诉。根据《劳动法》规定,劳动争议当事人可以有四条途径解决其争议。

1. 协商程序

劳动争议双方当事人在发生劳动争议后,应当首先协商,找出解决的方法。

2. 调解程序

企业调解委员会对本单位发生的劳动争议进行调解。通过调解解决劳动争议当属首选步骤。

3. 仲裁程序

当事人从知道或应当知道其权利被侵害之日起60日内,以书面形式向仲裁委员会申请仲裁。仲裁委员会应当自收到申请书之日起 7 日内作出受理或者不予受理的决定。仲裁庭处理劳动争议应当自组成仲裁庭之日起 60 日内结束。案情复杂需要延期的，经报仲裁委员会批准，可以适当延期，但是延长的期限不得超过 30 日。

4. 诉讼程序

当事人如对仲裁决定不服，可以自收到仲裁决定书 15 日之内向人民法院起诉，人民法院民事审判庭根据《中华人民共和国民事诉讼法》的规定，受理和审理劳动争议案件。审限为 6 个月，特别复杂的案件经审判委员会批准可以延长。当事人对人民法院一审判决不服，可以再提起上诉，二审判决是生效的判决，当事人必须执行。需要强调的是，劳动争议当事人未经仲裁程序不得直接向法院起诉，否则人民法院不予受理。

关于处理因签订或履行集体合同发生的争议，《劳动法》作了特殊的程序规定，即因签订集体合同发生争议，当事人协商解决不成的，当地人民政府劳动行政部门可以组织有关各方协调处理；因履行集体合同发生争议，当事人协商解决不成的，可以向劳动争议仲裁委员会申请仲裁。对仲裁裁决不服的，可以向人民法院提起诉讼。

第四节 《中华人民共和国消防法》与工程建设相关的主要规定

一、《中华人民共和国消防法》

为了预防火灾和减少火灾危害，加强应急救援工作，保护人身、财产安全，维护公共安全，制定了《中华人民共和国消防法》（以下简称《消防法》）。消防工作贯彻预防为主、防消结合的方针，按照政府统一领导、部门依法监管、单位全面负责、公民积极参与的原则，实行消防安全责任制，建立健全社会化的消防工作网络。任何单位和个人都有维护消防安全、保护消防设施、预防火灾、报告火警的义务。任何单位和成年人都有参加有组织的灭火工作的义务。

《中华人民共和国消防法》与工程建设相关的主要规定

二、工程建设消防规定

按照国家工程建设消防技术标准要求进行消防设计的建筑工程，设计单位应当按照工程建筑设防技术标准进行设计，建设单位应当将建筑工程的消防设计图纸及有关资料报送公安消防机构审核；未经审核或者经审核不合格的，住房城乡建设主管部门不得发给施工许可证，建设单位不得施工。

经公安消防机构审核的建筑工程消防设计需要变更的，应当报经原审核的公安消防机构核准；未经核准的，任何单位、个人不得变更。

按照国家工程建设消防技术标准进行消防设计的建筑工程竣工时，必须经公安消防机构进行消防验收；未经验收或者经验收不合格的，不得投入使用。

建筑构件和建筑材料的防火性能必须符合国家标准或者行业标准。公共场所室内装修、装饰根据国家工程建设消防技术标准的规定，应当使用不燃、难燃材料的，必须选用依照产品质量法的规定确定的检验机构检验合格的材料。

三、工程建设消防安全措施

（1）机关、团体、企业、事业单位应当履行下列消防安全职责：
1）制定消防安全制度、消防安全操作规程。
2）实行防火安全责任制，确定本单位和所属各部门、岗位的消防安全责任人。
3）针对本单位的特点对职工进行消防宣传教育。
4）组织防火检查，及时消除火灾隐患。
5）按照国家有关规定配置消防设施和器材、设置消防安全标志，并定期组织检验、维修，确保消防设施和器材完好、有效。
6）保障疏散通道、安全出口畅通，并设置符合国家规定的消防安全疏散标志。
7）居民住宅区的管理单位，应当依照前款有关规定，履行消防安全职责，做好住宅区的消防安全工作。

（2）在设有车间或者仓库的建筑物内，不得设置员工集体宿舍。在设有车间或者仓库的建筑物内，已经设置员工集体宿舍的，应当限期加以解决。对于暂时确有困难的，应当采取必要的消防安全措施，经公安消防机构批准后，可以继续使用。

（3）生产、储存、运输、销售或者使用、销毁易燃易爆危险物品的单位、个人，必须执行国家有关消防安全的规定。
1）生产易燃易爆危险物品的单位，对产品应当附有燃点、闪点、爆炸极限等数据的说明书，并且注明防火防爆注意事项。对独立包装的易燃易爆危险物品应当贴附危险品标签。
2）进入生产、储存易燃易爆危险物品的场所，必须执行国家有关消防安全的规定，禁止携带火种进入生产、储存易燃易爆危险物品的场所。禁止非法携带易燃易爆危险物品进入公共场所或者乘坐公共交通工具。
3）储存可燃物资仓库的管理，必须执行国家有关消防安全的规定。

（4）禁止在具有火灾、爆炸危险的场所使用明火。因特殊情况需要使用明火作业的，应当按照规定事先办理审批手续。作业人员应当遵守消防安全规定，并采取相应的消防安全措施。

进行电焊、气焊等具有火灾危险的作业人员和自动消防系统的操作人员，必须持证上岗，并严格遵守消防安全操作规程。

【案例 2-8】 操作违章失火，水源不足酿成大事故

某隧道工地雷管储存室混制引火头，工房当天混制秒延期雷管用引火药，筛药工蒙某将称好的铅丹和硅盛入塑料盒内，手持橡胶板在盒内混药。药混好后，用 140 孔/寸的筛子在防护板内过筛，每筛约 150 g。当筛到第 3 筛时，突然起火，并发出低沉的爆炸声，蒙某被冲击波击倒在地，因蒙某双手戴胶皮手套并有防护板隔离操作，因而未受伤。此次事故烧毁 147 m² 工房，直接经济损失 3.5 万元。请分析此次事故发生的原因。

【案例评析】

经过调查分析和进行模拟试验，认为静电导致着火的可能性较大，事发时工房内相对湿度为 50%。铅丹又刚从烘干室内取出，湿度较高，筛药工内穿涤纶衣裤，脚穿橡胶鞋，地面、作业台上均铺橡胶板，走动时易积聚电荷，另据筛药工回忆，以前筛药时曾多次发现药粉有"站立"现象。

事故原因及教训：
（1）工人违章操作，规程规定每次混药量不得超过 200 g，实际混药量为 2 000 g，扩大了事故后果。

(2)消防水源不足,着火后不能及时扑灭。

(3)对静电认识不够,防治不力,导致静电积聚,引起火灾。

(4)要教育工人,严格执行工艺规程。

(5)配备足够的消防水源,一旦发生着火能及时扑灭。

(6)对静电要有足够的认识,禁止工人穿化纤衣服,必要时配备导静电服装和采取其他导静电措施。

第五节 税法与工程建设相关的主要规定

一、税法

税收是国家为了实现其职能的需要,凭借政治权利,依照法律规定的程序对满足法定课税要件的人所征收的货币或者实物。税法就是调整税收关系的法律规范的总称。

税法由税收征纳实体法和税收征纳程序法等子部门法构成。

二、纳税程序

(一)税款征收

税务机关依照法律、行政法规的规定征收税款,不得违反法律、行政法规的规定开征、停征、多征或者少征税款。

(1)代扣、代收税款。扣缴义务人依照法律、行政法规的规定履行代扣、代收税款的义务。税务机关按照规定付给扣缴义务人代扣、代收手续费。

(2)税款征收的期限。纳税人、扣缴义务人按照法律、行政法规规定或者税务机关依照法律、行政法规的规定确定的期限,缴纳或者解缴税款。纳税人因有特殊困难,不能按期缴纳税款的,经省、自治区、直辖市国家税务局,地方税务局批准,可以延期缴纳税款,但最长不得超过3个月。

纳税人未按照规定期限缴纳税款的,扣缴义务人未按照规定期限解缴税款的,税务机关除责令限期缴纳外,从滞纳税款之日起,按日加收滞纳税款万分之五的滞纳金。

(3)税款征收的减免。纳税人可以依照法律、行政法规的规定向税务机关书面申请减税、免税。

(4)税款征收的凭证。税务机关征收税款和扣缴义务人代扣、代收税款时,必须给纳税人开具完税凭证。

(二)税收保全

税务机关有根据认为从事生产、经营的纳税人有逃避纳税义务行为的,可以在规定的纳税期之前,责令限期缴纳应纳税款;在限期内发现纳税人有明显的转移、隐匿其应纳税的商品、货物,以及其他财产或者应纳税的收入的迹象的,税务机关可以责成纳税人提供纳税担保。如果纳税人不能提供纳税担保,经县以上税务局(分局)局长批准,税务机关可以采取下列税收保全措施:

(1)书面通知纳税人开户银行或者其他金融机构冻结纳税人的金额相当于应纳税款的存款。

(2)扣押、查封纳税人的价值相当于应纳税款的商品、货物或者其他财产。纳税人在前款规定的限期内缴纳税款的,税务机关必须立即解除税收保全措施;限期期满仍未缴纳税款的,经县以上税务局(分局)局长批准,税务机关可以书面通知纳税人开户银行或者其他金融机构从其冻结的存款中扣缴税款,或者依法拍卖攻其或者变卖所扣押、查封的商品、货物或者其他财产,以拍卖或者变卖所得抵缴税款。采取税收保全措施不当,或者纳税人在限期内已缴纳税款,税务机关未立即解除税收保全措施,使纳税人的合法利益遭受损失的,税务机关应当承担赔偿责任。

(三)纳税的强制执行

从事生产、经营的纳税人、扣缴义务人未按照规定的期限缴纳或者解缴税款,纳税担保人未按照规定的期限缴纳所担保的税款,由税务机关责令限期缴纳,逾期仍未缴纳的,经县以上税务局(分局)局长批准,税务机关可以采取下列强制执行措施:

(1)书面通知其开户银行或者其他金融机构从其存款中扣缴税款。

(2)扣押、查封、依法拍卖或者变卖其价值相当于应纳税款的商品、货物或者其他财产,以拍卖或者变更所得抵缴税款。税务机关采取强制执行措施时,对前款所列纳税人、扣缴义务人、纳税担保人未缴纳的滞纳金同时强制执行。

三、违反税法的责任

(一)法律责任的形式

(1)经济责任主要包括加收滞纳金和赔偿损失。

(2)行政责任主要包括行政处罚和行政处分。行政处罚主要是针对纳税人和扣缴义务人的,主要包括责令限期改正,责令缴纳税款;采取税收保全措施和税收强制执行措施;罚款;吊销税务登记证,收回税务机关发给的票证,吊销营业执照等。行政处分是针对税务机关的工作人员的,主要包括警告、记过、记大过、降级、撤职和开除。

(3)刑事责任主要包括罚金、拘役、有期徒刑、无期徒刑。

(二)主要违法行为的法律责任

(1)纳税人未按照规定期限缴纳税款的,扣缴义务人未按照规定期限解缴税款的,税务机关除责令限期缴纳外,从滞纳税款之日起,按日加收滞纳税款万分之五的滞纳金。

(2)纳税人有下列行为之一的,由税务机关责令限期改正,可以处2 000元以下的罚款;情节严重的,处2 000元以上1万元以下的罚款:未按照规定的期限申报办理税务登记、变更或者注销登记的;未按照规定设置、保管账簿或者保管记账凭证和有关资料的;未按照规定将财务、会计制度或者财务、会计处理办法和会计核算软件报送税务机关备查的;未按照规定将其全部银行账号向税务机关报告的;未按照规定安装、使用税控装置,或者损毁或者擅自改动税控装置的。

【**案例2-9**】 未按照规定的期限申报办理税务登记,税务机关有权对其处罚

2019年2月,税务机关在进行税务检查时发现,某企业上年未向税务机关申报企业所得税,当问及其原因时,该企业负责人讲是由于上年度亏损了10万元。税务机关对其处以2 000元罚款。该企业负责人表示不理解,认为企业没有实现利润为什么还要进行纳税申

报,并就此向上级税务机关提出税务行政复议。请分析,亏损企业是否需要进行纳税申报?纳税人没有进行纳税申报,税务机关应该如何处罚?

【案例评析】

纳税人无论是盈是亏都应在法律规定申报期限内到主管税务机关办理纳税申报。《中华人民共和国税收征收管理法》第六十二条规定:"纳税人未按照规定的期限办理纳税申报和报送纳税资料的,或者扣缴义务人未按照规定的期限向税务机关报送代扣代缴、代收代缴税款报告表和有关资料的,由税务机关责令限期改正,可以处2 000元以下的罚款;情节严重的,处以2 000元以上1万元以下的罚款。"根据此条规定,该案例中税务机关对该企业处罚是正确的。

(3)对纳税人偷税的,由税务机关追缴其不缴或者少缴的税款、滞纳金,并处不缴或者少缴的税款50%以上5倍以下的罚款;偷税数额占应纳税额的10%以上不满30%并且偷税数额在1万元以上不满10万元的,或者因偷税被税务机关给予二次行政处罚又偷税的,处3年以下有期徒刑或者拘役,并处偷税数额1倍以上5倍以下罚金;偷税数额占应纳税额的30%以上并且偷税数额在10万元以上的,处3年以上7年以下有期徒刑,并处偷税数额1倍以上5倍以下罚金。

(三)追究法律责任的主体和期限

追究法律责任的主体主要包括征税机关和人民法院。行政处罚,罚款额在2 000元以下的,可以由税务所决定。违反税收法律、行政法规应当给予行政处罚,在5年内未被发现的,不再给予行政处罚。

本章小结

根据《建筑法》的规定,建设工程许可包括三种制度,即建筑工程施工许可制度、从事建筑活动单位资质制度、个人资格制度。工程开工前,建设单位应当按照国家有关规定向工程所在地县级以上人民政府建设行政主管部门申请领取施工许可证,但是,国务院建设行政主管部门确定的限额以下的小型工程除外。

工程建设保险,是指业主或承包商为了工程建设项目顺利完成而对工程建设中可能产生的人身伤害或财产损失,向保险公司投保以化解风险的行为。工程建设保险主要包括建筑工程一切险和安装工程一切险。建筑工程一切险是以各种建筑工程及在建筑施工过程中的物料、机器设备和第三者的经济赔偿责任为保险标的保险。安装工程一切险的目的在于为各种机器安装及钢结构工程的实施提供尽可能全面的专门保险。

施工企业要按照《劳动法》和《劳动合同法》的要求与劳动者确立劳动关系、明确双方权利和义务。订立劳动合同,应当遵循平等自愿、协商一致的原则,不得违反法律、行政法规的规定。建筑施工企业应做好劳动安全卫生工作,对女职工和未成年职工的使用应遵守有关的规定。劳动争议解决的方式有协商、调解、仲裁和诉讼。

建设工程由于工期长,业务复杂的原因,消防隐患随时存在。所以,在建设期间严格遵守和贯彻《消防法》的相关规定显得尤为重要。设计阶段要进行消防设计审核,工程建设中应采取消防安全措施,工程结束后要进行消防验收。

税法就是调整税收关系的法律规范的总称。税法由税收征纳实体法和税收征纳程序法等子部门法构成。税务机关依照法律、行政法规的规定征收税款，不得违反法律、行政法规的规定开征、停征、多征或者少征税款。

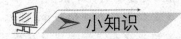 小知识

"劳务派遣"到底是怎样的用工方式？

劳务派遣（又称劳动力派遣、劳动派遣或人才租赁）是指依法设立的劳务派遣单位与劳动者订立劳动合同，依据与接受劳务派遣单位（即实际用工单位）订立的劳务派遣协议，将劳动者派遣到实际用工单位工作，由派遣单位向劳动者支付工资、福利及社会保险费用，实际用工单位提供劳动条件并按照劳务派遣协议支付用工费用的新型用工方式。其显著特征是劳动者的聘用与使用分离。

《劳动合同法》规定，劳务派遣单位是《劳动合同法》中所称用人单位，应当履行用人单位对劳动者的义务。劳务派遣单位与被派遣劳动者订立的劳动合同，除应当载明《劳动合同法》第十七条规定的事项外，还应当载明被派遣劳动者的用工单位及派遣期限、工作岗位等情况。劳务派遣单位应当与被派遣劳动者订立2年以上的固定期限劳动合同，按月支付劳动报酬；被派遣劳动者在无工作期间，劳务派遣单位应当按照所在地人民政府规定的最低工资标准，向其按月支付报酬。

劳务派遣单位派遣劳动者应当与接受以劳务派遣形式用工的单位（以下称用工单位）订立劳务派遣协议。劳务派遣协议应当约定派遣岗位和人员数量、派遣期限、劳动报酬和社会保险费的数额与支付方式及违反协议的责任。用工单位应当根据工作岗位的实际需要与劳务派遣单位确定派遣期限，不得将连续用工期限分割订立数个短期劳务派遣协议，劳务派遣单位应当将劳务派遣协议的内容告知被派遣劳动者。劳务派遣单位不得克扣用工单位按照劳务派遣协议支付给被派遣劳动者的劳动报酬。劳务派遣单位和用工单位不得向被派遣劳动者收取费用。

练习题

1. 不需要办理施工许可证的建设工程有哪些规定？不重复办理施工许可证的建设工程有哪些规定？
2. 申请建筑工程施工许可证的条件有哪些？
3. 未经许可擅自开工应承担哪些法律责任？规避办理施工许可证应承担哪些法律责任？
4. 安装工程一切险的保险标的有哪些内容？
5. 劳动合同的种类有哪些？劳动争议的处理解决途径有哪些？

综合练习题

案例 1

某市一服装厂为扩大生产规模需要建设一栋 10 层框架结构，建筑面积为 20 000 m² 的综合楼。通过工程监理招标，该市某建设监理有限公司中标并与该服装厂签订了委托监理合同，合同价款为 34 万元；通过施工招标，该市某建筑公司中标，并与服装厂签订了建设工程施工合同，合同价款为 4 200 万元。合同签订后，建筑公司进入现场施工。在施工过程中，服装厂发现建筑公司工程进度拖延并出现质量问题，为此双方出现纠纷，并告到当地政府主管部门。当地政府主管部门在了解情况时，发现该服装厂的综合楼工程项目未办理规划许可、施工许可手续。

问题：本案例中该服装厂有何违法行为，应该如何处理？

案例 2

2016 年 3 月 7 日，某养殖公司与某财产保险公司签订了建筑工程一切险保险合同。保险项目为该养殖公司的围堤工程，投保金额为 348 500 元，事故绝对免赔额为 50 000 元；保险期限自 2016 年 3 月 16 日中午 12 时起至 2016 年 5 月 5 日中午 12 时止。双方在合同第 13 条还特别约定：物质损失部分每次事故赔偿限额为 500 000 元。2016 年 3 月 11 日该养殖公司交付保险公司保险费 12 455 元。在保险期间，该围堤工程施工于 2016 年 4 月 15 日、4 月 30 日因海上出现大风天气，导致两次海损事故发生，造成一定经济损失。在理赔过程中，双方就损失赔偿问题未达成一致意见。该养殖公司起诉到人民法院，2017 年 6 月 15 日，一审法院依法委托某工程咨询管理公司对两次海损工程量进行了司法鉴定，同年 7 月 31 日得出鉴定结论：两次海损损毁的工程量合计 26 525.25 m³，若按照双方提供的工程承包合同单价 41 元/m³ 计算，则海损部分的工程造价为 1 087 535.25 元。原告支付了鉴定费 80 000 元。

问题：被告是否应当赔偿损失，赔偿额应当是多少？

案例 3

王某进入某 IT 公司工作，并与该 IT 公司签订了劳动合同。由于王某自行开发了一个新的软件，并保留了该软件的源代码且没上交公司。按照公司的规章制度要求，任何员工开发的软件其知识产权均属公司所有，不得被个人保留。但王某以此为条件，要求公司为其上涨工资否则不交出软件源代码。公司没有答应王某的要求，告知王某的行为已违反了公司的规章制度，将与他解除劳动合同，并要求王某赔偿由其行为给公司造成的经济损失。双方僵持不下，王某向该 IT 公司所在地的劳动争议仲裁委员会提出了劳动仲裁申请，要求公司因解除劳动合同对其支付经济补偿和赔偿金。该公司认为对王某的行为公司有权解除劳动合同，并对王某给公司造成的损失提出了反请求。

问题：王某的行为是否属于劳动争议的范围？该公司是否可以解除与王某的劳动合同？该公司对王某给公司造成的损失该如何处理？

综合练习题解析

第三章　建筑工程发承包与招投标法规

职业能力目标

在实际工作中，能利用所学知识判断发包方、承包方的行为规范，运用招标投标知识，依照法律程序及相关规定参与招标投标的市场竞争，使项目达到预期的目标；并具有通过相关执业资格考试的能力。

学习要求

了解建筑工程发包与承包的概念、原则、特征；熟悉招标人的规定、招标工作机构的相关规定，投标人的规定及投标工作机构的相关规定；掌握建筑工程发包单位必须依照的法律、法规规定，建筑工程承包单位的资质管理，建筑工程的承包方式，建筑工程承包的行为规范，建筑工程分包制度，以及招标条件、招标方式、招标程序、招标文件的编制、资格审查、投标程序、投标文件的编制，开标、评标、中标的主要规定。

本章重点：建筑工程发包与承包的主要规定，招标方式及招标、投标、开标、评标、中标的主要规定。

本章难点：建筑工程招标投标的范围和规模标准；招标与投标、开标与评标的程序及主要规定。

第一节　建筑工程发包与承包概述

一、建筑工程发包与承包概念

建筑工程发包与
承包的规定（一）

建筑工程发包与
承包的规定（二）

所谓发包、承包是指一方当事人为另一方当事人完成某项工作，另一方当事人接受工作成果并支付工作报酬的行为。其中，将某项工作交给他人完成并有义务接受工作成果，支付工作报酬，是发包；承揽他人交付某项工作，并完成某项工作，是承包。发包与承包构成发包、承包经济活动不可分割的两个方面、两种行为。

建筑工程发包，是指建设单位或者受其委托的招标代理机构通过招标方式或直接发包方式将建设工程的全部或部分交由他人承包，并支付相应费用的行为。

建筑工程承包，是指通过招标方式或直接发包方式取得建设工程的全部或部分，取得相应费用并完成建设工程的全部或部分的行为。

建筑工程发包、承包制度，是建筑业适应市场经济的产物。建设工程勘察、设计、施工、安装单位要通过参加市场竞争来承揽建设工程项目。这样，可以激发企业活力，改变计划经济体制下建筑活动僵化的体制，有利于建筑业健康发展，有利于建筑市场的活跃和繁荣。

二、建筑工程发包与承包的原则

建筑工程发包、承包活动是一项特殊的商品交易活动，同时，又是一项重要的法律活动，建筑工程发包与承包应遵循以下原则。

1. 承发包双方依法订立书面合同和全面履行合同义务的原则

这是国际通行的原则。为便于明确各自的权利与义务，减少纷争，《建筑法》和《中华人民共和国合同法》（以下简称《合同法》）都明确规定，建筑工程承包合同的订立应当采用书面形式。包括建设工程合同的订立、合同条款的变更，均应采用书面形式。全部或者部分使用国有资金投资或者国家融资的建筑工程应当采用国家发布的建设工程示范合同文本。

订立建设工程合同应当以发包单位发出的招标文件和中标通知书规定的承包范围、工期、质量和价款等实质性内容为依据；非招标工程应当以当事人双方协商达成的一致意见为依据。

承发包双方应根据建筑工程承包合同约定的时间、地点、方式、内容及标准等要求，全面、准确地履行合同义务。一旦发生不按照合同约定履行义务的情况，违约方应依法承担违约责任。

2. 建筑工程发包

承包实行以招标、投标为主，以直接发包为辅的原则。

工程发包可分为招标发包与直接发包两种形式。招标发包是一种科学先进的发包方式，也是国际通用的形式。《建筑法》规定，建筑工程依法实行招标发包，对不适于招标发包的可以直接发包。《中华人民共和国招标投标法》（以下简称《招标投标法》）已于2000年1月1日起开始实施并于2017年修正。因此，对于符合该法要求招标范围的建筑工程，必须依照《招标投标法》实行招标发包。招标投标活动应该遵循公开、公正、公平的原则，择优选择承包单位。

3. 禁止发承包双方采取不正当竞争手段的原则

工程发包单位及其工作人员在建筑工程发包过程中不得收受贿赂、回扣或者索取其他好处。工程承包单位及其工作人员不得利用向发包单位与其工作人员行贿、提供回扣或者给予其他好处等不正当手段承揽工程。

4. 建筑工程确定合同价款的原则

建筑工程的合同价款应当按照国家有关规定，由发包单位与承包单位在合同中约定。全部或者部分使用国有资金投资或者国家融资的建设工程，应当按照国家发布的计价规则和标准编制招标文件，进行评标定标，确定工程承包合同价款。

2013年12月11日中华人民共和国住房和城乡建设部发布了《建筑工程施工发包与承包计价管理办法》。根据该办法，工程发承包计价包括编制工程量清单、最高投标限价、招标标底、投标报价，进行工程结算，以及签订和调整合同价款等活动，还对以上工程发承包计价的原则及具体方法作出了详细规定。

三、建筑工程发包与承包的特征

建筑工程发包、承包同计划经济时期建筑工程生产管理及其他相关发包、承包活动相比，主要有以下特征。

1. 发包、承包主体的合法性

建筑工程发包人对建筑工程发包或分包时，要具有发包资格，符合法律规定的发包条件：

(1)发包主体为独立承担民事责任的法人实体或其他经济组织。

(2)按照国家有关规定已经履行工程项目审批手续。

(3)工程建设资金来源已经落实。

(4)发包方有与发包的建设项目相适应的技术、经济管理人员。

(5)实行招标的，发包方应当具有编制招标文件和组织开标、评标、定标的能力。

不具备第(4)、(5)项条件的必须委托具有相应资格的建设管理咨询单位等代理。承包人必须是依法取得资质证书，具备法人资格的勘察、设计、施工等单位，并且在其资质等级许可的业务范围内承揽工程。

2. 发包、承包活动内容的特定性

建筑工程发包、承包的内容包括建设项目可行性研究的承发包、建筑工程勘察设计的承发包、建筑材料及设备采购的承发包、工程施工的承发包、工程劳务的承发包、工程项目监理的承发包等。但是在实践中，建筑工程承发包的内容较多的是建筑工程勘察设计、施工的承发包。

3. 发包、承包行政监控的严格性

建筑工程质量安全关系到国家利益、社会利益和广大人民群众的生命财产安全。因此对建筑工程发包和承包的管理、监督和控制，必须严格执法，保障建筑工程发包、承包依法进行；实行工程报建制度，招标、投标制度，建筑工程承包合同制度，并采取其他监督管理措施，以确保建筑工程质量，维护良好的建筑市场秩序。

四、建筑工程发包

建筑工程发包单位必须依照法律、法规规定的发包要求发包建筑工程。

(1)发包单位应当将建筑工程发包给合格的承包人。《建筑法》规定，实行招标发包的建筑工程，发包人应当将建筑工程发包给依法中标的承包人；实行直接发包的建筑工程，发包人应将建筑工程发包给具有相应资质的承包人。

(2)发包单位应当按照合同的约定，及时拨付工程款项。拖欠工程款，是目前建筑市场普遍存在的问题，它不仅严重地影响了企业的生产经营，制约了企业的发展，而且影响了工程建设的顺利进行，制约了投资效益的提高。对此，《建筑法》不仅规范了发包单位拖欠工程款的行为，同时，也为施工企业追回拖欠工程款提供了法律依据。

(3) 发包单位及其工作人员不得在发包过程中收受贿赂、回扣或者索取其他好处。根据《建筑法》的规定，发包人应当公平、公正地进行工程发包，不得利用工程发包机会接受承包人提供的贿赂、回扣或者向承包人索取其他好处。

收受贿赂、回扣或者索取其他好处均属于违法行为。这些违法行为的存在，对于建筑市场的建立极为不利，特别是不利于保证建筑工程的质量与安全，不利于保护国家利益。对此类行为应予以禁止。

(4) 发包单位应当依照法律、法规规定的程序和方式进行公开招标并接受有关行政主管部门的监督。为了确保发包活动符合法律规定，不危害社会公共利益和国家利益，《建筑法》第二十条和第二十一规定，"建筑工程实行公开招标的，发包单位应当依照法律程序和方式，发布招标公告，提供载有招标工程的主要技术要求、主要的合同条款、评标的标准和方法以及开标、评标、定标的程序等内容的招标文件。开标应当在招标文件规定的时间、地点公开进行。开标后应当按照招标文件规定的评标标准和程序对标书进行评价、比较，在具备相应资质条件的投标者中，择优选定中标者。""建筑招标的开标、评标、定标由建设单位依法组织实施，并接受有关行政主管部门的监督。"

(5) 发包人不得将建筑工程肢解发包。肢解发包是指发包人将应当由一个承包人完成的建筑工程肢解成若干部分分别发包给几个承包人。这种行为会导致建筑工程管理上的混乱，不能保证建筑工程的质量与安全，容易造成建筑工期的延长，增加建设成本。因此，《建筑法》第二十四条规定，禁止发包人将建筑工程肢解发包。

五、建筑工程承包

1. 建筑工程承包单位的资质管理

根据《建筑法》第二十六条的规定："承包建筑工程的单位应当持有依法取得的资质证书，并在其资质等级许可的业务范围内承揽工程。"

所谓资质证书，是指承包建筑工程的单位承包建筑工程所必需的凭证。承包建筑工程的单位，包括建筑施工企业、监理单位、勘察设计单位。因其单位性质和技术、设备不同，其资质等级也不完全一样。级别不同，所从事的业务范围也不完全相同。一般情况下，高资质等级的企业可以从事低资质等级企业的业务，但低资质等级的企业不能从事高资质等级企业的业务。如果低资质等级单位从事高资质等级单位的业务，则会因其不具备从事高资质等级单位的业务的条件，而给承揽的工作带来质量与安全问题。所以，承包建筑工程的单位应当"在其资质等级许可的业务范围内承揽工程"。若违反此项规定，则应当承担法律责任。

《建筑法》第二十六条规定："禁止建筑施工企业超越本企业资质等级许可的业务范围或者以任何形式用其他建筑施工企业的名义承揽工程。禁止建筑施工企业以任何形式允许其他单位或者个人使用本企业的资质证书、营业执照，以本企业的名义承揽工程。"这就要求建筑施工企业不能以借用其他建筑施工企业的资质或者以挂靠等形式以其他建筑施工企业的名义来承揽工程。另外，建筑施工企业也不得出借或出租自己的资质证书、营业执照，不得允许其他建筑施工企业挂靠在自己企业之下。这些规定都是强制性规定，建筑施工企业必须遵守，否则应承担法律责任。

2. 建筑工程承包的方式

在工程承包中,一个建设项目往往有不止一个承包单位。承包单位与建设单位之间,以及不同承包单位之间的关系不同,地位不同,也就形成了不同的承包方式。常见的主要有以下三种:

(1)总承包方式。一个建设项目建设全过程或其中某个阶段(如施工阶段)的全部工作,由一个承包单位负责组织实施。这个承包单位可以将若干专业性工作交给不同的专业承包单位去完成,并统一协调和监督他们的工作。在一般情况下,建设单位仅同这个承包单位发生直接关系,而不同各专业承包单位发生直接关系。这样的承包方式叫作总承包。承担这种任务的单位叫作总承包单位,简称总包,通常有咨询设计机构、一般土建公司及设计施工一体化的大建筑公司等。

总承包目前共有三种方式,第一种叫全过程承包方式,也称交钥匙工程,即建筑工程的业主单位将工程的全部内容交由总承包单位来负责完成。其中包括工程前期的可行性研究、勘察、设计、监理、施工、设备采购、设备运行、验收、交付使用的全过程都由一个总承包单位完成,总承包单位向业主直接交付钥匙使用。第二种为设计施工总承包方式,即从建筑工程的设计、勘察、施工到竣工验收为止的总承包。第三种为常见的分项总承包方式,即业主单位将建筑工程的勘察、设计、施工、设备采购的一项或多项发包给一个承包单位,总承包单位必须在其资质许可的范围内承揽业务,只将施工发包给一个单位的称为施工总承包,目前比较常见。在建筑工程施工总承包中,除主体工程必须由总承包单位自行完成以外,其余专业性较强的分部工程,可在业主的允许下,由总承包单位依法向具有分承包能力的依法取得资质的专业施工企业分发包。

(2)分承包方式。分承包即由工程总承包单位将其依法取得总承包权的工程项目的某一部分或者几个部分征得业主同意发包给其他具备分承包能力的承包人,并与其签订分包合同的方式。

根据建设部令第124号,2014年8月27日住房和城乡建设部令第19号修正的《房屋建筑和市政基础设施工程施工分包管理办法》规定,分承包要符合如下规定:

1)建筑工程总承包单位可以将承包工程中的部分工程发包给具有相应资质的分包单位,但主体结构工程不能分包出去,必须由总承包单位自行完成。

2)分包工程承包人必须具有相应的资质,并在其资质等级许可的业务范围内承揽工程,严禁个人承揽分包工程业务。

3)专业工程分包除在施工总承包合同中有约定外,还必须经建设单位认可。专业分包工程承包人必须自行完成所承包的工程。

4)劳务作业分包由劳务作业发包人与劳务作业承包人通过劳务合同约定。劳务作业承包人必须自行完成所承包的任务。

5)分包工程发包人和分包工程承包人应当依法签订分包合同,并按照合同履行约定的义务。分包合同必须明确约定支付工程款和劳务工资的时间、结算方式以及保证按期支付的相应措施,确保工程款和劳务工资的支付。分包工程发包人可以就分包合同的履行,要求分包工程承包人提供分包工程履约担保;分包工程承包人在提供担保后,要求分包工程发包人同时提供分包工程付款担保的,分包工程发包人应当提供。

6)分包工程发包人对施工现场的安全负责,并对分包工程承包人的安全生产进行管理。专业分包工程承包人应当将其分包工程的施工组织设计和施工安全方案报分包工程发包人备案，专业分包工程发包人发现事故隐患，应当及时作出处理。分包工程承包人就施工现场的安全向分包工程发包人负责，并应当服从分包工程发包人对施工现场的安全生产管理。

7)建筑工程总承包单位按总承包合同的约定对建设单位负责，分包单位按照分包合同的约定向总承包单位负责，分包工程发包人和分包工程承包人对建设单位承担连带责任。

(3)建筑工程联合承包方式。联合承包是指由两个以上的单位共同组成非法人联合体，以该联合体的名义承包某项建筑工程的承包方式。

《建筑法》第二十七条规定："大型建筑工程或者结构复杂的建筑工程，可以由两个以上的承包单位联合共同承包。共同承包的各方对承包合同的履行承担连带责任。两个以上不同资质等级的单位实行联合共同承包的，应当按照资质等级低的单位的业务许可范围承揽工程。"

1)联合承包的责任分担。共同承包的各方对承包合同的履行应承担连带责任。所谓连带责任，是指一方不能履行义务时，由另一方来承担责任。连带责任是对他方讲的，对于联合共同承包的内部各方来讲应当根据自己各自的过错承担责任。联合承包既然是共同施工、共同承包、共享利润，相应的风险也必须共担，共负亏损。这样，联合承包才可以既能发挥企业优势互补的好处，又能通过连带民事责任的规定加强联合承包各企业的责任感，防患于未然，从而使建筑工程联合承包能健康、活跃地进行和发展。

2)高资质与低资质联合承包。在联合承包过程中，如果企业资质等级不同，要按照资质等级低的企业的业务许可范围来承包工程。这样规定是为了防止低资质等级企业通过联合承包这种形式进行投机行为，确保业主的利益。这一规定是一个义务性规定，联合承包各方应当履行这一义务。

3. 建筑工程承包的行为规范

(1)建设单位不得直接指定分包工程承包人。任何单位和个人不得对依法实施的分包活动进行干预。

(2)承包单位及其工作人员不得利用向发包单位及其工作人员行贿、提供回扣或者给予其他好处等不正当手段承揽工程。

(3)禁止转让、出借企业资质证书或者以其他方式允许他人以本企业名义承揽工程。分包工程发包人没有将其承包的工程进行分包，在施工现场所设项目管理机构的项目负责人、技术负责人、项目核算负责人、质量管理人员、安全管理人员不是工程承包人本单位人员的，视同允许他人以本企业名义承揽工程。

(4)禁止将承包的工程进行违法分包。违法分包的行为包括以下几项：

1)施工总承包合同中未约定，又未经建设单位认可，分包工程发包人将承包工程中的部分专业工程分包给他人的。

2)分包工程发包人将专业工程或者劳务作业分包给不具备相应资质条件的分包工程承包人的。

(5)禁止建筑工程转包。所谓转包，是指承包单位不行使承包者的管理职能，将所承包的工程完全转手给他人承包的行为。转包的形式有两种：一种是承包单位将其承包的全部建筑工程转包给他人；另一种是承包单位将其承包的全部工程肢解以后以分包的名义发包给他人，即变相的转包。分包工程发包人将工程分包后，未在施工现场设立项目管理机构和派驻相应人员,并未对该工程的施工活动进行组织管理的,视同转包行为。

转包工程容易使建设单位失去对其承包人的控制和监督,造成投机行为,引起建筑工程质量与安全事故等,是一种违反双方合同的行为。因此,《建筑法》第二十八条明确规定禁止转包工程,禁止以分包名义将工程肢解后分别转包给他人。

4. 建筑工程分包制度

所谓分包,是指从事工程总承包的单位将所承包的建筑工程的一部分依法发包给具有相应资质的承包单位的行为。分包可分为专业工程分包和劳务作业分包。

(1)专业工程分包,是指总承包单位将其所承包工程中的专业工程发包给具有相应资质的其他承包单位完成的活动。

(2)劳务作业分包,是指施工总承包企业或者专业承包企业将其承包工程中的劳务作业发包给劳务分包企业完成的活动。

【案例 3-1】 违反法律、行政法规强制性规定的合同无效

2015年3月23日,上海某投资集团(甲投资集团)与上海某设计咨询公司(上海乙设计咨询公司)签订《建设工程设计合同》,委托其就"松江乐都地块智慧创意园区"项目进行概念设计。之后,上海乙设计咨询公司提交了概念设计成果,甲投资集团支付了设计费。2015年9月21日,甲投资集团与丙公司、德国乙设计咨询公司签订《建设工程设计合同》,约定甲投资集团将"松江乐都地块智慧创意园区"的建筑方案设计、总体设计、施工图设计,即深化设计或称方案设计,发包给丙公司和德国乙设计咨询公司联合体,在之前的上海乙设计咨询公司概念设计方案基础上进行深化设计,应提交全地块方案设计、全地块总体设计、全地块施工图设计等三部分成果,并约定设计费支付至上海乙设计咨询公司指定银行账户,总设计费650万元,第一次付款28%,即182万元,在合同签订后1~2个工作日内支付,并约定了其他具体内容:"由德国乙设计咨询公司应当享有的民事权利、应当履行的民事义务,均由上海乙设计咨询公司享有、履行。"该合同签订后,甲投资集团于2015年9月22日支付上海乙设计咨询公司设计费182万元。当日上海乙设计咨询公司提交了方案设计成果。之后,甲投资集团认为上海乙设计咨询公司提交的方案设计成果不符合概念设计方案的要求,双方进行协商但未果,以致涉讼。

【案例评析】

《合同法》规定,违反法律、行政法规强制性规定的合同应认定为无效。2015年9月21日签订的《建设工程设计合同》,承包一方当事人为丙公司与德国乙设计咨询公司,但实际享有合同权利、履行合同义务的是丙公司与上海乙设计咨询公司,故合同承包一方当事人实际为丙公司与上海乙设计咨询公司,而非德国乙设计咨询公司与丙公司,甲投资集团与上海乙设计咨询公司、丙公司发生合同关系。根据合同约定,系丙公司与上海乙设计咨询公司组成联合体承包了方案设计工程。《建筑法》、国务院《建设工程勘察设计管理条例》有明确规定,承包建筑工程的单位应当持有依法取得的资质证书,并在其资质等级许可的业务范围内承揽工程,并规定,两个以上不同资质等级的单位实行联合共同承包的,应当按照资质等级低的单位的业务许可范围承揽工程。本案例中上海乙设计咨询公司并没有建筑设计资质证书,但其承包提交了方案设计成果,就其方案设计成果看,经鉴定,与概念设计存在多处改变,且因设计方上海乙设计咨询公司没有相关建筑设计资质,该方案设计不能通过相关部门审核,不能直接用于施工。该行为是我国法律、行政法规禁止的行为,故此合同无效。

【案例 3-2】 分包人必须具有分包任务的相应资格条件，否则分包合同无效

2016 年 9 月 2 日，某公司（甲方）（建筑工程施工总承包三级资质）与张某某、卢某（乙方）签订了固镇经济开发区淀粉项目土建工程的《施工内部合作协议》，包工包料的方式承包了工程施工图纸范围内的所有清单内容及业主指定范围内的所有内容；承包价格为甲方扣除合同造价1%的公司管理费用后的价款为乙方承包金额，该承包金额含乙方为完成本工程所有施工内容应承担的一切费用，甲方有权在业主已付费用中先行扣除；甲乙双方其他权责：由乙方用甲方名义组建项目经理部，对本工程实行全面管理，合同范围内，乙方属于甲方的合作单位，服从甲方的监督、检查与管理。乙方按照本合同条款承包工程施工，实行独立核算，自负盈亏。该合同其他条款还就质量、进度及安全管理等内容进行了约定。

2016 年 9 月 10 日，张某某（甲方，发包方）与李某某（乙方，承包方）签订书面《建设工程劳务承包合同》，约定张某某将固镇经济开发区淀粉项目的木工劳务工程发包给李某某施工；承包方式：木工包工包料；结算方式：木工按图纸建筑面积每平方米 145 元；并约定了付款方式、质量等内容进行了约定。合同尾部，甲方处签有"张某某"，并加盖项目部专用章，乙方处签有"李某某"。当日，张某某向李某某出具一张收条，载明收到李某某木工班保证金 5 万元，并加盖印章项目部专用章。

2017 年 9 月 18 日，卢某在抬头为"固镇经济开发区淀粉项目木工施工队工程量结算结果"的单据上手签"本工程经业主验收合格后，按实际工程量结算。如由质量问题造成验收和造价造成影响，由施工方承担全部责任。工程量确认。"2017 年 12 月 26 日，卢某向李某某出具欠条一张，载明李某某班组依据合同共计完成 309.2 万元，实际已支付 204.2 万元，下欠 105 万元。且就案涉工程具体施工到什么进度，李某某、卢某、甲公司等并不能达成一致意见，李某某也未提供证据加以证实。

【案例评析】

张某某与李某某签订《建设工程劳务承包合同》将木工工程分包给显然不具备建筑施工资质的个人，违反了法律的强制性规定，该合同无效。《合同法》第五十八条规定，合同无效后，有过错的一方应当赔偿对方因此所受到的损失，双方都有过错的，应当各自承担相应的责任。据此，卢某、张某某与李某某理应根据过错分担损失。但是，本案例中卢某向李某某出具欠条，自愿认可了尚欠李某某 105 万元工程款，鉴于李某某组织进行施工投入了人力、物力，该投入已经物化为具体工程，卢某的该项处分行为符合公平原则，也不违反法律规定。

挂靠是借用他人名义承揽建设工程，而发包方往往基于对被挂靠方的信任才会与其建立合同关系。但被挂靠方明知挂靠方不具备签订和履行合同的资质，为获取不正当利益却允许挂靠方以自己的名义与发包方签订和履行合同。被挂靠方的这一行为实际是以合法形式掩盖非法目的，严重违反诚实信用原则，由此产生的债务，理应由挂靠方和被挂靠方共同承担。故甲公司应当与卢某共同承担支付 105 万元工程欠款的责任。由于案涉《建设工程劳务承包合同》已被认定无效，故 5 万元质保金应予返还，返还主体也为卢某和甲公司。

李某某施工的工程是木工工程，其施工制作的木料预制板等材料已经全部拆除，其他当事人没有提供证据证明李某某施工的木工工程存在质量问题，所以，应当认定李某某已经交付了合格工程。因为木工工程是建设工程中的附属工程，该工程款的支付条件在没有特殊约定的情况下不能等同于整体建设工程价款的支付条件，故李某某有权主张案涉工程价款及利息。关于甲公司应承担何种责任的问题。《建筑法》第六十六条规定，建筑施工企

业转让、出借资质证书或者以其他方式允许他人以本企业的名义承揽工程的，责令改正，没收违法所得，并处罚款，可以责令停业整顿，降低资质等级；情节严重的，吊销资质证书。对因该项承揽工程不符合规定的质量标准造成的损失，建筑施工企业与使用本企业名义的单位或者个人承担连带赔偿责任。本案例中，卢某借用甲公司的资质承包案涉工程，甲公司应对卢某105万元债务和利息，以及返还5万元保证金的义务承担连带清偿责任。

第二节 建筑工程招标

招标是整个招标投标过程的第一个环节，也是对投标、评标、定标有直接影响的环节，所以，在《招标投标法》中对这个环节确定了一系列明确的规范。

建筑工程招标的规定

一、招标人

《招标投标法》第八条规定："招标人是依照本法规定提出招标项目、进行招标的法人或者其他组织。"招标人可以是项目业主，也可以是建设项目代建方或建设项目的总承包方，即招标人不一定就是业主。

《招标投标法》规定：

（1）招标人应有进行招标项目的相应资金或资金来源已经落实，并应在招标文件中如实载明。

（2）招标人有权自行选择招标代理机构，委托其办理招标事宜。任何单位和个人不得以任何方式为招标人指定招标代理机构。招标人具有编制招标文件和组织评标能力的，可以自行办理招标事宜。任何单位和个人不得强制其委托招标代理机构办理招标事宜。依法必须进行招标的项目，招标人自行办理招标事宜的，应当向有关行政监督部门备案。

（3）公开招标应发布招标公告。依法必须进行招标项目的招标公告，应通过国家指定的报刊、信息网络或其他媒介发布，并载明招标人的名称和地址，招标项目的性质、数量、实施地点和时间及获取招标文件的办法等事项。

（4）邀请招标应向三个以上具备承担招标项目能力、资信良好的特定法人或其他组织发出投标邀请书，并载明上述第（3）条中要求载明的有关事项。

（5）招标人可根据招标项目自身要求，在招标公告或投标邀请书中要求潜在投标人提供有关资质证明文件和业绩情况，并对其进行资格审查；国家对投标人资格条件有规定的，依其规定，招标人不得以不合理的条件限制或排斥潜在投标人，不得歧视潜在投标人。

（6）招标人应编制招标文件。招标文件包括招标项目的技术要求、对投标人资格审查的标准、投标报价要求、评标标准等所有实质性要求和条件，以及拟签订合同的主要条款。

国家对招标项目的技术、标准有规定的，招标人在招标文件中应依其规定提出相应要求。招标项目需要划分标段、确定工期的，招标人应合理划分和确定，并在招标文件中载明。

（7）招标人根据招标项目的具体情况，可以组织潜在投标人踏勘项目现场。

（8）招标人不得向他人透露已获取招标文件潜在投标人的名称、数量及其他可能影响公平竞争的招标投标情况。设有标底的，标底必须保密。

(9)招标人需对已发招标文件进行必要澄清或修改的,应在招标文件要求提交投标文件截止时间至少15日前,书面通知所有招标文件收受人。该澄清或修改内容为招标文件的组成部分。

(10)招标人确定的投标人编制投标文件所需时间应合理。依法必须进行招标的项目,自招标文件开始发出之日起至投标人提交投标文件截止之日止,最短不得少于20日。

二、招标工作机构

1. 招标工作机构的职能

招标工作机构就是业主负责招标工作的工作班子,其职能一是决策,二是处理日常事务。

(1)决策性工作。

1)确定工程项目发包范围。即决定建设项目是全过程统包,还是分阶段发包,或者单项工程发包、分部工程发包、专业工程发包等。

2)确定承包方式和承包内容。即决定采用总价合同、单价合同、成本加酬金合同或全部包工包料、部分包工包料、包工不包料等。

3)选择发包方式。即根据有关规定和具体情况,决定采用公开招标、邀请招标、两步招标、议标或比价等何种发包方式。

4)确定标底或无标底。

5)决标并签订合同或协议。

(2)日常事务性工作。

1)发布招标及资格预审通告或邀请投标函。

2)编制和发送招标文件。

3)编制标底。

4)审查投标者资格。

5)组织现场踏勘和解答投标单位所提的问题。

6)接受并妥善保管投标单位的投标文件。

7)开标、审核标书并组织评标。

8)谈判签订合同或协议。

2. 招标工作机构的人员组成

(1)决策人员,即上级主管部门的代表或业主,或业主的授权代表。

(2)专业技术人员,包括建筑师,结构、设备、工艺等工程师,造价师等。

(3)助理人员,即负责日常事务处理的秘书、资料、绘图等工作的人员。

3. 招标工作机构的主要形式

(1)由业主自行组建的工作班子。其工作人员由业主从各部门临时抽调或从外面临时聘请,因而具有临时性、非专业化特点,不利于提高招标工作水平。

(2)由政府主管部门设立"招标工作领导小组"之类的机构。在推行招标投标制的开始阶段,这种行政方式有利于打开工作局面,但政府部门干涉过多则会出现许多弊端。

(3)业主委托咨询机构代为承办招标工作的技术性、事务性工作,但最终决策归业主。

三、招标条件

根据《招标投标法》《工程建设项目施工招标投标办法》等相关规定，依法必须招标的工程建设项目，应具备下列条件才能进行施工招标：

(1)招标人已经依法成立。

(2)按照有关规定应履行的招标范围、招标方式、招标组织形式、初步设计及概算等审批手续已经批准。

(3)有相应资金或资金来源已落实。

(4)有满足招标所需设计图纸及其他技术资料。

(5)法律、法规、规章规定的其他条件。

需要注意的是，并非所有的招标项目都要进行审批，只有按工程建设项目审批管理规定应报项目审批部门审批的，才应先履行审批手续。国家未规定必须进行审批的项目，招标人可自定招标时间。项目审批前擅自招标，因项目未被批准而造成损失的，招标人应承担责任。

【案例 3-3】 鞋厂厂房是否涉及公众安全招标纠纷案

某市有一轻轨工程将要施工，因该工程技术复杂，建设单位决定采用邀请招标，共邀请 A、B、C 3 家施工企业参加投标。为节约招标费用，决定自行组织招标事宜。

【案例评析】

该项目属于基础设施建设项目，属于必须招标的项目，但根据《工程建设项目施工招标投标办法》，对于必须招标的项目，有下列情形之一的，受邀方为 3 家以上，经批准可以进行邀请招标：项目技术复杂或有特殊要求，只有少数几家潜在投标人可供选择的；涉及国家安全、国家秘密或抢险救灾，适宜招标但不宜公开招标的；采用公开招标的费用占项目合同金额的比例过大。综上所述，该项目可以进行邀请招标。

招标人具有编制招标文件和组织评标能力的，可以自行办理招标事宜。本项目招标人如要自行组织招标，必须具备下列条件：具有项目法人资格；具有与建设项目规模和复杂程度相适应的工程技术、概预算、财务和工程管理等方面专业技术力量；有从事同类工程建设项目招标的经验；拥有 3 名以上取得招标职业资格的专职招标业务人员；熟悉和掌握招标投标及有关法规规章。该项目属于依法必须进行招标的项目，招标人如自行办理招标事宜，还应当向有关行政监督部门备案。行政监督部门对招标人能否自行招标的条件进行审查。如不符合以上条件，应委托招标代理机构招标。

四、招标方式

《招标投标法》中规定的招标方式一般有公开招标与邀请招标两种。

1. 公开招标

公开招标是指招标人在指定报刊、电子网络或其他媒体上发布招标公告，凡具备相应资质、符合招标条件的法人或其他组织不受地域或行业限制均可申请投标，招标人从中优选中标单位的招标方式。公开招标是一种无限性竞争方式，按竞争范围又可分为国际竞争性招标和国内竞争性招标。

公开招标方式可为所有的承包商提供一个平等竞争的机会，业主有较大的选择余地，有利于降低工程造价，提高工程质量和缩短工期。但因申请投标的人很多而使得资格预审和评标的工作量较大，所需招标时间长、费用高，还可能有投机承包商故意压低投标报价，以挤掉报价严肃认真而报价较高的承包商的可能。因此，采用公开招标方式时，业主要加强资格预审。

2. 邀请招标

邀请招标也称选择性招标或有限竞争性招标，是指招标人向预先选择的若干具备承担招标项目能力、资信良好的特定法人或其他组织发出投标邀请函，将招标工程概况、工作范围和实施条件等做出简要说明，请他们参加投标竞争的招标方式。受邀对象一般以 5~7 家为宜，但不得少于 3 家。被邀请者同意参加投标后，从招标人处获取招标文件，按要求进行投标报价。邀请招标的优点在于：无须发布招标公告和设置资格预审程序，节省了招标时间和费用；经过选择的投标单位在施工经验、技术力量、经济和信誉上都比较可靠，因而，减小了承包方违约的风险，提高了质量与安全的保障。但邀请招标的受邀范围较小，可能会丧失某些技术或报价有竞争实力的潜在投标人。为体现公平竞争和便于招标人优选中标人，应设资格后审程序，即要求在投标书内报送证明投标人资质能力的有关材料，作为评标时的评审内容之一。由于在价格、竞争的公平方面存在一定不足，因此《招标投标法》第十一条规定："国务院发展计划部门确定的国家重点项目和省、自治区、直辖市人民政府确定的地方重点项目不适宜公开招标的，经国务院发展计划部门或者省、自治区、直辖市人民政府批准，可以进行邀请招标。"

可见，公开招标与邀请招标在招标程序上存在以下区别：

(1)招标信息的发布方式不同。公开招标是利用招标公告发布招标信息；而邀请招标则是向 3 家或 3 家以上具备实施能力的投标人发出投标邀请书，邀请他们参与投标竞争。

(2)对投标人资格审查的时间不同。公开招标因投标响应者较多，为保证投标人具备相应的实施能力并缩短评标时间，通常设置资格预审程序；邀请招标则因竞争范围小，且招标人对邀请对象的能力有所了解，无须进行资格预审，但评标阶段要通过资格后审程序对投标人的资格和能力进行审查比较。

(3)邀请的对象不同。邀请招标邀请的是特定的法人或其他组织，而公开招标邀请的则是不特定的法人或其他组织。

五、建筑工程招标程序

依法必须进行施工招标的工程，一般应遵循下列程序：

(1)招标单位自行办理招标事宜的，应当建立专门的招标工作机构。

(2)招标单位在发布招标公告或发出投标邀请书的 5 天前，向工程所在地县级以上地方人民政府建设行政主管部门报告。

(3)准备招标文件和标底，报建设行政主管部门审核或备案。

(4)发布招标公告或发出投标邀请书。

(5)投标单位申请投标。

(6)招标单位审查申请投标单位的资格，并将审查结果通知申请投标单位。

(7)向合格的投标单位分发招标文件。

(8)组织投标单位踏勘现场，召开答疑会，解答投标单位就招标文件提出的问题。

(9)建立评标组织，制定评标、定标办法。

(10) 召开开标会，当场开标。
(11) 组织评标，决定中标单位。
(12) 发出中标和未中标通知书，收回发给未中标单位的图纸和技术资料，退还投标保证金或保函。
(13) 招标单位与中标单位签订施工承包合同。

六、招标文件的编制

(一) 招标文件的编制原则

编制招标文件是一项十分细致、复杂的工作，必须做到系统、完整、准确、明了，提出要求的目标要明确，使投标者一目了然。其编制原则有以下几项：

(1) 建设单位和建设项目必须具备招标条件。
(2) 必须遵守国家的法律、法规及有关贷款组织的要求。
(3) 应公正、合理地处理业主和承包商的关系，保护双方的利益。
(4) 正确、详尽地反映项目的客观、真实情况。
(5) 招标文件各部分内容要力求统一，避免文件之间出现矛盾。

(二) 招标文件的主要内容

1. 投标邀请书

在邀请招标中，投标邀请书主要包括招标人的名称、性质、工程概况、分标情况、主要工程量、工期要求、承包人的服务内容、招标文件发售的时间、地点和价格，投标文件送交的地点、份数和截止时间，投标保证金的数额和提交时间，开标时间和地点，现场考察和标前会的召开时间、地点等。

2. 投标须知

对于公开招标，投标须知是指导投标人进行投标报价的文件，主要告知投标人有关注意事项，一般包括资格要求、投标文件要求、投标语言、报价计算、货币、投标有效期、投标保证、错误修正及对本国投标者的优惠等。有的业主将投标须知作为正式签订的工程承包合同的一部分，有的又不作为正式合同内容，因此，在编制招标文件和签订合同时应注意说明。

3. 合同条件和合同协议条款

招标文件中的合同条件和合同协议条款是招标人单方面提出的关于招标人、投标人、监理工程师等各方权利义务关系的设想和意愿，是对合同签订、履行过程中遇到的工程进度、质量、检验、支付、索赔、争议、仲裁等问题的示范性、定式性阐释。

招标人在招标文件中应说明本招标工程采用的合同条件和对合同条件的修改、补充或不予采用的意见。投标人对招标文件中的说明是否同意，对合同条件的修改、补充或不予采用的意见，也要在投标文件中一一列明。中标后，双方同意的合同条件和协商一致的合同条款是双方统一意愿的体现，应成为合同文件的组成部分。

4. 合同格式

合同格式是招标人在招标文件中拟定好的具体格式。合同在定标后由招标人与中标人达成一致协议后签署，投标人投标时不填写。

招标文件中的合同格式主要有合同协议书、质量保修书、承包人履约担保书、承包人预付款银行保函、发包人支付担保书等。

5. 规范与图纸

(1)规范。规范是指技术规范,也可称为技术规格书。规范和图纸共同反映了招标单位对工程项目的技术要求,也是施工过程中承包商控制质量和工程师检查验收的主要依据。只有严格按规范施工及验收,才能保证工程合格。

在拟定技术规范时,既要满足设计要求,保证工程的施工质量,又不能太苛刻。因为太过苛刻的技术要求必然导致投标者提高投标价格,对国际工程而言,过于苛刻的技术要求往往会影响本国承包商参加投标的信心。

编写规范时,一般可引用国家有关部门正式颁布的规范,国际工程也可引用通用的外国规范,但应结合本工程的具体实际来选用,并常常需要由咨询工程师再编制一部分本工程所需要的技术要求和规定。正式签订合同后,承包商必须遵循合同列入的规范要求。

规范一般包括工程的全面描述、工程所用材料的要求、施工质量要求、工程计量方法、验收标准和规定、其他不可预见因素的规定。

(2)图纸。图纸是招标文件和合同的重要组成部分,是投标者在拟定施工方案、确定施工方法,以及提出替代方案、计算投标报价时必不可少的依据资料。其详细程度取决于设计深度与合同类型。详细的设计图纸能使投标者比较准确地计算报价。在工程实施中,常常需要陆续补充和修改图纸,经工程师签字并正式下达后,才能作为施工及结算的依据。

图纸中所提供的地质钻孔柱状图、探坑展视图等均为投标者的参考资料,其提供的水文、气象资料也属于参考资料,业主和工程师应对这些资料的准确性负责。而业主和工程师不对投标者根据上述资料所做的分析与判断、拟定的施工方案、确定的施工方法负责。

6. 工程量表

采用工程量清单招标时,应提供工程量表。工程量表又称工程量清单,是对合同规定要实施工程的全部项目和内容,按工程部位、性质等列在一系列表内,每个表中既有工程部位需要实施的各个项目,又有每个项目的工程量和计价要求(单价或包干价)。

工程量表的作用:一是方便投标者报价,投标者可根据施工图纸和技术规范要求及拟定的施工方法,通过单价分析并参照本公司以往的经验,对表中各栏目进行报价,并逐项汇总为各部位及整个工程的投标报价;二是方便工程实施中的工程结算,工程实施中,每月结算时可按表中已实施的项目、单价或价格来计算应付承包商的款项;三是当工程量变更或出现索赔纠纷时,可参照工程量表中的单价来确定新项目单价或索赔金额。

工程量表中的计价一般可分为两类:一类是按单价计价项目,如模板每平方米多少钱,土方开挖每立方米多少钱等,投标文件中此栏一般按实际单位计算;另一类是按项包干计价项目,如工程建设保险费、竣工时场地清理费等;也有将某类设备的安装作为一项计价的,如闸门采购与安装(包括闸门、预埋件、启闭设备、电气操作设备及仪表等的采购、安装和调试),编写这类项目时要在括号内将有关项目写全,最好将所采用的图纸号也注明,以方便承包商报价。

编制工程量表时,要注意将等级要求不同的工程区分开,将同一性质但部位不同的工作区分开,将情况不同、可能要进行不同报价的项目区分开;项目划分要简单明了,使表中项目既具高度概括性,条目简明,又不会漏掉项目和应该计价的内容。

7. 投标书格式

招标人在招标文件中要对投标文件提出明确要求，并拟定参考格式供投标人投标时填写。投标文件的参考格式，主要有投标书及投标书附录、工程量清单与报价表、辅助资料表等。其中，工程量清单与报价表格式在采用综合单价和工料单价时有所不同，同时，要注意对综合单价投标报价或工料单价投标报价进行说明。辅助资料表主要包括：项目经理简历表，主要施工人员表，主要施工机械设备表，项目拟分包情况表，劳动力计划表，施工方案或施工组织设计，计划开工、竣工日期和施工进度表，临时设施布置及临时用地表等。

【案例3-4】 招标文件不得限定品牌

某学校在其投影仪招标文件中指定了A、B、C有三种国内外品牌。

【案例评析】

本案例中校方选择三种投影机作为备选品牌，给投标供应商一定的选择余地。从形式上看是没有指定唯一品牌，但从实质上看，仍然是指定了品牌。目前，在市场上销售的投影机品牌较多，都适合用于多媒体教学，并非这三种品牌。而校方在众多品牌中只选择了三种，规定投标供应商只能选择其中之一，很明显是作了品牌限制。这种做法是保护了部分供应商的投标权利，却侵害了另一部分供应商的投标权利，其实质是通过一种看似公开的方式排斥并限制了经销其他品牌投影机的供应商的投标权利。这种做法不仅没有法律依据，而且是违法行为的一种表现形式。《招标投标法》第二十条规定："招标文件不得要求或者标明特定的生产供应者以及含有倾向或者排斥潜在投标人的其他内容。"

【案例3-5】 某招标项目网上答疑公布的"投标截止日期为2019年5月10日上午9：30，投标文件递交时间为8：30—9：00"，由此诱发了开标现场秩序混乱。在开标现场，有关部门核查了书面招标文件，发现其中关于投标截止时间、递交投标文件时间均是上午9：30。有关人员认为，网上发布的信息与书面招标文件不一致时，应当以书面招标文件为准。据此，招标人决定对9：00过后投标人递交的标书予以接收。

【案例评析】

此处理方式不妥。《工程建设项目施工招标投标办法》第15条规定："招标人可以通过信息网络或者其他媒介发布招标文件，通过信息网络或者其他媒介发布的招标文件与书面招标文件具有同等法律效力，出现不一致时以书面招标文件为准。"但是，适用该法律条款的前提是：该招标文件是同一份文件，或者在发布时间上是同时发布的文件。但本案例中出现的情况是"答疑内容"与"招标文件内容"不同。"答疑"的发布时间一般要比招标文件的发布时间要晚几天。"答疑"其实是对之前发布的招标文件中存在的有歧义、不明确、不完整或者不正确的部分，进行的澄清、说明、补充或修改。因此，"答疑"的法律效力优于原先发布的招标文件。用原先发布的招标文件去否定招标文件答疑显然不妥。

此案例也存在三点值得讨论：第一，答疑和招标文件一样，应该在发布之前进行备案登记。本案例中，答疑中的投标截止时间和投标文件递交时间明显不同，这种低级的错误直到开标时才发现。招标代理机构应当承担主要责任，而监管部门的相关人员也应当承担审核、监督不力或不作为之责。第二，答疑发布的方式和媒介，应该与招标文件发布的方式和媒介一致。《工程建设项目施工招标投标办法》第三十三条规定："对于潜在投标人在阅读招标文件和现场踏勘中提出的疑问，招标人可以书面形式或召开投标预备会的方式解答，但需同时解答以书面方式通知所有购买招标文件的潜在投标人。该解答的内容为招标文件的组成部分。"本案例中，招标代理机构除在网上公布答疑外，还需要将书面答疑发给所有潜在投标人。第三，当网上答疑与书面答疑不一致时，以书面答疑为准。

七、资格审查

招标人可以根据招标项目本身的特点和需要，要求潜在投标人或者投标人提供满足其资格要求的文件，对潜在投标人或者投标人进行资格审查；法律、行政法规对潜在投标人或者投标人的资格条件有规定的，依照其规定。

1. 资格审查的类型

资格审查可分为资格预审和资格后审两种类型。

(1) 资格预审。资格预审是指在投标前对潜在投标人进行的资格审查。采取资格预审的，招标人应当发布资格预审公告、编制资格预审文件，资格预审应当按照资格预审文件载明的标准和方法进行。国有资金占控股或者主导地位的、依法必须进行招标的项目，招标人应当组建资格审查委员会审查资格预审申请文件。资格预审结束后，招标人应当及时向资格预审申请人发出资格预审结果通知书。未通过资格预审的申请人不具有投标资格。通过资格预审的申请人少于 3 个的，应当重新招标。

(2) 资格后审。资格后审是指在开标后对投标人进行的资格审查。进行资格预审的，一般不再进行资格后审，但招标文件另有规定的除外。招标人采用资格后审办法对投标人进行资格审查的，应当在开标后由评标委员会按照招标文件规定的标准和方法对投标人的资格进行审查。经资格后审不合格的投标人的投标应作废标处理。

2. 资格审查的内容

资格审查应主要审查潜在投标人或者投标人是否符合下列条件：

(1) 具有独立订立合同的权利。

(2) 具有履行合同的能力，包括专业、技术资格和能力，资金、设备和其他物质设施状况，管理能力，经验、信誉和相应的从业人员。

(3) 没有处于被责令停业，投标资格被取消，财产被接管、冻结，破产状态。

(4) 在最近 3 年内没有骗取中标和严重违约及重大工程质量问题。

(5) 法律、行政法规规定的其他资格条件。

资格审查时，招标人不得以不合理的条件限制、排斥潜在投标人或者投标人，不得对潜在投保人或者投标人实行歧视待遇。任何单位和个人不得以行政手段或者其他不合理方式限制投标人的数量。

【案例 3-6】 在确定中标人前，招标人不得与投标人就一些实质性内容进行谈判

2008 年 2 月，江苏省某建工集团有限公司(甲公司)与山东某置业有限公司(乙公司)签订《建设工程施工合同》(简称前合同)，约定甲公司承包乙公司开发的大地锐城 1#、2# 楼工程，地下 3 层、地上 33 层，建筑面积约为 6 万 m^2。承包范围为设计图纸范围内除专项分包工程外的土建、安装、装饰工程；乙公司专项分包工程为土石方开挖、桩基等项目；乙公司专项分包工程在同等条件下优先考虑由甲公司承包。合同还就开竣工日期等内容做出了约定。

2008 年 4 月，设计单位出具工程图纸，图纸载明：地上 33 层、地下 3 层。2008 年 5 月 30 日，甲公司与乙公司签订《建设工程施工合同》(简称后合同)，约定甲公司承包开发

的大地锐城1#、2#楼工程，地下1层、地上19层，建筑面积为35 000 m²。承包范围为设计图纸范围内除专项分包工程外的土建、安装、装饰工程。双方还就开、竣工日期等内容做出了约定。该合同已经建筑工程管理部门备案。《中标通知书》中载明，甲公司中标，其中建筑面积等均与备案的后合同相同。

2008年7月15日，乙公司向甲公司发出《通知》，载明：大地锐城1#、2#楼目前已具备现场施工条件，前期规划及施工手续正在积极办理之中，预计在8月下旬全部办理完毕，在手续未全部办理完成期间，如遇上级主管部门来工地检查，若遇手续问题由乙公司出面协调解决，由此引起的后果由乙公司承担。请甲公司抓紧组织进场施工。后续双方还发生了一系列事项。双方就很多事项未达成一致意见，发生了纠纷。

【案例评析】

乙公司是进行房地产开发经营的有限公司，甲公司是进行房屋建筑工程施工的有限公司，双方具有合法的房地产开发与工程承包施工的相关资质。虽然双方具有合法的承发包工程的资质，但因双方未进行合法真实的招标投标，故应认定涉案双方承发包行为无效。本案乙公司所开发建设的项目是住楼等工程项目，关系到社会公共利益和公众安全，依法属于必须进行公开招标投标的项目。甲公司虽然通过公开招标投标的形式取得了"乙公司开发的大地锐城1#、2#楼工程项目"的承包权，但双方在招标投标前就对涉案工程项目的施工内容等承发包事项的实质性内容进行了具体磋商，并于2008年2月签订了《建设工程施工合同》。乙公司与甲公司上述行为违反了《招标投标法》第四十三条、第五十五条关于"在确定中标人前，招标人不得与投标人就投标价格、投标方案等实质性内容进行谈判。""依法必须进行招标的项目，招标人违反本法规定，与投标人就投标价格、投标方案等实质性内容进行谈判的，给予警告，对单位直接负责的管理人员和其他责任人员依法给予处分。前款所列行为影响中标结果的，中标无效。"的强制性规定。因此，乙公司与甲公司于2008年2月所签订的《建设工程施工合同》和2008年5月30日所签订的并经备案的《建设工程施工合同》均应认定为无效。

【案例3-7】 中标人不得将部分主体、关键性工作分包给他人

昆仑饭店因扩建经营场地，筹备在饭店旁建设一座六层的写字楼，地下一层是停车场，六楼顶层作空中花园。由于设计和施工有特殊要求，在招标过程中，昆仑饭店对参加投标的单位进行了详细的考核，最后确定由华厦市政工程公司承包该工程。华厦市政工程公司征得昆仑饭店同意，将整个工程设计分包给闽发建筑设计院并签订了《建设工程设计合同》，与此同时未经昆仑饭店许可，擅自将整个工程施工任务转包给大诚建筑公司。后闽发建筑设计院按时完成了设计任务，大诚建筑公司根据闽发建筑设计院的设计图纸进行了施工，经验收合格，工程交付使用。在昆仑饭店投入使用一个月，楼顶空中花园对顶层造成严重损害，不断有水渗漏到六层的房间内，导致六层写字楼的客户无法正常办公，租用的客户不断向昆仑饭店提出租金和损失索赔。针对这种情况，昆仑饭店要求华厦市政工程公司进行维修和部分工程返修，但始终未能从根本上解决问题。经当地的建设工程质量监督部门检测，确认工程设计存在严重质量缺陷是导致工程渗水的主要原因；另外，施工单位在工程施工中有偷工减料的情节，特别是导致渗水的材料原因就是水泥的强度等级不够。面对上述质量问题，昆仑饭店依法将华厦市政工程公司起诉到法院，要求华厦市政工程公司赔偿工程损失和其他直接经济损失。

试分析本案中应由谁赔偿昆仑饭店的工程损失和其他直接经济损失？为什么？

【案例评析】

依据我国现行建筑工程法律法规，建筑工程总承包单位可以将其承包工程中的部分工程发包给具有相应资质条件的分包单位；但是，除总承包合同中约定的分包外，必须经建设单位认可。施工总承包的，建筑工程主体结构的施工必须由总承包单位自行完成。建筑工程总承包单位按照总承包合同的约定对建设单位负责；分包单位按照分包合同的约定对总承包单位负责。总承包单位和分包单位就分包工程对建设单位承担连带责任。现行建筑工程法律法规禁止承包单位将其承包的全部建筑工程转包给他人，禁止承包单位将其承包的全部工程肢解以后以分包的名义分别转包给他人。

在本案例中，华厦市政工程公司在工程承包过程中，将工程的整个设计分包给闽发建筑设计院，虽征得昆仑饭店同意，但是对设计质量并没有给予高度的关注，因此闽发建筑设计院因设计质量导致的责任，华厦市政工程公司应承担首要责任；特别是工程施工部分，华厦市政工程公司擅自将全部施工任务分包给大诚建筑公司，对于工程主体结构部分没有亲自进行施工，很明显属于我国现行建筑工程法律法规严厉禁止的工程转包，因施工单位偷工减料而产生的责任，华厦市政工程公司同样应承担首要责任。

综上所述，对于昆仑饭店的工程损失和其他直接经济损失，华厦市政工程公司应负首要责任，闽发建筑设计院和大诚建筑公司应当与华厦公司承担连带责任。

第三节　建筑工程投标

投标又称报价，是指投标人根据招标人的招标条件，向招标人提交其依照招标文件要求编制的投标文件，即向招标人提出自己的报价，以期承包到该招标项目的行为。招标人以招标公告或投标邀请书发出投标邀请后，具备承担该招标项目能力的法人或其他组织即可在招标文件指定提交投标文件的截止时间之前，向招标人提交投标文件，参加投标竞争。

一、投标人

1. 投标人的概念

《招标投标法》第 25 条规定："投标人是响应招标，参加投标竞争的法人或者其他组织。"依法招标的科研项目允许个人参加投标的，投标的个人适用本法有关投标人的规定。按照法律规定，投标人必须是法人或者其他组织，不包括自然人。但考虑到科研项目的特殊性，法律条文中增加了个人对科研项目投标的规定，个人可以作为投标主体参加科研项目投标活动，这是对科研项目投标的特殊规定。

需要注意的是，招标公告或者投标邀请书发出后，所有对招标公告或投标邀请书感兴趣并有可能参加投标的人，称为潜在投标人。那些响应招标并购买招标文件，参加投标的潜在投标人称为投标人。

2. 投标人的资格要求

（1）投标人应当具备承担招标项目的能力。

（2）国家有关规定对投标人资格条件或者招标文件对投标人资格条件有规定的，投标人应当具备规定的资格条件。

二、投标工作机构

为了在投标竞争中获胜，建筑施工企业应设置投标工作机构，以便平时就能掌握市场动态信息，积累有关资料，遇到招标项目时，可尽快办理参加投标的手续，研究投标报价策略，编制和递送投标文件等，直至定标后签订合同协议。

对于业主来说，招标就是择优。因工程性质和业主评价标准的不同，择优可能有不同的侧重面，但一般包含以下四个主要方面：

(1) 较低的价格。承包商投标报价的高低将直接影响业主的投资效益，在满足招标实质性要求的前提下，报价往往是决定承包商能否中标的关键。

(2) 优良的质量。建筑产品质量直接关系到业主的生命财产安全及建筑产品使用价值的大小，因而，质量问题是业主在招标中关注的焦点。

(3) 较短的工期。时间就是金钱，速度就是生命。施工工期必然影响建筑产品的投资回报。在同等报价、质量水平下，施工工期的长短往往会成为投标人能否中标的关键，特别是工期要求急的特殊工程。

(4) 先进的技术。承包商技术与管理水平的高低，是其生产能力强弱的标志，也是实现较低价格、优良质量和较短工期的基础与前提。

业主在招标过程中，既要突出对侧重面的比较，又要综合考虑上述四个方面的因素，最后才能科学地确定中标者。

对于承包商来说，在激烈的市场竞争中，投标的成败意味着企业的兴衰。因此，投标人之间不仅要比报价高低，而且要比技术、经验、实力和信誉的强弱与好坏。特别是国际承包市场上很多工程都是技术密集型项目，要求承包商必须具有先进的科学技术，以便能完成高、新、尖、难的工程，而且要求承包商具有现代先进的组织管理水平，能够以较低价中标，靠管理和索赔获利。为此，承包商的投标班子应由以下人才组成：

(1) 经营管理类人才。经营管理类人才是指制订和贯彻经营方针与规划，负责全面筹划和安排、具有决策能力的人。其包括经理、副经理和总工程师、总经济师等具有决策权及其他经营管理的人才。

(2) 专业技术类人才。专业技术类人才是指建筑师、结构工程师、设备工程师等各类专业技术人员。他们具备熟练的专业技能、丰富的专业知识，能从本公司实际出发，制订投标的专业实施方案。

(3) 商务金融类人才。商务金融类人才是指概预算、财务、合同、金融、保函、保险等方面的人才。在国际工程投标竞争中，这类人才的作用尤其重要。

由于项目经理是未来项目施工的执行者，为使其深入了解该项目的内在规律，把握工作要点，提高项目管理水平，应尽可能吸收项目经理人选进入投标班子。在国际工程（含境内涉外工程）投标时，还应配备懂得专业和合同管理的翻译人员。

【案例 3-8】 出租企业资质证书和营业执照应受惩罚

李某借用他人施工资质与某市实验小学签订了一份《工程施工合同》，约定了工程款的计算方式和支付时间。工程验收合格后，该校以李某借用他人资质违法施工为由拒绝支付报酬，双方协商未果引起诉讼。法院经审理认为，双方签订的合同虽然无效，但工程经验收合格，被告某市实验小学应当依照合同的约定向原告李某支付工程款，但李某获利的部分应予以没收。

【案例评析】

本案例是典型的违反资质管理制度的违法案件。我国当前建筑市场混乱的突出表现形式，便是一些无资质或者低资质等级的企业、包工队以"挂靠"有较高资质等级的施工企业或者采取与资质等级较高的施工企业搞假"联营"等形式，以资质等级较高的施工企业的名义承揽工程；而有些施工企业则见利忘义，为谋取不正当利益，采取收取挂靠管理费、资质证书和营业执照的有偿使用方式，允许其他单位甚至个人使用本企业的名义承揽工程。这种现象的存在，对建立正常的建筑市场秩序、保证工程质量危害极大，必须予以禁止。

三、投标程序

投标单位一般按以下程序开展投标工作：
(1) 成立投标工作组织机构。
(2) 获取招标项目信息。
(3) 获取资格预审文件，按招标单位要求填写并递交资格预审申请书。
(4) 资格预审合格后，按有关要求获取招标文件，搜集有关资料和信息，准备投标文件。
(5) 进行现场踏勘，对有关问题向招标单位提出书面质疑，获取招标单位发送的书面解答及对招标文件的澄清或修改文件。
(6) 编制投标文件，办理投标担保。
(7) 向招标单位递送投标文件及投标担保。
(8) 投标人代表参加招标人组织并主持的开标会。
(9) 就评标委员会在评标过程中对投标文件所做澄清要求进行书面答复或答辩。
(10) 如果中标则接收中标通知，如果未中标则接受中标结果。
(11) 中标后，与招标单位签订施工承包合同。

【案例3-9】 投标截止时间前，可修改投标文件

某项工程公开招标，在投标文件的编制与递交阶段，某投标单位认为该工程原设计结构方案采用框架-剪力墙体系过于保守。该投标单位在投标报价书中建议，将框架-剪力墙体系改为框架体系，经技术经济分析和比较，可降低造价约2.5%。该投标单位将技术标和商务标分别封装，在投标截止日期前一天上午将投标文件报送招标人。次日（即投标截止日当天）下午，在规定的开标时间前1h，该投标单位又递交了一份补充资料，其中声明将原报价降低4%。但招标单位的有关工作人员认为一个投标单位不能递交两份投标文件，因而，拒收投标单位的补充资料。

【案例评析】

在这个案例中运用了两种投标报价策略：增加建议方案和突然降价法，投标单位的这两种投标报价策略都是合法的，招标单位工作人员这种拒收投标单件的补充资料的做法是错误的，在开标时间前递交的投标相关文件应与投标文件同等效力。

【案例3-10】 招标人需发挥主观能动性制定有效的竞争规则方能达到有效竞争

某物资采购项目，招标控制价为310万元，为了保证质量，设定了严格的资格条件和技术参数要求。第一次招标：6家单位投标，投标报价为310万元~200万元，其中，除A公司是唯一有效投标人外，其余5家均以不满足招标文件技术要求被废标。第一次招标失败。第二次招标：3家单位投标，投标报价为250万元~200万元，3家投标人均以不满足

招标文件要求被废标。第二次招标失败。第三次谈判：由于两次招标均失败，为了保证工期不延误，经过审批采用竞争性谈判。竞争性谈判规则如下：选择之前两次参与投标的品牌代理商，经过三次竞争性报价最低价成交。

至此，对采购单位来说已经掌握了潜在成交对手的底牌属于打"明"牌，应该处于有利的位置，但是三次竞争性报价后得到的结果却不理想：A公司投标报价及三次报价依次为：308万元、308万元、307万元、305万元；B公司投标报价及三次报价依次为：250万元、309万元、308万元、307万元；C公司投标报价及三次报价依次为：310万元、310万元、309.98万元、309万元。第三次谈判按照规则由A公司以305万元成交。

【案例评析】

以上三个阶段，无论是单个管理过程复盘还是三个串在一起复盘，均未出现明显违反相关规定的现象。但是采购结果却不尽人意：A公司仅降低了1%；B公司坐地起价20%；C公司仅降低了0.3%，未达到"面"上的竞争。

业主单位：2次招标失败后第三次竞争性谈判时，同样的"面孔"都满足技术条件，采用三轮报价最低价成交未违反规定。

采购单位：明明知道潜在竞争成交对手的底牌，未采取有效措施，杜绝B公司"坐地起价"的行为？

投标单位：B公司、C公司明明知道"竞争对手的'明'牌"但是在竞争性谈判期间的报价近乎"死亡报价"，不知道其代理的品牌制造商知道后如何感想？

感悟：采购管理规定的都是原则性的操作，采购人员在工作中可以将自己的专业知识融入采购业务中。本采购项目在程序上采购单位确实做到了合法合规完成采购任务，但是采购人员未发挥主观能动性制定更有效的竞争规则让潜在成交对手进行公平竞争。若在发出谈判邀请函中增加一条信息"要求三次竞争性报价不低于投标报价，方为有效报价"或许是另外一种更有利于保护采购单位利益的结果。

四、投标文件的编制

当研究并决策投标报价及战略战术后，就要编制投标文件。投标文件是投标者向业主发出的书面报价，是正式参加投标竞争的证明文件，也是承包商参加竞争的信心和实力体现。

投标文件应严格按招标文件的要求编制。一般不能带任何附加条件，否则将导致废标。

1. 投标文件的编制准备工作

(1)组织投标班子，确定人员分工。

(2)仔细阅读招标文件中的投标须知、投标书及附表、工程量清单、技术规范等。发现需要业主解释澄清的问题，应组织讨论；需要提到业主组织的标前会上的问题，应书面寄交业主；标前会议后发现的问题应随时函告业主，切勿口头商讨；来往信函应编号存档备查。

(3)投标人应根据图纸审核工程量清单中分部、分项工程的内容和数量，发现错误后应在招标文件规定期限内向业主提出。

(4)收集现行定额和综合单价、取费标准、市场价格信息及各类标准图集，熟悉政策性调价文件。

(5)准备有关计算机软件系统，力争全部投标文件用计算机打印。

2. 投标文件的内容

《招标投标法》规定，投标人应当按照招标文件的要求编制投标文件。投标文件应当对招标文件提出的实质性要求和条件作出响应。招标项目属于建设施工的，投标文件的内容应当包括拟派出的项目负责人与主要技术人员的简历、业绩和拟用于完成招标项目的机械设备等。

投标文件应包括下列内容：
(1) 投标函及投标函附录。
(2) 法定代表人身份证明或附有法定代表人身份证明的授权委托书。
(3) 联合体协议书。
(4) 投标保证金。
(5) 已标价工程量清单。
(6) 施工组织设计。
(7) 项目管理机构。
(8) 拟分包项目情况表。
(9) 资格审查资料。
(10) 投标人须知前附表规定的其他资料。

但是，投标人须知前附表规定不接受联合体投标的，或投标人没有组成联合体的，投标文件不包括联合体协议书。

《建筑工程施工发包与承包计价管理办法》中规定，投标报价不得低于工程成本，不得高于最高报价限价。投标报价应当依据工程量清单、工程计价的有关规定、企业定额和市场价格信息等编制。

3. 投标文件的修改与撤回

《招标投标法》规定，投标人在招标文件要求提交投标文件的截止时间前，可以补充、修改或者撤回已提交的投标文件，并书面通知招标人。补充、修改的内容为投标文件的组成部分。

《招标投标法实施条例》进一步规定，投标人撤回已提交的投标文件，应当在投标截止时间前书面通知招标人。

4. 投标文件的送达与签收

《招标投标法》规定，投标人应当在招标文件要求提交投标文件的截止时间前，将投标文件送达投标地点。招标人收到投标文件后，应当签收保存，不得开启。投标人少于3个的，招标人应当依法重新招标。在招标文件要求提交投标文件的截止时间后送达的投标文件，招标人应当拒收。

《招标投标法实施条例》进一步规定，未通过资格预审的申请人提交的投标文件，以及逾期送达或者不按照招标文件要求密封的投标文件，招标人应当拒收。招标人应当如实记载投标文件的送达时间和密封情况，并存档备查。

【案例3-11】 投标文件含糊，不予澄清失标

某住宅楼工程实行行邀请招标，5个投标人的投标报价分别是：468.8万元、466.5万元、464.3万元、471.2万元和375.4万元，报价的级差为95.8万元，最低报价375.4万元低于标底造价30.3%。经最低报价投标人澄清、说明后，评标委员会发生了激烈争论，但最终确定最低报价375.4万元低于工程成本。

【案例评析】
招标人通常对低廉的工程造价感到满意,即使承包人可能亏损,但也必须严格遵循契约精神。"投标报价不得低于工程成本,不得高于最高投标限价"《招标投标法》等法律法规中都有规定,"不得低于工程成本"并非是一种主张,而是对不正当竞争行为的禁止。低于成本的竞争是一种损害他人利益和破坏市场秩序的恶意行为。本案例中因其投标报价低于工程成本而被排除在中标候选人之外,得不偿失。

五、投标人的法律禁止性规定

1. 禁止投标人之间串通投标

根据《招标投标法实施条例》的规定,禁止投标人相互串通投标。有下列情形之一的,属于投标人相互串通投标:
(1)投标人之间协商投标报价等投标文件的实质性内容。
(2)投标人之间约定中标人。
(3)投标人之间约定部分投标人放弃投标或者中标。
(4)属于同一集团、协会、商会等组织成员的投标人按照该组织的要求协同投标。
(5)投标人之间为谋取中标或者排斥特定投标人而采取的其他联合行动。

有下列情形之一的,视为投标人相互串通投标:
(1)不同投标人的投标文件由同一单位或者个人编制。
(2)不同投标人委托同一单位或者个人办理投标事宜。
(3)不同投标人的投标文件载明的项目管理成员为同一人。
(4)不同投标人的投标文件异常一致或者投标报价呈规律性差异。
(5)不同投标人的投标文件相互混装。
(6)不同投标人的投标保证金从同一单位或者个人的账户转出。

2. 禁止投标人与招标人串通投标

《招标投标法》规定,投标人不得与招标人串通投标,损害国家利益、社会公共利益或者他人的合法权益。

根据《招标投标法实施条例》,有下列情形之一的,属于招标人与投标人串通投标:
(1)招标人在开标前开启投标文件并将有关信息泄露给其他投标人。
(2)招标人直接或者间接向投标人泄露标底、评标委员会成员等信息。
(3)招标人明示或者暗示投标人压低或者抬高投标报价。
(4)招标人授意投标人撤换、修改投标文件。
(5)招标人明示或者暗示投标人为特定投标人中标提供方便。
(6)招标人与投标人为谋求特定投标人中标而采取的其他串通行为。

3. 投标人不得以行贿的手段谋取中标

《招标投标法实施条例》规定,投标人有下列情形之一的,属于《招标投标法》第三十三条规定的以其他方式弄虚作假的行为:
(1)使用伪造、变造的许可证件。
(2)提供虚假的财务状况或者业绩。

(3) 提供虚假的项目负责人或者主要技术人员简历、劳动关系证明。
(4) 提供虚假的信用状况。
(5) 其他弄虚作假的行为。

4. 投标人不得以低于成本的报价竞标

《招标投标法》第三十三条规定："投标人不得以低于成本的报价竞标，也不得以他人名义投标或者以其他方式弄虚作假，骗取中标"。投标人以低于成本的报价竞标，其主要目的是排挤其他对手。投标者企图通过低于成本的价格，满足招标人最低价中标的目的以争取中标，从而达到占领市场和扩大市场份额的目的。这里的"成本"应指每个投标人的自身成本（通常依据企业内部定额测算得出）。投标人的报价一般由成本、税金和利润三部分组成。当报价为成本价时，企业利润为零。如果投标人以低于成本的报价竞标，就很难保证工程的质量，各种偷工减料、以次充好等现象也会随之产生。因此，投标人以低于成本的报价竞标的手段是法律所不允许的。

【案例 3-12】 中标人之间不得串通投标，否则中标无效

浙江省泰顺县公安局 2019 年破获一起涉及民生工程的串通投标案，该案涉案人员共有 21 人，企业、私人资金账户 58 个，涉事企业 53 家，涉案金额达 1.37 亿元。2019 年 8 月 15 日，该案嫌疑人罗某、何某等 5 人因涉嫌串通投标罪被移送至泰顺县人民检察院审查起诉。

2019 年 4 月，泰顺县公安局经侦大队接到温州市公安局移交线索：泰顺县某公路工程投标单位涉嫌围标串标。接到该起涉嫌串通投标线索后，泰顺县公安局立即成立专案组。

此次投标共有 53 家企业参与投标，通过查看标书外观，侦查人员发现有 5 家投标企业的标书做工粗糙，仅将打印的 A4 纸用订书机简单装订，而其余企业的标书制作精美，与这 5 家差别很大。通过对标书的认真细致的研究、比对，侦查人员意识到该 5 家公司的标书关键部分雷同，有可能存在相互复制或是同一人制作的嫌疑。围绕这 5 家标书雷同的公司，专案组从投标报名、投标保证金这一重要环节入手。侦查人员通过外围走访招标中心调取了保证金缴纳情况表，经过梳理后发现，一共有 21 家企业用保函的形式缴纳，并且这 21 家的保函均为同一家银行根据温州某担保公司的要求出具，通过对该担保公司的调查，侦查人员发现这 5 家均由同一业务员承接。为了确定参与串通投标人员之间是否联系，民警针对这 5 家保函的递交人，结合该 5 人的社保缴纳情况开展调查，发现均是同一集团公司的员工。一起涉案金额巨大的串通投标案渐渐浮出水面。经过前期长达四个月多的取证，深入研判，专案组决定统一收网，将罗某、何某等 5 名犯罪嫌疑人全部抓获归案。嫌疑人到案后，拒不认罪。专案组一方面安排专人连夜对嫌疑人审讯，另一方面组织人员去外围调取书证，获取证人证言。在大量证据面前，终于顺利取得嫌疑人的口供，该案水落石出。经查，犯罪嫌疑人罗某是上述集团高管，负责该集团的市场营销业务，集团招标投标也是罗某分管的业务之一。

2017 年 6 月，温州市公共资源交易中心网上发布了一则关于泰顺某公路工程招标公告，公告对投标人资格、项目概况、建设标准及建设工期等关键项目做了明确规定。在看到这则招标投标公告后，罗某通过系统查询，查询到几家拥有资质的公司，并从中选择了 4 家经常有来往的公司。为了提高自己集团中标概率，罗某要求其分管的市场营销部部门负责人何某联系这 4 家公司参与投标。在何某的联系下，四家公司答应共同参与这公路工程的投标。

罗某所在的集团均让银行为 4 家公司开具参与投标需要的保函，以 4 家公司的名义去

递交报名参与投标。罗某先将招标文件基本情况与4家公司对接，约定如果对方中标，则以中标公司的名义进行管理，而项目实际交给林某集团进行施工，中标公司分别收取2‰～3‰不等的管理费用；如若未中标，能收到6 000～8 000元不等的参与投标差旅费用。

政府在招标投标过程中，会将项目初步预算价进行公示，所有参与投标的人企业都能获取该初步预算价，而调整系数、复合系数、下浮率三组数据是现场抽取的，三组数据共有27种排列组合。在开标前几个小时，罗某根据调整系数、复合系数、下浮率计算出投标报价，为了提高自己集团的中标概率，计算出四种不重复的报价，并套打在空白A4纸上。

2017年7月25日，该项目在温州市行政审批与公共资源交易服务管理中心开标，为防止被工作人员发现5家公司私下串通投标。罗某在开标前将制作好的标书交给4家公司的员工，让4家公司的员工自己递交标书。结果为罗某所在集团联系的台州温岭某公司以约1.37亿元中标。

2019年4月24日，温州市审计局对该两段公路工程进行审计过程中，发现串通投标嫌疑，移交线索给公安机关侦查，进而案发。

【案例评析】

《招标投标法》第三十二条规定："投标人不得相互串通投标报价，不得排挤其他投标人的公平竞争，损害招标人或者其他投标人合法权益。"有下列情形之一的，视为投标人相互串通投标：不同投标人的投标文件由同一单位或者个人编制；不同投标人委托同一单位或者个人办理投标事宜；不同投标人的投标文件载明的项目管理成员为同一人；不同投标人的投标文件异常一致或者投标报价呈规律性差异；不同投标人的投标文件相互混装；不同投标人的投标保证金从同一单位或者个人的账户转出。在本案例因审计发现有5家公司投标文件在关键处雷同，后经投标保证金出处调查发现其递交人为同一集团公司员工，细查的结果是中标人罗某所在集团为了提高自己集团中标概率，联合4家公司串通投标，其结果是中标无效。虽工程现已结束，但其涉事公司和相关人员应承担的法律责任再则难逃。

【案例3-13】 建筑工程的主体结构的施工必须由承包人自行完成

2008年10月16日，美江公司与某工程局协商成立了某工程局吉林分公司，某工程局吉林分公司出具授权委托书，委托美江公司时任法定代表人杨某为该分公司的副经理，代理分公司一切业务。同时，2008年9月2日美江公司另与黑龙江农垦建工有限公司直属第二分公司组建农垦吉林分公司，并委托美江公司的时任法定代表人杨某为该分公司的副经理，代表其处理建筑工程投标、组织工程施工等相关业务。

2009年4月1日，农垦吉林分公司与某工程局签订了工程施工协议，约定：乙方（即农垦吉林分公司）以甲方（即某工程局）的资质参加哈达山水利枢纽工程（一期）输水干渠施工工程投标，若中标，乙方进行施工时，向甲方交纳工程总价3‰的管理费。该工程于2009年3月进行招标，4月某工程局投标，4月27日哈达山公司向某工程局发出《中标通知书》。8月29日哈达山公司与某工程局签订了该标段施工合同。9月5日，农垦吉林分公司作为乙方，某工程局作为甲方，双方签订了该标段施工承包合同，"分包"该工程，承包范围为"施工图所示全部范围"，即某工程局此次中标的全部施工内容，乙方应向甲方缴纳工程总造价3‰的管理费。但据黑龙江农垦建工有限公司直属第二分公司于2018年11月28日出具的《情况说明》反映，农垦吉林分公司并未真正参与工程建设，实际上由美江公司施工。农垦吉林分公司于2013年10月23日注销。

农垦吉林分公司与某工程局之间的施工合同签订后，美江公司组织施工至2012年4月月底后撤场,美江公司撤场后,由某工程局组织人员继续施工至全部工程结束。2012月12月30日,某工程局哈达山项目部与杨某形成了《洽谈纪要》,双方约定:"以2012年4月月底为界限,分公司承担4月月底之前所完成本标段工程量的结算收入与成本、债权、债务等事项,某工程局承担之后所完成本标段的收入与成本、债权、债务等事项。"涉案工程已于2015年9月施工完毕,并实际投入使用,各方就涉案工程尚未最终结算。

【案例评析】

依据规定,承包人不得将其承包的全部建设工程转包给第三人,同时,建设工程的主体结构的施工必须由承包人自行完成。某工程局作为涉案工程的合同承包人,在中标取得涉案工程的承包资格后并未立即组织人员施工,而是通过"分包"的形式将其中标工程全部转包给农垦吉林分公司,而农垦吉林分公司仅为名义上的分包合同承包人,该合同的实际履行者是美江公司,即美江公司是涉案工程的实际施工人。某工程局与农垦吉林分公司之间的"分包"合同因违反法律强制性规定而无效。但依据《最高人民法院关于审理建设工程施工合同纠纷案件适用法律问题的解释》第2条、第13条的规定,施工合同虽属无效,但涉案工程现已建成并实际交付使用多年,承包人有权请求参照合同约定支付工程价款。现农垦吉林分公司虽已注销,但其设立单位认可涉案工程产生的全部权利义务及法律责任均由作为实际施工人的美江公司承担。

第四节 开标、评标与中标

一、开标

开标是指招标人按照招标文件规定的时间和地点,开启投标人提交的投标文件,宣读投标人的名称、投标价格及投标文件中的其他主要内容的行为。开标的主持人可以是招标人,也可以是招标人的代理人(招标代理机构的负责人)。开标人员至少由主持人、开标人、监标人、唱标人和记录人组成,上述人员对开标负责。

开标、评标、中标的主要规定

1. 开标的程序

根据《招标投标法》的规定,开标应当遵守以下法律程序:

(1)开标前的检查。开标前,首先由投标人或者其推选的代表检查投标文件的密封情况,也可以由招标人委托的公证机构检查并公证。

(2)投标文件的拆封、宣读。经确认无误后,由工作人员当众拆封,宣读投标人名称、投标价格和投标文件的其他主要内容。招标人在招标文件要求提交投标文件的截止时间前收到的所有投标文件,开标时都应当众予以拆封、宣读。

(3)开标过程的记录和存档。开标过程应当记录,并存档备查。开标记录的内容包括项目名称、招标号、刊登招标公告的日期、发售招标文件的日期、购买招标文件的单位名称、投标人的名称及报价、截标后收到投标文件的处理情况等。

2. 无效投标

在开标时,投标文件出现下列情形之一的,评标委员会应当否决其投标:

(1)投标文件未经投标单位盖章和单位负责人签字。
(2)投标联合体没有提交共同投标协议。
(3)投标人不符合国家或者招标文件规定的资格条件。
(4)同一投标人提交两个以上不同的投标文件或者投标报价,但招标文件要求提交备选投标的除外。
(5)投标报价低于成本或者高于招标文件设定的最高投标限价。
(6)投标文件没有对招标文件的实质性要求和条件作出响应。

二、评标

评标由招标人依法组建的评标委员会负责。评标委员会由招标人的代表和有关技术、经济等方面的专家组成,成员人数为5人以上的单数,其中技术、经济等方面的专家不得少于成员总数的2/3。前述专家应当从事相关领域工作满8年并具有高级职称或者具有同等专业水平,由招标人从国务院有关部门或者省、自治区、直辖市人民政府有关部门提供的专家名册或者招标代理机构的专家库内的相关专业的专家名单中确定;一般招标项目可以采取随机抽取方式,特殊招标项目可以由招标人直接确定。

与投标人有利害关系的人不得进入相关项目的评标委员会,已经进入的应当更换。

评标委员会成员的名单在中标结果确定前应当保密。评标一般经过评标准备、初步评审、详细评审和评标报告等几个环节。

1. 评标准备

评标委员会成员应当编制供评标使用的相应表格,认真研究招标文件,做好评标准备工作,同时至少应了解和熟悉以下内容:

(1)招标的目标。
(2)招标项目的范围和性质。
(3)招标文件中规定的主要技术要求、标准和商务条款。
(4)招标文件规定的评标标准、评标方法和在评标过程中需要考虑的相关因素。

评标委员会应当根据招标文件规定的评标标准和方法,对投标文件进行系统的评审和比较,招标人设有标底的,标底应当保密,并在评标时作为参考。评标委员会应当按照投标报价的高低或者招标文件规定的其他方法对投标文件排序。招标文件中没有规定的标准和方法不得作为评标的依据;招标文件中规定的评标标准和评标方法应当合理,不得含有带有倾向性或者排斥潜在投标人的内容,不得妨碍或者限制投标人之间的竞争。

2. 初步评审

初步评审的工作主要有两项:一是对投标文件中的细微偏差作进一步的澄清与补正;二是对未能对招标文件作出实质性的具有重大偏差的投标文件进行处理。

投标文件中的大写金额和小写金额不一致的,以大写金额为准;总价金额与单价金额不一致的,以单价金额为准,但单价金额小数点有明显错误的除外;对不同文字文本投标文件的解释发生异议的,以中文文本为准;正本与副本不一致时,以正本为准。

3. 详细评审

经过初步评审合格的投标文件,评标委员会应当根据招标文件确定的评标方法和标准,对各投标书的实施方案和计划进行实质性的评价与优劣比较。评审时不允许采用招标文件中要求投标人考虑因素以外的任何条件作为标准。详细评审通常分两个步骤进行。首先，对各投标书进行技术和商务方面的审查，评定其合理性，以及若将合同授予该投标人后，在履行过程中可能给招标人带来风险。在此基础上，再由评标委员会对各投标书分项进行量化比较，从而评定出优劣次序。

4. 评标报告

评标报告是评标委员会经过对各投标书的评审后，向招标人提出的结论性报告，应抄送有关行政监督部门。评标委员会完成评标后，应当向招标人提出书面评标报告，向招标人推荐合格的中标候选人，评标委员会推荐的中标候选人应当限定在1~3人，并标明排列顺序。

【案例3-14】 评标的标准和方法应在招标文件中明确说明

某监理招标项目，一共划分为5个标段。D公司参与了全部标段的投标，商务技术响应相同，并且报价均为最低。评标结果公示后，D公司只中标1个标段。D公司感到不理解，提出了异议。招标机构的答复是，由于本项目5个标段同时开展，分布在16个不同的地市，一个投标人不可能同时在16个地市开展监理业务，同样的管理人员和机器设备也不可能在5个项目中同时使用。因此，经评标委员会在评审过程中讨论决定每个投标人只能中标1个标段。但是，这一标准在招标文件中并没有体现。

【案例评析】

《招标投标法实施条例》第四十九条规定："评标委员会成员应当依照招标投标法和本条例的规定，按照招标文件规定的评标标准和方法，客观、公正地对投标文件提出评审意见。招标文件没有规定的评标标准和方法不得作为评标的依据。"

三、中标

中标是指招标人根据评标委员会提出的书面评标报告和推荐的中标候选人确定中标人，并签订合同的行为。招标人也可以授权评标委员会直接确定中标人。

1. 中标人的条件

根据《评标委员会和评标方法暂行规定》第四十六条的规定，中标人的投标应当符合下列条件之一：

(1)能够最大限度地满足招标文件中规定的各项综合评价标准。

(2)能够满足招标文件的实质性要求，并且经评审的投标价格最低，但是投标价格低于成本的除外。

2. 中标后续事宜

(1)发出中标通知书。中标人确定后，招标人应当向中标人发出中标通知书，并同时将中标结果通知所有未中标的投标人。中标通知书对招标人和中标人具有法律效力。中标通知书发出后，招标人改变中标结果的，或者中标人放弃中标项目的，应当依法承担法律责任。

(2)招标人与中标人签订合同。招标人和中标人应当自中标通知书发出之日起30日内，按照招标文件和中标人的投标文件订立书面合同。招标人和中标人不得再行订立背离合同实质性内容的其他协议。招标文件要求中标人提交履约保证金的，中标人应当提交。

(3)备案。依法必须进行招标的项目，招标人应当自确定中标人之日起15日内，向有关行政监督部门提交招标投标情况的书面报告。

中标人应当按照合同约定履行义务，完成中标项目。中标人不得向他人转让中标项目，也不得将中标项目肢解后分别向他人转让。中标人按照合同约定或者经招标人同意，可以将中标项目的部分非主体、非关键性工作分包给他人完成。接受分包的人应当具备相应的资格条件，并不得再次分包。中标人应当就分包项目向招标人负责，接受分包的人就分包项目承担连带责任。

【案例 3-15】 中标通知书不应改变投标文件中的实质性内容

某工程公司于2007年6月25日向建设单位发出投标书，总工期为299日历天，计划开工日期为2007年7月6日，计划竣工日期为2008年6月30日，报价总金额为33 967 665.5元。2007年7月3日，某工程公司向京汉置业公司出具承诺书，承诺同意全部工程总工期为299日历天，合同价款为2 906万元。2007年7月4日，京汉置业公司向某工程公司发出中标通知书：根据京汉·新城一期住宅一标段施工总承包工程招标文件和某工程公司于2007年6月25日提交的投标文件和末次谈判情况，经评标委员会评审，确定某工程公司为该工程的中标人。总工期为299日历天，计划开工日期为2007年7月6日，计划竣工日期为2008年4月28日，中标价格为2 906万元。

【案例评析】

中标通知书对投标人投标文件的价格和工期均作出了实质性变更的，案涉《建设工程施工合同》无效。

最高人民法院认为，《招标投标法》第四十三条规定："在确定中标人前，招标人不得与投标人就投标价格、投标方案等实质性内容进行谈判。"第五十九条规定："招标人与中标人不按照招标文件和中标人的投标文件订立合同的，或者招标人、中标人订立背离合同实质性内容的协议的，责令改正；可以处中标项目金额千分之五以上千分之十以下的罚款。"

本章小结

发包、承包是指一方当事人为另一方当事人完成某项工作，另一方面当事人接受工作成果并支付工作报酬的行为。建筑工程发包，是指建设单位或者受其委托的招标代理机构通过招标方式或直接发包方式将建设工程的全部或部分交由他人承包，并支付相应费用的行为。建筑工程承包，是指通过招标方式或直接发包方式取得建设工程的全部或部分，取得相应费用并完成建设工程的全部或部分的行为。建筑工程发包、承包制度，是建筑业适应市场经济的产物。

建筑工程招标是指建设单位将拟建的建设项目用文件标明，公开邀请潜在投标人根据业主的意图和要求提出工程报价、工程进度计划等内容，以便建设单位从中择优选定中标人的一种经济活动。建设工程的招标程序主要包括：招标人办理审批手续、发布招标广告或投标邀请书、进行资格预审、编制招标文件、组织现场考察、招标文件的澄清或者修改等环节。

投标是指投标单位根据建设单位的招标条件，提出完成招标工程的方法、措施和报价，争取得到项目承包权的活动。投标是建筑企业取得工程施工合同的主要途径，又是建筑企业经营决策的重要组成部分。它是针对招标的工程项目，力求实现决策最优化的活动。建设工程的招标程序主要包括：在招标投标交易中心网上进行投标报名；投标前期决策；申报资格预审；参加招标会议，获取招标文件与施工图纸；进行现场勘察；编制投标文件；办理投标担保手续；报送投标文件。

开标是指由招标人主持，邀请所有投标人按照招标文件预先载明的开标时间和地点参加开标仪式，在仪式上公开宣布全部投标人的名称、投标价格及投标文件主要内容，使招标投标当事人了解每一份投标文件关键信息的过程。评标，就是依据招标文件的规定和要求，对投标文件所进行的审查、评审和比较，在符合相应资质条件的投标者中，择优选定中标者。定标又称决标，是指发包人从投标者中最终选定中标者作为工程承包人的活动。

小知识

第一个采用招标投标这种交易方式的国家是英国。1782 年英国政府出于对自由市场的宏观调控，首先从规范政府采购行为入手，设立了文具公用局，作为负责政府部门所需要公用品采购的特别机构。1809 年，美国通过了第一部要求密封投标的法律。第二次世界大战以来，招标投标影响不断扩大，招标投标变由一种交易过渡为政府强制行为，这一升华，使招标投标在法律上得到了保证，于是招标投标成为"政府采购"的代名词。随着世界多国的"政府采购"向超越国界的方向发展，便形成了国际招标投标。美国《联邦政府采购法》明确一专职部门为联邦事务管理总署，美国联邦政府采购法由三部法典及其实施细则组成，详细规范了美国联邦政府的采购行为。信誉、透明度、竞争是美国采购制度的三大思想精髓。美国政府采购预算占国内生产总值的 3% 左右。韩国政府于 1997 年 1 月 1 日起实施新的国内项目国际招标法，即"政府关于调配及合同法"。招标投标在世界经济发展中，经过了漫长的两个世纪，由简单到复杂、由自由到规范、由国内到国际，对世界区域经济和整体经济发展起到了巨大的作用。

练习题

1. 建筑工程发包与承包应遵循哪些原则？
2. 建筑工程常见的承包方式有哪三种？
3. 招标工作机构的主要形式有哪些？《招标投标法》中规定的招标方式有哪两种？
4. 建筑工程招标一般应遵循的程序是什么？
5. 工程项目招标文件的主要内容包括哪些？
6. 资格审查的类型有哪些？资格审查的内容包括哪些？
7. 开标应当遵循哪些法律程序？评标一般经过哪几个环节？

综合练习题

案例 1

某省一级公路某路段全长为 224 km。本工程采取公开招标的方式，共分 20 个标段，招标工作从 2008 年 7 月 2 日开始到 8 月 30 日结束，历时 60 天。招标工作的具体步骤如下：

(1)成立招标组织机构。

(2)发布招标公告和资格预审通告。

(3)进行资格预审。7 月 16 日到 7 月 20 日出售资格预审文件，47 家省内外施工企业购买了资格预审文件，其中的 46 家于 7 月 22 日递交了资格预审文件。经招标工作委员会审定后，45 家单位通过了资格预审，每家被允许投 3 个以下的标段。

(4)编制招标文件。

(5)编制标底。

(6)组织投标。7 月 28 日，招标单位向上述 45 家单位发出资格预审合格通知书。7 月 30 日，向各投标人发出招标文件。8 月 5 日，召开标前会。8 月 8 日组织投标人踏勘现场，解答投标人提出的问题。8 月 20 日，各投标人递交投标书，每标段均有 5 家以上投标人参加竞标。8 月 21 日，在公证员出席的情况下，当众开标。

(7)组织评标。评标小组按事先确定的评标办法进行评标，对合格的投标人进行评分，推荐中标单位和后备单位，写出评标报告。8 月 22 日，招标工作委员会听取评标小组汇报，决定了中标单位，发出中标通知书。

(8)8 月 30 日招标人与中标单位签订合同。

问题：上述招标工作的先后顺序是否妥当？如果不妥，请确定合理的顺序。

案例 2

2010 年 11 月 15 日下午，上海市中心静安区一幢正在进行外部修缮、28 层高的教师公寓发生特别重大火灾事故，造成 58 人死亡，71 人受伤，直接经济损失 1.58 亿元。经调查，此次特别重大火灾事故的直接原因是：起火大楼在装修作业施工中，有 2 名无证电焊工违规实施作业，在短时间内形成密集火灾。事故的间接原因：一是建设单位、投标企业、招标代理机构相互串通、虚假招标和转包、违法分包；二是工程项目施工组织管理混乱；三是设计企业、监理机构工作失职；四是市、区两级建设主管部门对工程项目监督管理缺失；五是静安区公安消防机构对工程项目监督检查不到位；六是静安区政府对工程项目组织实施工作领导不力。无计划、无资金来源、无施工方案、无资质、无报建、无报监、无消防报备；交叉施工，违规动火个个熟视无睹，终致冲天大火。

问题：上述案例中违规之处有哪些？

案例 3

某市地铁一期工程全部由政府投资。该项目为该市建设规划的重要项目之一，且已列入地方年度固定资产投资计划，概算已由主管部门批准，征地工作尚未全部完成，施工图及有关技术资料齐全。现决定对该项目进行施工招标。因估计除本市施工企业参加投标外，还有外省市施工企业参加投标，故业主委托咨询单位编制了两个标底，准备分别用于本市和外省市施工企业投标价的评定。业主对投标单位就招标文件提出的所有问题统一做了书面答复，并以备忘录的形式分发给各投标单位。在书面答复投标单位的提问后，业主组织各投标单位进行了施工现场踏勘，在投标截止日期前10日，业主书面通知各投标单位。

问题：业主对投标单位进行资格预审应包括哪些内容？该项目施工招标在哪些方面存在问题或不当之处？请逐一说明理由。

案例 4

甲电讯公司因建办公楼与乙建筑承包公司签订了工程总承包合同。其后，经甲同意，乙分别与丙建筑设计院和丁建筑工程公司签订了工程勘察设计合同与工程施工合同。勘察设计合同约定由丙对甲的办公楼及其附属工程提供设计服务，并按勘察设计合同的约定交付有关的设计文件和资料。施工合同约定由丁根据丙提供的设计图纸进行施工，工程竣工时依据国家有关验收规定及设计图纸进行质量验收。合同签订后，丙按时将设计文件和有关资料交付给丁，丁依据设计图纸进行施工。工程竣工后，甲会同有关质量监督部门对工程进行验收，发现工程存在严重质量问题，是由于设计不符合规范所致。原来丙未对现场进行仔细勘察即自行进行设计导致设计不合理，给甲带来了重大损失。丙以与甲没有合同关系为由拒绝承担责任，乙又以自己不是设计人为由推卸责任，甲遂以丙为被告向法院起诉。法院受理后，追加乙为共同被告，判决乙与丙对建设工程质量问题承担连带责任。

问题：你认为法院的审理正确吗？它违反了哪些法律、法规？请对本案例进行评析。

案例 5

某业主招标进行道路工程建设。某投标人是次低价投标人，在该投标人标书的"施工动员款项"中写明"90 491.00 美元"，但该款项的大写却写明"玖仟肆佰玖拾壹美元"，如果用大写，则该投标人的标价比原最低报价稍低而成为最低价投标人。业主根据"大写优于小写"的规定将投标人标书的报价进行更改并将合同授予该投标人。该投标人要求撤回标书，在业主将合同授予该承包商的情况下，该承包商起诉业主。

问题：本案例中，业主的做法正确吗？为什么？

综合练习题解析

第四章 建设工程合同法规

职业能力目标

建设工程项目是一个极为复杂的社会生产过程。在实际工作中，应具备签订建设工程合同，熟练掌握建设工程合同文本的具体规定；并能正确履行合同、进行合同担保，能分析、判断建设工程合同的违约责任，具有依法进行索赔的能力，并能依据工程建设标准进行工程建设，并具有获取相关职业资格的能力。

学习要求

了解《合同法》、建设工程勘察设计合同的概念及分类、建设工程施工合同的概念及法定形式；熟悉《合同法》的基本原则与调整范围、合同的要素、合同的种类，建设工程勘察设计合同订立的程序；掌握建设工程合同的订立、效力、履行、变更、转让、终止、索赔与违约责任，建筑工程施工合同的内容，施工合同发承包双方的主要义务。

本章重点：建设工程合同的订立与效力。
本章难点：建设工程合同的履行与担保。

第一节 建设工程合同概述

一、《合同法》

1.《合同法》介绍

《合同法》于1999年3月15日中华人民共和国第九届全国人民代表大会第二次会议通过，共二十三章四百二十八条，可分为总则、分则和附则三部分。

其中，总则部分共八章，将各类合同所涉及的共性问题进行了统一规定，包括一般规定、合同的订立、合同的效力、合同的履行、合同的变更和转让、合同的权利、义务终止、违约责任和其他规定等内容。分则部分共十五章，分别对买卖合同，供用电、水、气、热力合同，赠与合同和借款合同等十五类典型合同进行了具体的规定。附则部分规定了《合同法》自1999年10月1日起施行。

2. 合同的概念

合同又称契约，其概念有广义和狭义之分。广义的合同泛指发生一定权利、义务关系的协议；狭义的合同专指平等主体的自然人、法人、其他组织之间设立、变更、终止民事权利、义务关系的协议。实质上，合同制度是社会商品交换的法律表现，商品交换是合同的经济内容。

建设工程合同是指由承包人进行工程建设，发包人支付价款的合同，通常包括建设工程勘察、设计、施工合同。

二、《合同法》的基本原则与调整范围

1.《合同法》的基本原则

《合同法》的基本原则是指反映合同普遍规律、反映立法者基本理念、体现《合同法》总的指导思想、贯穿整个《合同法》的原则。这些原则是立法机关制定《合同法》、裁判机关处理合同争议，以及合同当事人订立履行合同的基本准则，对适用合同法具有指导、补充、解释的作用。

(1)平等原则。《合同法》第三条规定："合同当事人的法律地位平等，一方不得将自己意志强加给另一方。"合同当事人的法律地位平等，即享有民事权利和承担民事义务的资格是平等的，一方不得将自己的意志强加给另一方。在订立建设工程合同中双方当事人的意思表示必须是完全自愿的，不能是在强迫和压力下所作出的非自愿的意思表示。因为建设工程合同是平等主体之间的法律行为，发包人与承包人的法律地位平等，所以只有订立建设工程合同的当事人平等协商，才有可能订立意思表示一致的协议。

(2)自愿原则。《合同法》第四条规定："当事人依法享有自愿订立合同的权利，任何单位和个人不得非法干预。"自愿原则是合同法重要的基本原则，也是市场经济的基本原则之一，也是一般国家的法律准则。自愿原则体现了签订合同作为民事活动的基本特征。

自愿原则贯穿于合同的全过程，在不违反法律、行政法规、社会公德的情况下：

1)当事人依法享有自愿签订合同的权利。合同签订前，当事人通过充分协商，自由表达意见，自愿决定和调整相互权利义务关系，取得一致而达成协议。不容许任何一方违背对方意志，以大欺小，以强凌弱，将自己的意见强加于人，或通过胁迫、欺诈手段签订合同。

2)订立合同时，当事人有权选择对方当事人。

3)合同自由构成。合同的形式、内容、范围由双方在不违法的情况下自愿商定。

4)在合同履行过程中，当事人可以通过协商修改、变更、补充合同内容。双方也可以通过协议解除合同。

5)双方可以约定违约责任。在发生争议时，当事人可以自愿选择解决争议的方式。当然，合同的自愿原则是要受到法律的限制的，这种限制对于不同的合同而言有所不同。相对而言，由于建设工程合同的重要性，导致法律法规对建设工程合同的干预较多，对当事人的合同自愿原则的限制也较多。例如，建设工程合同内容中的质量条款规定，必须符合国家的质量标准，因为这是强制性的；建设工程合同的形式，必须采用书面形式，当事人没有选择的权利。

(3)公平原则。《合同法》第五条规定："当事人应当遵循公平原则确定各方的权利和义务。"合同通过权利与义务、风险与利益的结构性配置来调节当事人的行为，公平的本义和价值取向应均衡当事人利益，一视同仁，不偏不倚，等价合理。公平原则主要表现在当事人平等、自愿，当事人权利义务的等价有偿、协调合理，当事人风险的合理分担，防止权利滥用和避免义务加重等方面。

(4)诚实信用原则。《合同法》第六条规定："当事人行使权利、履行义务应当遵循诚实信用原则。"建设工程合同当事人行使权力、履行义务应当遵循诚实信用原则。这是市场经

济活动中形成的道德规则，它要求人们在交易活动(订立和履行合同)中讲究信用，恪守诺言，诚实不欺。无论是发包人还是承包人，在行使权力时都应当充分尊重他人和社会的利益，对约定的义务要忠实地履行。具体包括：在合同订立阶段，如招标投标时，在招标文件和投标文件中应当如实说明自己和项目的情况；在合同履行阶段应当相互协作，如发生不可抗力时，应当相互告知，并尽量减少损失。

(5)遵守法律和公共秩序的原则。《合同法》第七条规定："当事人订立、履行合同，应当遵守法律、行政法规，尊重社会公德，不得扰乱社会经济秩序，损害社会公共利益。"这是对合同自愿原则的必要限制。当事人在订立、履行合同时，都应当遵守国家的法律，在法律的约束下行使自己的权力，并不能违反公共秩序和社会公共利益。

2.《合同法》的调整范围

任何一部法律都有自己的调整范围，《合同法》也不例外。掌握《合同法》的调整范围，有助于正确选择使用《合同法》。

我国合同法调整的是平等主体的公民(自然人)、法人、其他组织之间的民事权利义务关系。《合同法》的调整范围须注意以下问题：

(1)《合同法》调整的是平等主体之间的债权债务关系，属于民事关系。政府对经济的管理活动，属于行政管理关系，不适用《合同法》；企业、单位内部的管理关系，不是平等主体之间的关系，也不适用《合同法》。

(2)合同是设立、变更、终止民事权利义务关系的协议，有关婚姻、收养、监护等身份关系的协议，不适用《合同法》。但不能认为凡是涉及身份关系的合同都不受《合同法》的调整。有些人身权利本身具有财产属性和竞争价值，如商誉、企业名称、肖像等，可以签订转让、许可合同，受《合同法》调整。另外，不能将人身关系与它所引起的财产关系相混淆，在婚姻、收养、监护关系中也存在与身份关系相联系但又独立的财产关系，仍然要适用《合同法》的一般规定，如分家析产协议、婚前财产协议、遗赠扶养协议、离婚财产分割协议等。

(3)《合同法》主要调整法人、其他经济组织之间的经济贸易关系，同时，还包括自然人之间因买卖、租赁、借贷、赠与等产生的合同关系。这样的调整范围与以前3部合同法的调整范围相比，有适当的扩大。

三、合同的要素

任何合同均应具备三大要素，即主体、标的和内容。

1. 主体

主体是指签约双方的当事人。合同的当事人可为自然人、法人和其他组织，且合同当事人的法律地位平等，一方不得将自己的意志强加给另一方。依法成立的合同具有法律约束力。当事人应当按照合同约定履行各自的义务，不得擅自变更或解除合同。

2. 标的

标的(又称为客体)是指当事人的权利和义务共同指向的对象。如建设工程项目、货物、劳务等，标的应规定明确，切忌含混不清。

3. 内容

内容是指合同当事人之间的具体权利与义务。合同作为一种协议，其本质是一种合意，必须是两个以上意思表示一致的民事法律行为。因此，合同的缔结必须由双方当事人协商一致才能成立。合同当事人作出的意思表示必须合法，这样才能具有法律约束力。建设工程合同也是如此。在建设工程合同的订立中即使承包人一方存在着激烈的竞争(如施工合同的订立中，施工单位的激烈竞争是建设单位进行招标的基础)，双方当事人仍须协商一致，发包人不能将自己的意志强加给承包人。双方订立的合同即使是协商一致的，但也不能违反法律、行政法规，否则合同就是无效的。如施工单位超越资质等级许可的业务范围订立的施工合同，就没有法律约束力。

四、合同的种类

合同依照不同的标准可划分为不同的种类。

1. 按合同内容划分

《合同法》根据合同内容的不同，可将合同分为买卖合同，供用电、水、气、热力合同，赠与合同，借款合同，租赁合同，融资租赁合同，承揽合同，建设工程合同，运输合同，技术合同，保管合同，仓储合同，委托合同，行纪合同和居间合同共十五种典型合同。

在上述合同种类中，工程建设常用的合同有施工承包合同(《合同法》中的建设工程合同)、设备材料采购合同(《合同法》中的买卖合同)、工程监理委托合同(《合同法》中的委托合同)、货物运输合同(《合同法》中的运输合同)、工程建设资金借贷合同(《合同法》中的借款合同)、机械设备租赁合同(《合同法》中的租赁合同)等。

2. 按合同形式划分

《合同法》第十条规定："当事人订立合同，有书面形式、口头形式和其他形式。"合同还可以有其他形式，如默示合同、推定成立合同等。最为常见但并不是法定唯一的合同形式，是书面合同。所谓书面合同，是指当事人以文字表述协议内容的合同，其具体书面形式可以是合同书、信件和数据电文(包括电报、电传、传真、电子数据交换和电子邮件)等。《合同法》第二百七十条规定："建设工程合同应当采用书面形式。"

3. 按签订程序划分

按照合同不同的签订程序划分，合同可分为要式合同和非要式合同。

要式合同是指其生效必须以一定的形式或程序为先决条件的合同。常见的先决条件包括诸如要求合同采用书面形式，必须经过公证、鉴证、审批、过户、登记等。要式合同唯有符合要求的先决条件才能生效。

非要式合同又称"不要式合同"，是"要式合同"的对称，即法律法规要求合同不一定具备特定形式才能成立、生效的合同。非要式合同是不需要采用特定的方式(包括法律规定或当事人约定的书面形式，有关机关核准登记、鉴证、公证或第三人证明等)即可成立的合同。这种合同的签订程序简单，只要当事人双方依法就合同的主要条款协商一致，合同即可成立。

第二节　建设工程合同制度

一、建设工程合同的订立

1. 合同订立的形式与内容

当事人订立合同,应当具有相应的民事权利能力和民事行为能力。当事人依法可以委托代理人订立合同。

当事人订立合同有书面形式、口头形式和其他形式。

法律、行政法规规定采用书面形式的,应当采用书面形式。当事人约定采用书面形式的,应当采用书面形式。

书面形式是指合同书、信件和数据电文(包括电报、电传、传真、电子数据交换和电子邮件)等可以有形地表现所载内容的形式。

建设工程合同的订立与效力

合同的内容由当事人约定,一般包括以下条款:

(1)当事人的名称或者姓名和住所。

(2)标的。

(3)数量。

(4)质量。

(5)价款或者报酬。

(6)履行期限、地点和方式。

(7)违约责任。

(8)解决争议的方法。

当事人可以参照各类合同的示范文本订立合同。

【案例4-1】　合同的订立形式

某公司员工王某为了工作方便,于2017年5月租了李某位于开发区的一住房,约定租期为一年。到2018年5月一年期满后,王某没有搬出而是继续居住,并以同样标准继续支付了2018年6月的房租,房东李某也没有表示任何异议。

请分析,王某与房东李某之间是否仍然存在合同关系?

【案例评析】

王某与房东李某之间仍然存在合同关系。因为虽然王某与房东李某之间合同已经到期,但是,王某仍然继续居住并且支付了租金,房东李某也没有表示异议,故根据合同形式的相关法律规定可以推定双方都默认了租房合同的继续存在。

2. 合同订立的方式

当事人订立合同,主要采取要约、承诺方式。

(1)要约。

1)要约与要约邀请。要约是希望和他人订立合同的意思表示,该意思表示内容具体确定;表明经受要约人承诺,要约人即受该意思表示约束。

要约邀请是希望他人向自己发出要约的意思表示。寄送的价目表、拍卖公告、招标公告、招股说明书、商业广告等为要约邀请。商业广告的内容符合要约规定的,视为要约。

2)要约生效。要约到达受要约人时生效。采用数据电文形式订立合同，收件人指定特定系统接收数据电文的，该数据电文进入该特定系统的时间，视为到达时间；未指定特定系统的，该数据电文进入收件人的任何系统的首次时间，视为到达时间。

3)要约撤回与撤销。要约可以撤回，撤回要约的通知应当在要约到达受要约人之前或者与要约同时到达受要约人。要约也可以撤销，撤销要约的通知应当在受要约人发出承诺通知之前到达受要约人。

4)要约失效。有下列情形之一的，要约失效：
①拒绝要约的通知到达要约人；
②要约人依法撤销要约；
③承诺期限届满，受要约人未作出承诺；
④受要约人对要约的内容作出实质性变更。

(2)承诺。承诺是受要约人同意要约的意思表示。承诺应当以通知的方式作出，但根据交易习惯或者要约表明可以通过行为作出承诺的除外。

1)承诺期限。承诺应当在要约确定的期限内到达要约人。要约没有确定承诺期限的，承诺应当依照下列规定到达：
①要约以对话方式作出的，应当即时作出承诺，但当事人另有约定的除外；
②要约以非对话方式作出的，承诺应当在合理期限内到达。

要约以信件或者电报作出的，承诺期限自信件载明的日期或者电报交发之日开始计算。信件未载明日期的，自投寄该信件的邮戳日期开始计算。要约以电话、传真等快速通信方式作出的，承诺期限自要约到达受要约人时开始计算。

2)承诺生效。承诺生效时合同成立。承诺通知到达要约人时生效。承诺不需要通知的，根据交易习惯或者要约的要求作出承诺的行为时生效。

采用数据电文形式订立合同的，收件人指定系统接收数据电文的，该数据电文进入该特定系统的时间，视为承诺到达时间；未指定特定系统的，该数据电文进入收件人的任何系统的首次时间，视为承诺到达时间。

3)承诺应遵循的其他规定。
①承诺可以撤回。撤回承诺的通知应当在承诺通知到达要约人之前或者与承诺通知同时到达要约人。
②受要约人超过承诺期限发出承诺的，除要约人及时通知受要约人该承诺有效的外，为新要约。
③受要约人在承诺期限内发出承诺，按照通常情形能够及时到达要约人，但因其他原因承诺到达要约人时超过承诺期限的，除要约人及时通知受要约人因承诺超过期限不接受该承诺的外，该承诺有效。
④承诺的内容应当与要约的内容一致。受要约人对要约的内容作出实质性变更的，为新要约。有关合同标的、数量、质量、价款或者报酬、履行期限、履行地点和方式、违约责任和解决争议方法等的变更，是对要约内容的实质性变更。
⑤承诺对要约的内容作出非实质性变更的，除要约人及时表示反对或者要约表明承诺不得对要约的内容作出任何变更的外，该承诺有效，合同的内容以承诺的内容为准。

3. 建设工程施工合同订立

建设工程施工合同是发包方和承包方为完成特定的建筑安装工程任务，明确相互权利义务关系的协议。依照施工合同，承包方应完成一定的建筑、安装工程任务，发包方应提供必要的施工条件并支付工程价款。

(1) 订立施工合同应具备的条件。
1) 初步设计已经批准。
2) 工程项目已经列入年度建设计划。
3) 有能够满足施工需要的设计文件和有关技术资料。
4) 建设资金和主要建筑材料、设备来源已经落实。
5) 招标投标工程，中标通知书已经下达。

(2) 订立施工合同应遵守的原则。
1) 遵守国家法律、行政法规和国家计划的原则。
2) 平等、自愿、公平的原则。
3) 诚实信用原则。

(3) 订立施工合同的程序。在招标投标活动中，发包方经过开标、评标过程，最后发出中标通知书，确立承包方的行为就是承诺。中标通知书发出30天内，中标单位应与发包方依据招标文件、投标书等签订建设工程施工书面合同。签订合同的承包方必须是中标的施工企业，投标书中已确定的合同条款在签订时不得更改，合同价应与中标价一致。订立书面合同后7日内，中标单位应将合同送县级以上工程所在地住房城乡建设主管部门备案。

【案例4-2】 要约生效、撤回、撤销的判定

顺发安装公司2015年5月6日向惠宁公司发出购买安装设备的要约，称对方如果同意该要约条件，请在10日内予以答复，否则将另找其他公司签约，第3天正当惠宁公司准备回函同意要约时，顺发安装公司又发一函，称前述要约作废，已与别家公司签订合同，惠宁公司认为10日尚未届满，要约仍然有效，自己同意要约条件，要求对方遵守要约。双方发生争议，起诉至法院。

请分析顺发安装公司的要约是否生效，要约能否撤回或撤销？

【案例评析】

顺发安装公司的要约已经生效。因为根据《合同法》的规定，要约到达受要约人时生效，顺发安装公司发出的要约已经到达受要约人，所以该要约已经生效。顺发安装公司的要约不能撤回也不能撤销。根据《合同法》的规定，在要约生效前，要约可以撤回，顺发安装公司发出的要约已经生效，因此不能撤回。要约人在要约生效后，受要约人承诺前，可以撤销要约，但是《合同法》规定，要约中规定了承诺期限或者以其他形式表明要约是不可撤销的，则要约不能撤销，本案例中，顺发安装公司的要约称对方如果同意该要约条件，请在10日内予以答复，属于要约中明确规定了承诺期限，所以不得撤销。

【案例4-3】 合同的成立判定

甲建筑公司向乙水泥厂发出购买水泥的要约，称如果对方同意其条件，将答复意见发至其电子邮箱中，乙水泥厂应约将承诺发至其邮箱中，即开始准备履行合同。但是甲建筑公司经办人却因为在外开会，一直未打开邮箱查看，致使甲建筑公司以为乙水泥厂未做承诺。1个月后，当乙水泥厂要求甲建筑公司履行合同义务时，甲建筑公司称双方并未签订合同，故没有履行义务。

请分析，甲建筑公司与乙水泥厂之间是否存在合同关系？

【案例评析】

甲建筑公司与乙水泥厂之间存在合同关系。根据《合同法》的规定，承诺生效时合同成立。承诺通知到达受要约人时生效。采用数据电文形式订立合同的，数据电文进入收件人指定系统的时间视为到达时间。故乙水泥厂应约将承诺发至甲建筑公司指定的邮箱中，承诺即生效，合同也即成立，甲建筑公司与乙水泥厂之间存在合同关系，合同依法成立。

二、建设工程合同的效力

建设工程合同的效力是指建设工程合同依法成立后所具有的法律约束力，即建设工程合同当事人必须严格遵守建设工程合同的约定。建设工程合同的效力内容是指其所具有的法律约束力，这种约束力体现为建设工程合同的履行力。如果违反建设工程合同，就要承担相应的法律责任。

1. 有效建设工程合同

依法成立、具有法律约束力、受国家法律保护的建设工程合同，即有效建设工程合同。

（1）有效建设工程合同应当符合的条件。

1）主体合格。建设工程合同的当事人必须符合法律规定的要求，企业法人必须受其设立宗旨、目的、章程及经营范围、专营许可和资质等级的约束。

2）内容合法。建设工程合同中约定的当事人权利和义务必须合法。凡是涉及法律法规、有强制性规定的，必须符合有关规定，不得利用建设工程合同进行违法活动，扰乱社会经济秩序，损害国家利益和社会公共利益。

3）意思表示真实。建设工程合同中必须贯彻平等互利、协商一致的原则，任何一方不得将自己的意志强加给对方。

4）符合建设工程合同生效条件。建设工程合同应当符合法定或约定的形式要件。建设工程合同除应采用书面形式外，如依法律规定或依建设工程合同约定，应当采用公证、签证、登记、批准等形式后才生效，合同双方当事人依照一般程序就建设工程合同的主要条款达成合意，该建设工程合同成立，依法或依约经过公证、验证、批准等特别程序后，该建设工程合同才生效。未履行特别程序，不影响建设工程合同的成立。

（2）有效建设工程合同的效力。

1）对内效力。建设工程合同的约束力首先表现为在建设工程合同当事人之间产生特定的法律效果，在当事人之间产生相应的权利和义务，当事人应依约正确行使自己的权利，认真履行自己的义务，不得滥用权利，逃避义务，也不得擅自变更和解除该建设工程合同。

2）对外效力。一般来说，建设工程合同的效力只涉及建设工程合同双方当事人，即所谓合同相对性原则。但是，这并不排除建设工程合同对当事人以外的第三人也可能发生一定的法律效力。依法成立的建设工程合同不受任何非法干预，是其对外效力的典型表现。任何单位和个人不得利用任何方式侵犯建设工程合同当事人依据建设工程合同约定所享有的权利，也不得用任何方式非法阻挠当事人履行义务，更不得用行政命令的方式废除建设工程合同的效力。

3）制裁效力。建设工程合同的效力还表现在，当事人作出违反建设工程合同约定的行为时，将依法承担相应的法律责任。

2. 无效建设工程合同

无效建设工程合同是指虽然已经订立，但不具有法律约束力，不受国家法律保护的建设工程合同。如果当事人签订建设工程合同的行为不符合法律规定，就不能产生设立、变更和终止当事人之间的权利义务关系的效力。这些无效约定本身就没有必要履行，即使履行也不能达到预期的目的。

（1）引起建设工程合同无效的原因。

1）一方以欺诈、胁迫的手段订立建设工程合同，且损害国家利益。

2）恶意串通，损害国家、集体或第三人的利益。

3）以合法形式掩盖非法目的。

4）损害社会公共利益。

5）违反法律、行政法规的强制性规定。

（2）无效建设工程合同的处理方法。无效建设工程合同从订立起，就没有法律约束力，不产生履行建设工程合同的效力，但它仍然要发生一定的法律后果。建设工程合同被确认无效后，建设工程合同尚未履行的，不得履行；已经履行的，应当立即终止履行。

建设工程合同被确认无效后，应视不同情况进行处理，主要有五种方式，即返还财产、折价补偿、赔偿损失、收归国有、返还集体或者第三人。

在我国，建设工程合同的效力由人民法院或仲裁机构确认。其他任何单位和个人都无权宣布建设工程合同是否有效。

【案例4-4】 无效条款的认定

某装饰公司承揽了某栋楼的装修工程。合同中约定整栋大楼的卫生间保修期为2年。竣工后3年，该工程出现了质量问题，装修公司以已过保修期限为由拒绝承担责任。

你认为装饰公司的理由成立吗？

【案例评析】

不成立。国家强制性规定，有防水要求的卫生间保修期为5年。2年的保修期违反了国家强制性规定，该条款属于违法条款，是无效的条款，装修公司必须继续承担保修责任。

【案例4-5】 无效合同的判定

夏某准备将自己闲置的一套住房以80万元的价格出售给罗某，双方在签订合同时，夏某提出：为了规避过户时需要缴纳税费，应该签订一份50万元的合同，对外声称价格为50万元，实际价格为80万元，这样双方均可以节约一笔可观费用。罗某同意。

请分析双方签订的房屋买卖合同的效力？

【案例评析】

该合同属于无效合同。根据《合同法》的规定，当事人恶意串通，损害国家、集体或者第三人利益的合同无效，所以该合同无效。

3. 可变更或可撤销的建设工程合同

可变更或可撤销的建设工程合同是指基于法定原因，建设工程合同当事人有权诉请人民法院或仲裁机构予以变更或撤销的建设工程合同，也称为相对无效的建设工程合同。确认可变更或可撤销的建设工程合同的机构为人民法院或仲裁机构。对于可变更或可撤销的建设工程合同，只能由建设工程合同当事人提出，由人民法院或仲裁机构进行审查，并确认该建设工程合同是否有效或是否应予以撤销。人民法院或仲裁机构审查、判决或裁决的范围不超出当事人的诉讼请求。

（1）确定建设工程合同变更或撤销的依据。变更或撤销建设工程合同须具备一定的法律事实。在下列三种情况下，建设工程合同可以变更或撤销：

1)重大误解。建设工程合同中的误解又称协议错误,是建设工程合同当事人对建设工程合同关系中某种事实因素产生的错误认识。因重大误解而订立的建设工程合同,是基于主观认识上的错误而订立的建设工程合同,建设工程合同履行的后果与建设工程合同缔约人的真实意思相悖,因此,因重大误解而订立的建设工程合同是意思表示有瑕疵的建设工程合同,它使建设工程合同效力处于可动摇的地位。

2)显失公平。在订立建设工程合同时,一方当事人利用优势或利用对方没有经验,致使双方的权利和义务明显违反公平、等价有偿等原则,建设工程合同当事人之间享有的权利和承担的义务严重不对等,如价款与标的价值过于悬殊、责任承担或风险承担明显不合理,都构成显失公平。

3)一方以欺诈、胁迫的手段或者乘人之危,使对方在违背真实意思的情况下订立的建设工程合同,受损害方有权请求人民法院或者仲裁机构变更或者撤销。

(2)可变更或可撤销的建设工程合同的效力。对于可变更或可撤销的建设工程合同,如果当事人没有向人民法院或仲裁机构提出申请要求变更或撤销,则该建设工程合同仍然有效。只有在当事人提出了申请,人民法院或仲裁机构作了变更或撤销的判决或裁决,已变更部分建设工程合同的内容或已被撤销了的建设工程合同才无效。

【案例4-6】 效力待定合同的责任承担

2015年年初,江苏某建筑公司(以下简称建筑公司)承建了广州某广场工程。7月,包工头李某出具一张欠条给材料商张某。欠条载明:"今欠张某工程材料款共计人民币300 000元,以前所有欠条作废,以此条为准。"次日,建筑公司设立的不具备法人资格的广州分公司(以下简称分公司)负责人罗经理在该欠条上注明"同意从广场工程款中扣除",并加盖分公司的印章。据了解,分公司虽然是一个不具有法人资格的单位,但罗经理在广场工程建设期间,是具有建筑公司授予的"委托权"的。这份由建筑公司出具的"法人授权委托书",主要内容为"授权罗某为其代理人,负责分公司的经营管理,有效期限从2015年1月31日至2016年6月30日止。"之后,李某偿还张某100 000元,其中有30 000元是经分公司支付的。但余款张某久追无果,最后只得诉至法院,要求李某偿还欠款200 000元,同时要求建筑公司承担连带责任。

请分析,建筑公司是否应承担连带责任?

【案例评析】

在本案例中,李某向张某出具欠条后,分公司的负责人罗经理在李某出具的欠条上签字"同意从广场工程款中扣除"并盖章,虽然罗经理在该欠条上签字盖章不是在建筑公司的授权期限内。但他当时仍然掌管着分公司的印章,因此,张某有理由相信罗经理仍有权代理建筑公司对分公司进行经营管理。罗经理在欠条上签字盖章确认债务的行为符合《合同法》第四十九条"行为人没有代理权、超越代理权或代理权终止后以被代理人名义订立合同,相对人有理由相信行为人有代理权的,该代理行为有效。"的规定,故罗经理的行为属于表见代理行为,其当时所行使的行为是职务行为而非个人行为。因分公司是建筑公司设立的不具备法人资格分支机构,故建筑公司应承担民事责任,建筑公司对债务承担连带清偿责任。

【案例4-7】 合同被确认无效或者被撤销的法律后果

大兴商场为了扩大营业范围,购得某市宏业集团公司地皮一块,准备兴建大兴商场分店,大兴商场通过招标投标的形式与兴达建筑工程公司签订了建筑工程承包合同。之后,承包人将各种设备、材料运抵工地开始施工。在施工过程中,城市规划管理局的工作人员来到施工现场，指出该工程不符合城市建设规划，未领取施工规划许可证，必须立即停止施工。城市规划管理局对发包人作出了行政处罚，处以罚款 32 万元，勒令停止施工，拆除已修建部分。承包人因此而蒙受损失，向法院提起诉讼，要求发包人给予赔偿。

请分析：法院如何审理此事件？

【案例评析】

法院审理认为，本案例中引起当事人争议并导致损失产生的原因是工程开工前未办理规划许可证，从而导致工程为非法工程，当事人基于此而订立的合同无合法基础，应视为无效合同。根据《建筑法》的规定，规划许可证应由建设人，即发包人办理。所以，本案例中的过错在于发包方，发包方应当赔偿给承包人造成的先期投入、设备、材料运送费用，以及耗用的人工费用等项损失。

三、建设工程合同的履行

合同履行是指债务人全面地、适当地完成其合同义务，债权人的合同债权得以完成和实现。建设工程合同的履行是指工程项目的发包和承包方根据合同规定的时间、地点、方式、标准等要求，各自完成合同义务的行为。

建设工程合同的履行与担保

1. 合同履行的原则

(1) 诚实信用原则。诚实信用原则是《合同法》的基础原则，贯穿于合同的订立、履行、变更、终止等全过程。承发包双方在履行合同过程中要讲诚实、守信用，不得有欺诈行为，不得滥用权力，双方要互相协作，合同才能圆满地履行。

(2) 全面、适当履行的原则。合同当事人双方应按合同的主体、标的、数量、质量、价款、地点、期限、方式等全面履行自己的义务。

(3) 实际履行原则。当事人应按照合同规定的标的完成义务，任何一方违约时都不能以支付违约金或赔偿损失的方式来代替合同的履行。

(4) 当事人不得擅自变更合同的原则。合同依法成立，具有法律约束力，合同当事人任何一方均不得擅自变更合同。

2. 合同履行中的抗辩权

根据《合同法》，抗辩权是指双务合同中，当事人一方有依法对抗对方要求或否决对方权利主张的权利。合同履行中的抗辩权分以下几种情况：

(1) 同时履行抗辩权。同时履行抗辩权是指双务合同中，当事人履行义务没有先后顺序的，应同时履行，当一方当事人未履行合同义务时，另一方当事人可以拒绝履行合同义务。同时履行抗辩权的适用条件如下：

1) 必须是双务合同。
2) 合同中未约定履行顺序，即当事人应当同时履行债务。
3) 对方当事人没有履行债务或履行债务不符合合同约定。
4) 对方当事人有全面履行合同债务的能力。

(2) 后履行抗辩权。后履行抗辩权是指双务合同中，当事人约定了履行义务先后顺序的，当先履行方未按约定履行债务时，后履行一方可以拒绝履行其合同债务的权利。《合同法》第六十七条规定，当事人互负债务，有先后履行顺序，先履行一方未履行的，后履行一

方有权拒绝其履行要求;先履行一方履行债务不符合约定的,后履行一方有权拒绝其相应的履行要求。后履行抗辩权的适用条件如下:

1)必须是双务合同。
2)合同中约定了履行的顺序。
3)应当先履行一方没有履行债务或者履行债务不符合合同约定。
4)应当先履行一方当事人有全面履行合同债务的能力。

(3)不安抗辩权。

1)不安抗辩权是指双务合同中,先履行义务的当事人有证据证明对方当事人不能或可能不能履行合同义务时,在对方当事人未履行合同或就合同履行提供担保之前,有暂时中止履行合同的权利。《合同法》第六十八条规定,应当先履行债务的当事人,有确切证据证明对方有下列情形之一的,可以中止履行:

①经营状况严重恶化。
②转移财产、抽逃资金以逃避债务。
③丧失商业信誉。
④有丧失或可能丧失履行债务能力的其他情形。

当事人依照上述规定中止履行的,应及时通知对方。对方提供适当担保时,应恢复履行。中止履行后,对方在合理期限内未恢复履行能力且未提供适当担保的,中止履行一方可解除合同。

2)不安抗辩权应满足以下条件:

①必须是双务合同,且合同中约定了履行的顺序。
②先履行一方的债务履行期限已届满,而后履行一方的履行期限未届满。
③后履行一方丧失或可能丧失履行债务能力,证据确切。
④合同中未约定担保。

【案例4-8】 不安抗辩权的行使

2016年9月,杭州市某房地产企业与该市某建筑公司签订了价值6 500万元的建筑施工总承包合同。合同约定:先由房地产企业支付25%的工程款,总计1 625万元。合同签订后,房地产企业发现该建筑公司存在严重的债务问题,经营状况严重恶化,因此未按合同的约定支付25%的工程款,并要求对方提供担保。而该建筑公司未提供任何担保,并以房地产公司违约为由向法院起诉,要求支付违约金。

请分析:建筑公司的诉讼,能否得到法院的支持?

【案例评析】

经法院调查审理,认定该建筑企业因在以往多处建筑项目中违规带资施工,导致公司资金无法正常运转,存在严重的财务风险,丧失了商业信誉,判决房地产企业的不安抗辩权成立,该建筑公司败诉。从而使房地产企业免受巨大的经济损失。

3. 合同履行不当的处理

根据《合同法》规定,合同履行不当的处理方式包括以下几种情况:

(1)因债权人原因致使债务人履行困难。债权人分立、合并或变更住所没有通知债务人,致使履行债务发生困难的,债务人可中止履行或将标的物提存。

(2)提前履行或部分履行的处理。债务人提前履行债务或部分履行债务,债权人可以拒绝,由此给债权人增加的费用由债务人承担。但提前履行债务或部分履行债务不损害债权人利益的除外。

(3) 合同不当履行中的保全措施。保全措施是指为防止因债务人的财产不当减少而给债权人带来危害，允许债权人为确保其债权的实现而采取的法律措施。这些措施包括代位权和撤销权两种。

1) 代位权是指因债务人怠于行使其到期债权，对债权人造成损害的，债权人可以向人民法院请求以自己名义代位行使债务人的债权。但该债权专属于债务人自身的除外。例如，建设单位拖欠施工单位工程款，施工单位拖欠施工人员工资，而施工单位不向建设单位追讨，同时，也不给施工人员发放工资，则施工人员有权向人民法院请求以自己的名义直接向建设单位追讨相应款额。

代位权的行使范围以债权人的债权为限。行使代位权的必要费用由债务人负担。

2) 撤销权是指因债务人放弃其到期债权或无偿转让财产，对债权人造成损害的，债权人可以请求人民法院撤销债务人的行为。

债务人以明显不合理的低价转让财产，对债权人造成损害，并且受让人知道该情形的，债权人可以请求人民法院撤销债务人的行为。

撤销权的行使范围以债权人的债权为限。行使撤销权的必要费用由债务人负担。

撤销权自债权人知道或应当知道撤销事由之日起 1 年内行使。自债务人的行为发生之日起 5 年内没有行使撤销权的，该撤销权消灭。

另外，《合同法》第七十六条规定，合同生效后，当事人不得因姓名、名称的变更或者法定代表人、负责人、承办人的变动而不履行合同义务。

【案例 4-9】　如何行使代位权

2015 年元旦，某甲(该公司职员)与某建筑安装公司(下称建筑公司)签订内部承包协议，约定某甲承包该公司第一项目部并作为项目经理，向公司上交管理费，其所联系的工程以公司名义签订合同但由某甲组织实施。

2015 年 7 月 17 日，某科研所就西桥小区 1 号楼施工招标，某甲代表建筑公司投标并中标，次日，某甲以建筑公司委托代理人身份与该科研所签订施工合同，约定最后以实际竣工面积计算，单价不得改变。

2017 年 2 月 20 日，工程竣工验收合格并交付使用。科研所与建筑公司双方对竣工建筑面积为 5 932 m² 无异议，但就结算总价款出现争议。2018 年上半年，双方就结算事宜达成和解，但是，科研所并未支付结算款。

2019 年 6 月，某甲以建筑公司怠于行使对科研所到期债权而损害其应得款项为由，以科研所为被告，代位建筑公司请求法院判令科研所支付剩余工程款及利息 79 万元，提起代位权诉讼。

请分析：代位权的行使条件是否满足？某甲提起代位权诉讼是否能得到支持？

【案例评析】

代位权的行使条件包括：债权人与债务人之间须有合法的债权债务关系、须债权人与债务之间的债务及债务人与第三人(次债务人)之间的债权均到清偿期、须债务人怠于行使其对第三人的权利、须债务人怠于行使权利的行为有害于债权人的债权。

在本案例中，某甲与某建筑安装公司、某建筑安装公司与科研所所订立的合同均为合法的债权债务关系，并均到清偿期，由于某建筑建筑公司怠于行使对科研所到期债权而损害某甲其应得款项，因此甲提起代位权诉讼可以得到法院的支持。

【案例 4-10】 债权人刘某是否有权要求撤销债务人孙某的赠与行为

中天建筑公司与富华集团于 2017 年 9 月订立了一宗大理石板材买卖合同，合同约定中天建筑公司应于 2017 年 11 月底付清货款。但直到 2017 年 12 月月底中天建筑公司还欠富华集团贷款 780 万元。因中天公司正投资一个商住小区的开发，占用了大笔流动资金，富华集团同意其延迟履行。2018 年 7 月小区建设竣工，中天公司却出人意料地宣布将其在开发项目中价值约 1 000 万的股份赠与合作商瑞达地产有限公司，并立即办理了赠与公证，富华集团认为这是中天公司有意躲避债务的骗局，向法院提出申请，要求撤销中天公司的赠与行为。

请分析：法院是否支持富华集团的申请？

【案例评析】

法院经审理认为，中天建筑公司无偿转让财产，对富华集团的债权造成损害，对富华集团的申请予以支持。

四、建设工程合同的变更、转让与终止

(一)合同的变更

1. 合同变更的程序和方式

具备变更合同条件的，允许变更合同，但应当符合法律规定的程序和方式。承发包双方协商同意变更合同的，适用订立合同的程序。双方协商同意变更合同，实质上就是订立一个新的合同来变更原合同法律关系，因而应当适用订立合同的程序，由要求变更合同的一方当事人提出变更合同的建议，经双方平等协商一致，变更合同的协议即告成立。

合同的变更按法律、行政法规的规定应当办理批准、登记等手续的，依照办理。例如，房地产开发商原经批准建造商住大厦一幢，高 15 层，并依法与承包商签订了建设工程施工合同，如果该开发商计划再加盖 8 层，必须先将扩建计划报城市规划管理部门和建设行政主管部门批准，然后才能与承包商变更合同的有关内容。否则，所作变更依法无效。

另外，如果原合同是经公证的，还应将变更后的合同送公证机关备案，完善手续，确保合同的法律效力。协商变更合同，应当采取书面形式。建设工程合同的一方当事人有法律上的理由提出变更合同的请求而对方当事人予以拒绝或者未能满足正当要求的，可以向人民法院或仲裁机构提起诉讼或申请仲裁裁决，请求变更。其请求一经生效法律文书确认，即对双方当事人产生强制约束力。

2. 合同变更的效力

建设工程合同依法变更后，虽然与原合同仍然具有密切联系或者具有连续性，但变更后的合同相对于原合同而言毕竟是一个新的合同，故从这个角度而言，合同变更后，原合同不再履行，当事人应当按变更后的合同履行义务。

合同的变更不具有溯及既往的效力。不论是发包方还是承包方，均不得以变更后的合同条款来作为重新调整双方在合同变更前的权利义务关系的依据。

《民法通则》明确规定："合同的变更或者解除，不影响当事人要求赔偿损失的权利。"当然，根据意思自治的原则，如果债权人免于追究债务人的违约责任，法律也无主动追究之必要。

(二)合同的转让

合同转让是指合同成立后,当事人依法可以将合同中的全部权利、部分权利或者合同中的全部义务、部分义务转让或转移给第三人的法律行为。合同转让可分为权利转让和义务转移。《合同法》还规定了当事人将权利和义务一并转让所适用的法律条款。

(1)债权转让。债权转让又称债权让与或合同权利的转让,是指合同债权人通过协议将其债权全部或者部分转让给第三人的行为。《合同法》对债权转让做了以下规定:

1)债权人可将合同权利的全部或部分转让给第三人,但有下列情形之一的除外:

①根据合同性质不得转让。

②按照当事人约定不得转让。

③依照法律规定不得转让。

2)债权人转让权利的,应通知债务人,未经通知,该转让对债务人不发生效力。债权人转让权利的通知不得撤销,但经受让人同意的除外。

3)债权人转让权利的,受让人取得与债权有关的从权利,但该从权利专属于债权人自身的除外。

4)债务人接到债权转让通知后,债务人对让与人的抗辩,可以向受让人主张。

5)债务人接到债权转让通知时,债务人对让与人享有债权,并且债务人的债权先于转让的债权到期或者同时到期的,债务人可以向受让人主张抵销。

(2)义务转移。《合同法》对合同义务的转移做了以下规定:

1)债务人将合同义务全部或部分转移给第三人的,应当经债权人同意。

2)债务人转移义务的,新债务人可以主张原债务人对债权人的抗辩。

3)债务人转移义务的,新债务人应承担与主债务有关的从债务,但该从债务专属于原债务人自身的除外。

(3)概括转让。合同权利、义务的概括转让,是指原合同一方当事人将其合同权利和合同义务统一转让给第三人,由第三人行使权力和承担义务。

《合同法》第八十七条规定:"法律、行政法规规定转让权利或者转移义务应当办理批准、登记等手续的,依照其规定。"

合同权利和义务概括转让发生的原因有两个方面:一方面是基于当事人的合意;另一方面是基于法律的直接规定。

1)基于当事人的合意而发生的转让,指一方当事人经对方当事人同意,与第三人约定由该第三人行使其全部合同权利和承担全部合同义务。

《合同法》第八十八条规定,当事人一方经对方同意,可以将自己在合同中的权利和义务一并转让给第三人。

2)基于法律直接规定而发生的转让,是指受让人概括承受合同一方当事人的权利和义务是根据法律的直接规定,而不是有关当事人同意的结果。最常见的是企业的合并和分立。

《合同法》第九十条规定:"当事人订立合同后合并的,由合并后的法人或其他组织行使合同权利,履行合同义务。当事人订立合同后分立的,除债权人和债务人另有约定外,由分立的法人或其他组织对合同的权利和义务享有连带债权,承担连带债务。"

合同权利和义务概括转让的特点在于,第三人完全取代让与人的地位而成为合同的一方当事人,而让与人则完全退出原合同法律关系,不再享有债权和承担债务。

【案例 4-11】 建设工程合同转让的法律责任

某市 A 服务公司因建办公楼与 B 建设工程总公司签订了建筑工程承包合同。其后，经 A 服务公司同意，B 建设工程总公司分别与市 C 建筑设计院和市 D 建筑工程公司签订了建设工程勘察设计合同和建筑安装合同。建筑工程勘察设计合同约定由 C 建筑设计院对 A 服务公司的办公楼水房、化粪池、给水排水、空调及煤气外管线工程提供勘察、设计服务，做出工程设计书及相应施工图纸和资料，建筑安装合同约定由 D 建筑工程公司根据 C 建筑设计院提供的设计图纸进行施工，工程竣工时依据国家有关验收规定及设计图纸进行质量验收。合同签订后，C 建筑设计院按时做出设计书并将相关图纸资料交付 D 建筑工程公司，D 建筑公司依据设计图纸进行施工。工程竣工后，发包人会同有关质量监督部门对工程进行验收，发现工程存在严重质量问题，主要是由于设计不符合规范所致。原来 C 建筑设计院未对现场进行仔细勘察即自行进行设计导致设计不合理，给发包人带来了重大损失。由于设计人拒绝承担责任，B 建设工程总公司又以自己不是设计人为由推卸责任，发包人遂以 C 建筑设计院为被告向法院起诉。

请分析：法院如何审理此事件？

【案例评析】

法院审理认为，本案例中 B 建设工程总公司作为总承包人不自行施工，而将工程全部义务转包他人，虽经发包人同意，但违反禁止性规定，亦为违法行为。追加 B 建设工程总公司为共同被告，对工程质量问题，判令其与市 C 建筑设计院一起对建设工程质量问题承担连带责任。

(三)合同的终止

建设工程合同的终止是指由于一定事由的发生而使建设工程合同的效力归于消灭。在发生下列条件之一时，建设工程合同可以终止：

(1)债务已经按照约定履行。
(2)建设工程合同解除。
(3)债务相互抵消。
(4)债务人依法将标的物提存。
(5)债权人免除债务。
(6)债权债务同归于一人。
(7)法律规定或者当事人约定终止的其他情形。

其中，建设工程合同的解除是指有效成立的建设工程合同在尚未履行完毕前，因一定法定事由的发生而使合同法律关系归于消灭。允许解除建设工程合同的条件如下：

(1)协商解除。双方当事人经协商同意，并且不因此损害国家利益和社会公共利益，允许解除。

(2)不可抗力。由于不可抗力致使建设工程合同的全部义务不能履行的，允许解除建设工程合同；部分不能履行的，允许变更建设工程合同。所谓不可抗力，是指不能预见、不能避免且不能克服的客观情况。不可抗力一般包括自然原因和社会原因。前者如台风、地震、火灾、旱灾等；后者如战争、禁运、封锁、暴乱等。不可抗力的具体范围，当事人可以在建设工程合同中约定；如无约定，则依据相关法律的规定，结合案件的具体情况来确定是否属于不可抗力。

(3)情势变更。情势变更是指建设工程合同成立后，因不可归咎于当事人的原因发生情势变更,以致作为建设工程合同基础的客观情况发生了非当事人所能预见的根本性变化,按原建设工程合同履行会显失公平,从而允许根据当事人的请求变更和解除建设工程合同而不承担责任。

(4)一方违约。在履行期限届满之前,当事人一方明确表示或者以自己的行为表明不履行主要债务;当事人一方迟延履行主要债务,经催告后在规定期限内仍未履行;当事人一方迟延履行债务或者有其他违约行为致使不能实现建设工程合同的目的;法律规定的其他情形。

建设工程合同的权利、义务终止后,当事人应当遵循诚实信用原则,根据交易习惯履行通知、协助、保密等义务。

【案例4-12】 合同的解除

华康股份有限公司(以下简称华康公司)与泰和建筑工程公司(以下简称泰和公司)签订了建设工程施工合同。合同约定,泰和公司承建华康公司的综合楼,15层,框架结构,总建筑面积为15 000 m²,工期从2014年9月1日至2016年4月30日,合同价款为27 205 000元,在工程施工期间,华康公司根据工程进度,分期预付工程款,其一期预付款应于合同签订后10日内支付,工程竣工并经验收合格后,华康公司按合同约定支付工程尾款。合同签订后,泰和公司如期开工,但华康公司并未按合同约定预付一期预付款。泰和公司几次要求华康公司按合同约定预付工程款。华康公司均以资金紧张为由拒付。泰和公司的资金也十分紧张,只得贷款垫资施工。工程进行到5层时,华康公司仍未按合同约定预付各期预付款,致泰和公司再无资金继续施工。而且,时值春节前夕,因泰和公司不能发放农民工工资,造成农民工波动,农民工多人有过激行为。泰和公司陷入极度困难,无奈再次与华康公司交涉,希望华康公司按合同约定尽快预付工程款。但华康公司依然拒付。泰和公司向华康公司发出解除合同的书面通知,并要求对已完工程进行验收后,结算工程款。华康公司则认为,本公司未按合同约定预付工程款实出于资金极度紧张,而并非有意拖欠,如资金状况好转便立即支付,不同意解除合同,也不同意对已完工程进行验收和结算工程款。泰和公司与华康公司多次交涉未果,遂诉至法院,请求法院判令解除双方所签合同,并对已完工程进行验收和结算工程款。

请分析:法院如何审理此事件?

【案例评析】

法院经审理查明后认为,原告泰和公司与被告华康公司签订的建设工程施工合同是双方真实意思的表示,合法有效。原告已履行了部分合同义务,但被告未按合同约定支付工程预付款,且经原告多次催告后仍未支付,致原告无力继续施工,原告关于解除双方所签合同,并对已完工程进行验收和结算工程款的请求符合法律规定,予以支持。

五、建设工程合同的索赔

索赔是当事人在合同实施过程中,根据法律、合同规定及惯例,对不应由自己承担责任的情况造成的损失,向合同的另一方当事人提出给予赔偿或补偿要求的行为。

建设工程索赔通常是指在工程合同履行过程中,合同当事人一方因非自身因素或对方不履行或未能正确履行合同而受到经济损失或权

建设工程合同索赔

利损害时,通过一定的合法程序向对方提出经济或时间补偿的要求。索赔是一种正当的权利要求,它是发包方、监理工程师和承包方之间一项正常的、大量发生而且普遍存在的合同管理业务,是一种以法律和合同为依据的、合情合理的行为。

1. 索赔的分类

索赔从不同的角度、按不同的方法和不同的标准,其分类方法如下:

(1)按索赔目的分类。

1)工期索赔。由于非承包人责任的原因而导致施工进程延误,要求批准顺延合同工期的索赔,称为工期索赔。工期索赔形式是对权利的要求,以避免在原定合同竣工日不能完工时,被发包人追究拖期违约责任。一旦获得批准合同工期顺延后,承包人不仅免除了承担拖期违约赔偿费的严重风险,而且可能因提前结束工期而得到奖励,最终仍反映在经济收益上。

2)费用索赔。费用索赔的目的是要求经济补偿。当施工的客观条件改变导致承包人增加开支,要求对超出计划成本的附加开支给予补偿,以挽回不应由其承担的经济损失。

(2)按索赔当事人分类。

1)承包商与发包人之间的索赔。这类索赔大都是有关工程量计算、变更、工期、质量和价格方面的争议,也有中断或终止合同等其他违约行为的索赔。

2)承包商与分包商之间的索赔。其内容与前一种大致相似,但大多数是分包商向总包商索要付款和赔偿及承包商向分包商罚款或扣留支付款等。

3)承包商与供货商之间的索赔。其内容多系商贸方面的争议,如货品质量不符合技术要求、数量短缺、交货拖延、运输损坏等。

(3)按索赔原因分类。

1)工期延误索赔。因发包人未按合同要求提供施工条件,如未及时交付设计图纸、施工现场、道路等,或因发包人指令工程暂停或不可抗力事件等原因造成工期拖延的,承包商对此提出索赔。

2)工作范围变更索赔。工作范围的索赔是指发包人和承包商对合同中规定工作理解的不同而引起的索赔。其责任和损失不如延误索赔那么容易确定,如某分项工程所包含的详细工作内容和技术要求、施工要求很难在合同文件中用语言描述清楚,设计图纸也很难对每一个施工细节的要求都说得清清楚楚。另外,设计的错误和遗漏,或发包人和设计者主观意志的改变都会向承包商发布变更设计的命令。

工作范围的索赔很少能独立于其他类型的索赔,例如,工作范围的索赔通常导致延期索赔。如设计变更引起的工作量和技术要求的变化都可能被认为是工作范围的变化,为完成此变更可能增加时间,并影响原计划工作的执行,从而可能导致随之而来的延期索赔。

3)施工加速索赔。施工加速索赔经常是延期或工作范围索赔的结果,有时也被称为"赶工索赔"。而加速施工索赔与劳动生产率的降低关系极大,因此又可称为劳动生产率损失索赔。

如果发包人要求承包商比合同规定的工期提前,或者因工程前段的承包商的工程拖期,要后一阶段工程的另一位承包商弥补已经损失的工期,使整个工程按期完工。这样,承包商可以因施工加速,成本超过原计划的成本而提出索赔,其索赔的费用一般应考虑加班工资,雇用额外劳动力,采用额外设备,改变施工方法,提供额外监督管理人员和由于拥挤、干扰加班引起的疲劳造成的劳动生产率损失等所引起的费用的增加。在国外的许多索赔案例中对劳动生产率损失索赔通常数量很大,一般不易被发包人接受。这就要求承包商在提交施工加速索赔报告中提供施工加速对劳动生产率的消极影响的证据。

4)不利现场条件索赔。不利现场条件是指合同的图纸和技术规范中所描述的条件与实际情况有实质性的不同，或虽合同中未作描述，但实际情况是一个有经验的承包商无法预料的。不利现场条件一般是地下的水文地质条件，但也包括某些隐藏着的不可知的地面条件。

不利现场条件索赔近似于工作范围索赔，然而又不太像大多数工作范围索赔。不利现场条件索赔应归咎于确实不易预知的某个事实。如现场的水文、地质条件在设计时全部弄得一清二楚几乎是不可能的，只能根据某些地质钻孔和土样试验资料来分析与判断。要对现场进行彻底全面的调查将会耗费大量的成本和时间，一般发包人不会这样做，承包商在短短投标报价的时间内更不可能做这种现场调查工作。这种不利现场条件的风险由发包人来承担是合理的。

(4)按索赔合同依据分类。

1)合同内索赔。此种索赔是以合同条款为依据，在合同中有明文规定的索赔，如工期延误、工程变更、工程师提供的放线数据有误、发包人不按合同规定支付进度款等。这种索赔由于在合同中有明文规定，往往容易成功。

2)合同外索赔。此种索赔在合同文件中没有明确的叙述，但可以根据合同文件的某些内容合理推断出可以进行此类索赔，而且此索赔并不违反合同文件的其他任何内容。例如，在国际工程承包中，当地货币贬值可能给承包商造成损失，对于合同工期较短的，合同条件中可能没有规定如何处理。当由于发包人原因使工期拖延，而又出现汇率大幅度下跌时，承包商可以提出这方面的补偿要求。

3)道义索赔(额外支付)。道义索赔是指承包商在合同内或合同外都找不到可以索赔的合同依据或法律根据，因而没有提出索赔的条件和理由，但承包商认为自己有要求补偿的道义基础，而对其遭受的损失提出具有优惠性质的补偿要求，即道义索赔。道义索赔的主动权在发包人手中，发包人在下面四种情况下，可能会同意并接受这种索赔：第一，若另找其他承包商，费用会更大；第二，为了树立自己的形象；第三，出于对承包商的同情和信任；第四，谋求与承包商更理解或更长久的合作。

(5)按索赔处理方式分类。

1)单项索赔。单项索赔是针对某一干扰事件提出的，在影响原合同正常运行的干扰事件发生时或发生后，由合同管理人员立即处理，并在合同规定的索赔有效期内向发包人或监理工程师提交索赔要求和报告。单项索赔通常原因单一，责任单一，分析起来相对容易，由于涉及的金额一般较小，双方容易达成协议，处理起来也比较简单。因此合同双方应尽可能地用此种方式来处理索赔。

2)综合索赔。综合索赔又称一揽子索赔，一般在工程竣工前和工程移交前，承包商将工程在实施过程中因各种原因未能及时解决的单项索赔集中起来进行综合考虑，提出一份综合索赔报告，由合同双方在工程交付前后进行最终谈判，以一揽子方案解决索赔问题。在合同实施过程中，有些单项索赔问题比较复杂，不能立即解决，为不影响工程进度，经双方协商同意后留待以后解决。有的是发包人或监理工程师对索赔采用拖延办法，迟迟不作答复，使索赔谈判旷日持久。还有的是承包商因自身原因，未能及时采用单项索赔方式等，都有可能出现一揽子索赔。由于在一揽子索赔中许多干扰事件交织在一起，影响因素比较复杂而且相互交叉，责任分析和索赔值计算都很困难，索赔涉及的金额往往又很大，双方都不愿或不容易作出让步，使索赔的谈判和处理都很困难。因此，综合索赔的成功率比单项索赔要低得多。

2. 索赔的要求

在承包工程中，索赔要求通常有以下两点：

(1)合同工期的延长。承包合同中都有工期(开始时间和持续时间)和工程拖延的罚款条款。如果工程拖期是由承包商管理不善造成的，则必须由自己承担责任，接受合同规定的处罚。而对外界干扰引起的工期拖延，承包商可以通过索赔，取得发包人对合同工期延长的认可，则在这个范围内可免去对承包商的合同处罚。

(2)费用补偿。由于非承包商自身责任造成工程成本增加，使承包商增加额外费用，蒙受经济损失，承包商可以根据合同规定提出费用赔偿要求。如果该要求得到发包人的认可，发包人应向承包商追加支付这笔费用以补偿损失。这样，实质上承包商通过索赔提高了合同价格，常常不仅可以弥补损失，而且能增加工程利润。

【案例 4-13】 承包商提出的工期和费用索赔

某工程机械厂(甲方)扩建一动力车间，工作项目共有 A、B、C、D、E、F、G、H 8 项内容。通过招标，最终确定由某安装公司(乙方)中标，承建动力车间的改造。双方按规定签订了施工承包合同，约定开工日期为 8 月 16 日。工程开工后发生了以下几项事件：

事件1：因原有设备搬迁拖延，甲方于 8 月 17 日才提供全部场地，影响了 A、B 两项目的正常工作时间，使该两项工作开工时间延误了 2 d，并使这两项工作分别窝工 6、8 个工日，C 项目未受到影响。

事件2：乙方与租赁商原约定 D 项目使用的某种机械于 8 月 27 日进场，但因运输问题推迟到 8 月 29 日才进场，造成 D 项目实际工作时间增加 1 d，多用人工 7 个工日。

事件3：在 E 项目施工时，因设计变更，造成施工时间增加 2 d，多用人工 14 个工日，其他费用增加 1.5 万元。

事件4：在 F 项目施工时，因甲供材料出现质量缺陷，乙方施工增加用工 6 个工日，其他费用 1 000 元，并影响 H 工序作业时间延长 1 d，窝工 24 个工日。

上述事件中，A、D、H 三项工作均为关键工作，无机动时间，其余工作有足够的机动时间。

请分析：乙方能否就上述每项事件向甲方提出工期补偿和费用补偿要求？试简述其理由。

【案例评析】

事件1：因为施工场地提供的时间延长属于甲方应承担的责任，且工作 A 位于关键线路上，所以对于工作 A 可以提出工期补偿和费用补偿要求；工作 B 位于非关键线路上，且未超过其总时差，故不可以向甲方提出工期赔偿，但可以提出费用补偿；工作 C 未受影响，所以不必提出工期和费用的赔偿要求。

事件2：乙方不能提出补偿要求，因为租赁设备晚进场属于乙方应承担的风险。

事件3：由于设计变更造成的影响是属于甲方责任，所以乙方可以向甲方提出工期和费用补偿要求，但是由于工作 E 所耽误的时间未超过其总时差，不对总工期造成影响，所以即使提出工期补偿要求，甲方也应不予补偿。

事件4：由于甲方供应材料质量问题造成返工事件应当索赔，并且工作 H 处在关键线路上，故应给予工期补偿和费用补偿，费用增加甲方应予补偿。

3. 索赔的条件

索赔的根本目的是保护自身利益，追回损失（报价低也是一种损失），避免亏本，因此是不得已而用之。要取得索赔的成功，索赔要求必须符合以下三个基本条件：

(1) 客观性。确实存在不符合合同或违反合同的干扰事件，它对承包商的工期和成本造成影响，这是事实，并有确凿的证据证明。由于合同双方都在进行合同管理，都在对工程施工过程进行监督和跟踪，对索赔事件都应该，也都能清楚地了解。所以，承包商提出的任何索赔，首先必须是真实的。

(2) 合法性。干扰事件非承包商自身责任引起，按照合同条款对方应给予补（赔）偿。索赔要求必须符合本工程承包合同的规定。合同作为工程中的最高规范，由它判定干扰事件的责任由谁承担，承担什么样的责任，应赔偿多少等。所以不同的合同条件，索赔要求就有不同的合法性，就会有不同的解决结果。

(3) 合理性。索赔要求合情合理，符合实际情况，真实反映由于干扰事件引起的实际损失，采用合理的计算方法和计算基础。承包商必须证明干扰事件与干扰事件的责任、施工过程所受到的影响、承包商所受到的损失、所提出的索赔要求之间存在着因果关系。

4. 索赔的原因

在现代承包工程中，特别在国际承包工程中，索赔经常发生，而且索赔额很大。这主要是由以下几个方面原因造成的：

(1) 施工延期引起索赔。施工延期是指由于非承包商的各种原因而造成工程的进度推迟，施工不能按原计划时间进行。大型的土木工程项目在施工过程中，由于工程规模大，技术复杂，受天气、水文地质条件等自然因素影响，又受到来自社会的政治经济等人为因素影响，发生施工进度延期是比较常见的。施工延期的原因有时是单一的，有时又是多种因素综合交错形成的。施工延期的事件发生后，会给承包商造成两个方面的损失：一方面是时间上的损失；另一方面是经济方面的损失。因此，当出现施工延期的索赔事件时，往往在分清责任和损失补偿方面，合同双方易发生争端。常见的施工延期索赔多由于发包人征地拆迁受阻，未能及时提交施工场地；气候条件恶劣，如连降暴雨，使大部分的土方工程无法开展等。

(2) 恶劣的现场自然条件引起索赔。这种恶劣的现场自然条件是指一般有经验的承包商事先无法合理预料的，例如，地下水、未探明的地质断层、溶洞、沉陷等；另外，还有地下的实物障碍，例如，经承包商现场考察无法发现的、发包人资料中未提供的地下人工建筑物，地下自来水管道、公共设施、坑井、隧道、废弃的建筑物混凝土基础等，这都需要承包商花费更多的时间和金钱去克服与除掉这些障碍与干扰。因此，承包商有权据此向发包人提出索赔要求。

(3) 合同变更引起索赔。合同变更的含义是很广泛的，它包括了工程设计变更、施工方法变更、工程量的增加与减少等。对于土木工程项目实施过程来说，变更是客观存在的。只是这种变更必须是在原合同工程范围内的变更，若属超出工程范围的变更，承包商有权予以拒绝。特别是当工程量变化超出招标时工程量清单的20%以上时，可能会导致承包商的施工现场人员不足，需要另雇工人，也可能会导致承包商的施工机械设备失调。工程量的增加，往往要求承包商增加新型号的施工机械设备，或增加机械设备数量等。人工和机械设备的需求增加，则会引起承包商额外的经济支出，扩大了工程成本。反之，若工程项目被取消或工程量大减，又势必会引起承包商原有人工和机械设备的窝工和闲置，造成资源浪费，导致承包商的亏损。因此，在合同变更时，承包商有权提出索赔。

【案例 4-14】 工程变更引起的索赔

发包人为某市房地产开发公司，与某省建工集团第三方公司对一商住楼建设签订了建设工程施工合同。合同约定建筑工程面积为 6 000 m²，签订变动总价合同，今后有关费用的变动，如由于设计变更、工程量变化和其他工程条件变化所引起的费用变化等可以进行调整；同时还约定了竣工期及工程款支付办法等款项。合同签订后，承包人按发包人提供的经规划部门批准的平面施工位置放线后，发现拟建工程南端应拆除的构筑物影响正常施工。发包人查看现场后便做出将总平面进行修改的决定，通知承包人将平面位置向北移 4 m 后开工。当承包人按平移后的位置挖完基槽时，规划监督工作人员进行检查发现了问题当即向发包人开具了 6 万元人民币罚款单，并要求仍按原位施工。承包人接到发包人仍按原平面位置施工后的书面通知后提出索赔如下：

××房地产开发公司工程部：

接到贵方仍按原平面图位置进行施工的通知后，我方将立即组织施工，但因平移 4 m 使原已挖好的所有横墙及部分纵横基槽作废，需要用土夯填并重新开挖新基槽、所发生的此类费用及停工损失应由贵方承担。

①所有横墙基槽回填夯实费用 4.5 万元。
②重新开挖新的横墙基槽费用 6.5 万元。
③重新开挖新的纵墙基槽费用 1.4 万元。
④90 人停工 25 天损失费 3.2 万元。
⑤租赁机械工具费 1.8 万元。
⑥其他应由发包人承担的费用 0.6 万元。

以上六项费用合计：18.00 万元。

⑦顺延工期 25 天。

××建工集团第三工程公司××年×月×日

请分析：承包人向发包人提出的费用和工期索赔的要求是否成立？为什么？

【案例评析】

成立。因为本工程采用的是变动总价合同，这种合同的特点是，可调总价合同，在合同执行过程中，由于发包人修改总平面位置所发生的费用及停工损失应由发包人承担。因此承包人向发包人请求费用及工期索赔的理由是成立的，发包人审核后批准了承包人的索赔。

(4) 合同矛盾和缺陷引起索赔。合同矛盾和缺陷常常因为合同文件规定不严谨，合同中有遗漏或错误而出现，这些矛盾常反映为设计与施工规定相矛盾，技术规范和设计图纸不符合或相矛盾，以及一些商务和法律条款规定有缺陷等。在这种情况下，承包商应及时将这些矛盾和缺陷反映给监理工程师，由监理工程师作出解释。若承包商执行监理工程师的解释指令后，造成施工工期延长或工程成本增加，则承包商可提出索赔要求，监理工程师应予以证明，发包人应给予相应的补偿。因为发包人是工程承包合同的起草者，应该对合同中的缺陷负责，除非其中有非常明显的遗漏或缺陷，依据法律或合同可以推定承包商有义务在投标时发现并及时向发包人报告。

(5) 参与工程建设主体的多元性。由于工程参与单位多，一个工程项目往往会有发包人、总包商、监理工程师、分包商、指定分包商、材料设备供应商等众多参加单位，各方面的技术、经济关系错综复杂，相互联系又相互影响，只要一方失误，不仅会造成自己的损失，而且会影响其他合作者，造成他人的损失，从而导致索赔和争执。

以上这些问题会随着工程的逐步开展而不断暴露出来，使工程项目必然受到影响，导致工程项目成本和工期的变化，这就是索赔形成的根源。因此，索赔的发生，不仅是一个索赔意识或合同观念的问题，从本质上讲，索赔也是一种客观存在。

现代建筑市场竞争激烈，承包商的利润水平逐步降低，大部分靠低标价甚至保本价中标，回旋余地较小。施工合同在实践中往往承发包双方风险分担不公，把主要风险转嫁于承包商一方，稍遇条件变化，承包商即处于亏损的边缘，这必然迫使其寻找一切可能的索赔机会来减轻自己承担的风险。因此，索赔实质上是工程实施阶段承包商和发包人之间在承担工程风险比例上的合理再分配，这也是目前国内外建筑市场上施工索赔在数量、款额上呈增长趋势的一个重要原因。

【案例 4-15】 不可抗力事件索赔责任分担

某施工单位承担了某综合办公楼的施工任务，并与建设单位签订了该项目建设工程施工合同，合同价为 4 600 万元人民币，合同工期为 10 个月。工程未进行投保保险。

在工程施工过程中，遭受暴风雨不可抗拒的袭击，造成了相应的损失。施工单位及时地向建设单位提出索赔要求，并附索赔相关材料和证据。索赔报告中的基本要求如下：

(1)遭暴风雨袭击是非施工单位造成的损失，故应由建设单位承担赔偿责任。

(2)给已建部分工程造成破坏、损失 28 万元，应由建设单位承担赔偿责任。

(3)因灾害使施工单位 6 人受伤，处理伤病医疗费用和补偿金总计 3 万元，建设单位应给予补偿。

(4)施工单位进场后使用的机械、设备受到损坏，造成损失 4 万元。由于现场停工造成机械台班费损失 2 万元，工人窝工费 3.8 万元，建设单位应承担修复和停工的经济责任。

(5)因灾害造成现场停工 6 天，要求合同工期顺延 6 天。

(6)由于工程被破坏，清理现场需费用 2.5 万元，应由建设单位支付。

请分析：(1)以上索赔是否合理？为什么？(2)不可抗力发生风险承担的原则是什么？

【案例评析】

问题(1)：①经济损失由双方分别承担，工期顺延。②工程修复、重建 28 万元工程款由建设单位支付。③3 万元索赔不成立，由施工单位承担。④4 万元、2 万元、3.8 万元索赔不成立、由施工单位承担。⑤现场停工 6 天，顺延合同工期 6 天。⑥清理现场 2.5 万元索赔成立，由建设单位承担。

问题(2)：因不可抗力事件导致的费用及延误的工期由双方按以下方法分别承担：

1)工程本身的损害，因工程损害导致第三方人员伤亡和财产损失，以及运至施工场地用于施工的材料和待安装的设备的损害，由发包人承担。

2)发包人、承包人人员伤亡由其所在单位负责，并承担相应费用。

3)承包人机械设备损坏及停工损失，由承包人承担。

4)停工期间，承包人应工程师要求留在施工场地的必要的管理人员及保卫人员的费用由发包人承担。

5)工程所需清理、修复费用，由发包人承担。

6)延误的工期相应顺延。

六、建设工程合同的违约责任

1. 违约责任的概念及方式

违约责任,是指当事人任何一方违约后,依照法律规定或者合同约定必须承担的法律制裁。关于违约责任的方式,《合同法》规定了以下三种主要方式:

建设工程合同的违约责任

(1)继续履行合同。继续履行合同是要求违约债务人按照合同的约定,切实履行所承担的合同义务。《合同法》规定,当事人一方不履行金钱债务或者履行非金钱债务不符合约定的,对方可以要求履行,但有下列情形之一的除外:

1)法律上或者事实上不能履行;
2)债务的标的不适于强制履行或者履行费用过高;
3)债权人在合理期限内未要求履行。

(2)采取补救措施。采取补救措施,是指在当事人违反合同后,为防止损失发生或者扩大,由其依照法律或者合同约定而采取的修理、更换、退货、减少价款或者报酬等措施。采用这一违约责任的方式,主要是在发生质量不符合约定的时候。

(3)赔偿损失。赔偿损失,是指合同当事人就其违约而给对方造成的损失给予补偿的一种方法。关于赔偿损失的范围,《合同法》规定:"损失赔偿额应当相当于因违约所造成的损失,包括合同履行后可以获得的利益,但不得超过违反合同一方订立合同时预见到或者应当预见到的因违反合同可能造成的损失"。

关于赔偿损失的方法,《合同法》规定:"当事人可以约定一方违约时应当根据违约情况向对方支付一定数额的违约金,也可以约定因违约产生的损失赔偿额的计算方法。约定的违约金低于造成的损失的,当事人可以请求人民法院或者仲裁机构予以增加;约定的违约金过分高于造成的损失的,当事人可以请求人民法院或者仲裁机构予以适当减少。"此外,《合同法》还规定:"当事人可以依照《中华人民共和国担保法》约定一方向对方给付定金作为债权的担保。债务人履行债务后,定金应当抵作价款或者收回。给付定金的一方不履行约定的债务的,无权要求返还定金;收受定金的一方不履行约定的债务的,应当双倍返还定金。当事人既约定违约金,又约定定金的,一方违约时,双方可以选择适用违约金或者定金条款。"

【案例4-16】 定金与违约金不能同时并用

甲公司与乙公司签订了一份买卖合同,合同货物价款为40万元。合同约定:乙公司支付定金4万元;任何一方不履行合同,应该支付违约金6万元。现甲公司违约,乙公司向法院起诉,要求甲公司双倍返还定金,并支付违约金。

请分析,法院能否支持其诉求?

【案例评析】

乙公司只能要求双倍返还定金或者支付违约金。根据《合同法》的规定,当事人既约定违约金,又约定定金的,一方违约时,对方只能选择适用违约金或者定金条款。所以,乙公司要求甲公司既双倍返还定金又支付违约金,法院是不会予以支持的。

2. 违约责任的免除

合同生效后,当事人不履行合同或者履行合同不符合合同约定,都应承担违约责任。

但是，根据《合同法》的规定，当发生不可抗力时，可以部分或全部免除当事人的违约责任。

（1）不可抗力的法律后果。

1）合同全部不能履行，当事人可以解除合同，并免除全部责任。

2）合同部分不能履行，当事人可部分履行合同，并免除其不履行的部分责任。

3）合同不能按期履行，当事人可延期履行合同，并免除其迟延履行的责任。

（2）遭遇不可抗力一方当事人的义务。根据《合同法》的规定，一方当事人因不可抗力不能履行合同义务时，应承担以下义务：

1）应当及时采取一切可能采取的有效措施避免或者减少损失。

2）应当及时通知对方。

3）当事人应当在合理期限内提供证明。

【案例4-17】 违约责任的免除

李某于2015年8月和惠发开发商签订了购房合同，购买位于该小区的商品房一套，合同约定交房时间为2016年6月10日，到期后，开发商未能如期交房。于是李某起诉开发商违约，要求其承担违约责任。开发商辩称有下列不可抗力情形影响了工程进度，应该免责：首先，工程在建过程中，发现了勘察时没有发现的地质软层；其次，长期阴雨天气；最后，公司采购的原材料在运输过程中遇到火灾。

请分析本案应该如何处理？

【案例评析】

开发商应该承担违约责任。

根据《合同法》规定，能够免除违约责任的不可抗力是指不能预见、不能避免并不能克服的客观情况。而本案例中开发商的辩称理由是应当预见的风险因素，不属于不能预见、不能避免并不能克服的客观情况，故不能免除违约责任。

【案例4-18】 不可抗力的认定与适用

某房地产开发公司与某施工单位签订了一份建设工程施工合同，施工合同约定的竣工日期为2017年5月30日，工期每逾期一天承包人应向发包人支付2万元的违约金。同时，合同约定了大风或暴雨等恶劣天气属于不可抗力，工期可以顺延。合同签订后，承包人按照合同约定的开工时间进场施工，工程实际竣工日为2017年11月30日，比约定的竣工日期逾期180天。由于发包人拖欠承包工程款，承包人起诉发包人要求支付工程款，发包人提起反诉要求承包人承担逾期完工违约金。承包人认为工期顺延是因为施工期间发生了大风和暴雨等恶劣天气，按照合同约定，工期应该予以顺延，承包人不应该承担工期逾期违约金。

请分析：法院如何审理此事件？

【案例评析】

法院经审理后认为：当事人双方已经在合同中约定大风或暴雨天气等恶劣天气属于不可抗力，并且均承认在施工期间发生了大风和暴雨等恶劣天气。由于合同中未对大风或暴雨的等级进行约定，发包人又不能对自己的抗辩提供有力的证据，只能承担举证不能的法律后果，工期可以顺延。

第三节 建设工程勘察设计合同

一、建设工程勘察设计合同的概念及分类

1. 建设工程勘察设计合同的概念

建设工程勘察设计合同,是建设工程勘察设计的发包方与勘察人、设计人(即承包方)为完成一定的勘察设计任务,明确双方的权利和义务而签订的协议。

建设工程勘察设计法规概述

建设工程勘察设计合同的发包方一般为建设单位或工程项目业主,承包方即勘察、设计方必须是具有国家认可的相应资质等级的勘察设计单位。承包方不能承接与其资质等级不符的工程项目的勘察设计任务,发包方在发包工程项目的勘察设计任务时,也要注意审查勘察设计单位的资质等级证书和勘察设计许可证,否则,如果造成勘察设计工程项目的越级承包,则合同会因主体资格不合法而被认定无效。建设工程勘察设计合同必须依照法律规定的程序订立,并须有国家有关机关批准的设计任务书和其他的必备资料文件。否则,将使合同的效力受到重大影响。

2. 建设工程勘察设计合同的分类

建设工程勘察设计合同按委托的内容(即合同标的)及计价方式不同有不同的合同形式。

(1)按委托的内容分类。

1)勘察设计总承包合同。勘察设计总承包合同是指由具有相应资质的承包人与发包人签订的包含勘察和设计两部分内容的承包合同。其中承包人可以是:

①具有勘察、设计双重资质的勘察设计单位。

②分别拥有勘察与设计资质的勘察单位和设计单位的联合。

③设计单位作为总承包单位并承担其中的设计任务,而勘察单位作为勘察分包商。

2)勘察合同。勘察合同是指发包人与具有相应勘察资质的承包商签订的委托勘察任务的合同。

3)设计合同。设计合同是指发包人与具有相应资质的设计承包商签订的委托设计任务的合同。

(2)按计价方式分类。

1)总价合同,总价合同适用于勘察设计总承包,也适用于勘察设计分别承包的合同。

2)单价合同,单价合同与总价合同适用范围相同。

3)按工程造价比例收费合同,按工程造价比例收费合同适用于勘察设计总承包和设计承包合同。

二、建设工程勘察设计合同订立的程序

依法必须进行招标的建设工程勘察设计任务通过招标或设计方案的竞投确定勘察设计单位后,应遵循工程建设程序,签订勘察设计合同。

签订勘察设计合同由建设单位、设计单位或有关单位提出委托,经双方协商同意,即可签订。

(1)确定合同标的。合同标的是合同的中心。这里所谓的确定合同标的实际上就是决定勘察设计分开发包还是合在一起发包。

(2)选定承包商。依法必须招标的项目,按招标投标程序优选出中标人即承包商。小型项目及可以不招标的项目由发包人直接选定承包商。选定的过程即向几家潜在承包商询价、初商合同的过程,也是发包人提出勘察设计的内容、质量等要求并提交勘察设计所需资料,承包商据以报价、作出方案及进度安排的过程。

(3)商签勘察设计合同。如果是通过招标方式确定承包商的,则由于合同的主要条件都在招标文件、投标文件中得到确认,进入签约阶段需要协商的内容就不是很多。而通过协商、直接委托的合同谈判,则要涉及几乎所有的合同条款,必须认真对待。

三、合同当事人对对方资格和资信的审查

(1)资格审查。资格审查是指建设工程勘察设计合同的当事人审查对方是否具有民事权利能力和民事行为能力,即对方是否为具有法人资格的组织、其他社会组织或法律允许范围内的个人。作为发包方,必须是国家批准建设项目,落实投资计划的企事业单位、社会组织;作为承包方应当是具有国家批准的勘察设计许可证,具有经由有关部门核准的资质等级的勘察设计单位。

建设工程勘察设计资质资格管理

另外,还要审查参加签订合同的有关人员,是否是法定代表人或法人委托的代理人,以及代理的活动是否越权等。

(2)资信审查。资信,即资金和信用。资金是指当事人有权支配并能运用于生产经营的财产的货币形态;信用是指商品买卖中的延期付款或货币的借贷。审查当事人的资信情况,可以了解当事人对于合同的履行能力和履行态度,以慎重签订合同。

(3)履约能力审查。履约能力审查主要是指发包方审查勘察设计单位的专业业务能力,了解其以往的工程实绩。

四、建设工程勘察设计的定金

(1)定金收取。勘察设计合同生效后,委托方应先向承包方支付定金。合同履行后,定金抵作勘察设计费。

(2)定金数额。勘察任务的定金为勘察费的30%;设计任务的定金为设计费的20%。

(3)定金退还。如果委托方不履行合同,则无权要求返还定金;如果承包方不履行合同,应双倍返还定金。

第四节 建设工程施工合同

一、建设工程施工合同的概念及法定形式

建设工程施工合同是建设工程合同中的重要部分,是指施工人(承包人)根据发包人的委托,完成建设工程项目的施工工作,发包人接受工程成果并支付报酬的合同。

《合同法》规定，当事人订立合同，有口头形式、书面形式和其他形式。

1. 口头形式

口头形式的合同是指当事人以直接对话的方式或者通过通信设备如电话交谈订立合同。它广泛应用于社会生活的各个领域，与人们的衣食住行密切相关，如在自由市场买菜、在商店买衣服等。现代合同法之所以对合同形式实行不要式为主的原则，其重要原因也正在于此。合同的口头形式，无须当事人约定。凡当事人无约定或法律未规定特定形式的合同，均可以采取口头形式。

合同采取口头形式的优点是简便快捷；其缺点在于发生纠纷时取证困难。所以，对于可以即时清结、关系比较简单的合同适用于这种形式。对于不能即时清结的合同及较为复杂重要的合同则不宜采用这种合同形式。

2. 书面形式

书面形式是指以合同书、信件及数据电文（包括电报、电传、传真、电子数据交换和电子邮件）等可以有形地表现所载内容的形式。建设工程合同一般具有合同标的额大，合同内容复杂、履行期较长等特点，为慎重起见，更应当采用书面形式。《合同法》第二百七十条又明确规定，建设工程合同应当采用书面形式。在实践中，较大工程项目一般都采用合同书的形式订立合同。通过合同书，写明当事人名称、地址、工程的名称和工程范围，明确履行内容、方式、期限、违约责任及承包方式等。勘察、设计合同，还应当明确提交勘察或者设计基础资料、设计文件（包括概预算）的期限，设计的质量要求，勘察或者设计费用及其他协作条件等内容。施工合同还应当明确工程范围、建设工期、中间交工工程的开工和竣工时间、工程质量、工程造价、技术资料交付时间、材料和设备供应责任、拨款和结算、竣工验收、工程质量保修范围和质量保证期、双方互相协作等内容。当事人也可以参照示范文本订立建设工程合同。

3. 其他形式

其他形式主要是指行为形式，即当事人并不直接用口头或者书面形式进行意思表示，而是通过实施某种作为或者不作为的行为方式进行意思表示。前者是明示意思表示的一种，如顾客到自选商场购买商品，直接到货架上拿取商品，支付价款后合同即成立，无须以口头或书面形式确立双方的合同关系；后者是默示意思表示方式，如存在长期供货业务关系的企业之间，一方当事人在收到与其素有业务往来的相对方发出的订货单或提供的货物时，如不及时向对方表示拒绝接受，则推定为同意接受。但不作为的意思表示只有在有法定或约定、存在交易习惯的情况下，才可视为同意的意思表示。《合同法》承认合同的"其他形式"，与我国经济的发展、交易形态的日益多样化是符合的。如果仅仅拘泥于书面形式和口头形式，将使一些交易变得过于烦琐，不利于鼓励交易。人民法院在审判实践中，应当正确把握合同法的立法目的，依法处理"其他形式"的合同。

二、建设工程施工合同的内容

《合同法》规定，施工合同的内容包括工程范围、建设工期、中间交工工程的开工和竣工时间、工程质量、工程造价、技术资料交付时间、材料和设备供应责任、拨款和结算、竣工验收、质量保修范围和质量保证期、双方相互协作等条款。

1. 工程范围

工程范围是指施工的界区，是施工人进行施工的工作范围。

2. 建设工期

建设工期是指施工人完成施工任务的期限。在实践中，有的发包人常常要求缩短工期，施工人为了赶进度，往往导致严重的工程质量问题。因此，为了保证工程质量，双方当事人应当在施工合同中确定合理的建设工期。

3. 中间交工工程的开工和竣工时间

中间交工工程是指施工过程中的阶段性工程。为了保证工程各阶段的交接，顺利完成工程建设，当事人应当明确中间交工工程的开工和竣工时间。

4. 工程质量

工程质量条款是明确施工人的施工要求，确定施工人责任的依据。施工人必须按照工程设计图纸和施工技术标准施工，不得擅自修改工程设计，不得偷工减料。发包人也不得明示或者暗示施工人违反工程建设强制性标准，降低建设工程质量。

5. 工程造价

工程造价是指进行工程建设所需的全部费用，包括人工费、材料费、施工机械使用费、措施费等。在实践中，有的发包人为了获得更多的利益，往往压低工程造价，而施工人为了营利或不亏本，不得不偷工减料、以次充好，结果导致工程质量不合格，甚至造成严重的工程质量事故。因此，为了保证工程质量，双方当事人应当合理确定工程造价。

6. 技术资料交付时间

技术资料主要是指勘察、设计文件及其他施工人据以施工所必需的基础资料。当事人应当在施工合同中明确技术资料的交付时间。

7. 材料和设备供应责任

材料和设备供应责任是指由哪一方当事人提供工程所需材料设备及其应承担的责任。材料和设备可以由发包人负责提供，也可以由施工人负责采购。如果按照合同约定由发包人负责采购建筑材料、构配件和设备，发包人应当保证建筑材料、构配件和设备符合设计文件和合同要求。施工人则须按照工程设计要求、施工技术标准和合同约定，对建筑材料、构配件和设备进行检验。

8. 拨款和结算

拨款是指工程款的拨付。结算是指施工人按照合同约定和已完工程量向发包人办理工程款的清算。拨款和结算条款是施工人请求发包人支付工程款和报酬的依据。

9. 竣工验收

竣工验收条款一般应当包括验收范围与内容、验收标准与依据、验收人员的组成、验收方式和日期等内容。

10. 质量保修范围和质量保证期

建设工程质量保修范围和质量保证期，应当按照《建设工程质量管理条例》的规定执行。

11. 双方相互协作条款

双方相互协作条款一般包括双方当事人在施工前的准备工作，施工人及时向发包人提出开工通知书、施工进度报告书，对发包人的监督检查提供必要协助等。

三、建设工程施工合同发承包双方的主要义务

1. 发包人的主要义务

(1) 不得违法发包。《合同法》规定，发包人不得将应当由一个承包人完成的建设工程肢解成若干部分发包给几个承包人。

(2) 提供必要施工条件。发包人未按照约定的时间和要求提供原材料、设备、场地、资金、技术资料的，承包人可以顺延工程日期，并有权要求赔偿停工、窝工等损失。

(3) 及时检查隐蔽工程。隐蔽工程在隐蔽以前，承包人应通知发包人检查。发包人没有及时检查的，承包人可以顺延工程日期，并有权要求赔偿停工、窝工等损失。

(4) 及时验收工程。建设工程竣工后，发包人应根据施工图纸及说明书、国家颁发的施工验收规范和质量检验标准及时进行验收。

(5) 支付工程价款。发包人应按照合同约定的时间、地点和方式等，向承包人支付工程价款。

2. 承包人的主要义务

(1) 不得转包和违法分包工程。承包人不得将其承包的全部建设工程转包给第三人，不得将其承包的全部建设工程肢解以后以分包的名义分别转包给第三人。禁止承包人将工程分包给不具备相应资质条件的单位。禁止分包单位将其承包的工程再分包。

(2) 自行完成建设工程主体结构施工。建设工程主体结构的施工必须由承包人自行完成。承包人将建设工程主体结构的施工分包给第三人的，该分包合同无效。

(3) 接受发包人有关检查。发包人在不妨碍承包人正常作业的情况下，可以随时对作业进度、质量进行检查。隐蔽工程在隐蔽以前，承包人应当通知发包人检查。

(4) 交付竣工验收合格的建设工程。建设工程竣工经验收合格后，方可交付使用；未经验收或者验收不合格的，不得交付使用。

(5) 建设工程质量不符合约定的无偿修理。由于施工人的原因致使建设工程质量不符合约定的，发包人有权要求施工人在合理期限内无偿修理或者返工、改建。经过修理或者返工、改建后，造成逾期交付的，施工人应当承担违约责任。

本章小结

《合同法》的基本原则是指反映合同普遍规律、反映立法者基本理念、体现合同法总的指导思想、贯穿整个合同法的原则。这些原则是立法机关制定合同法、裁判机关处理合同争议以及合同当事人订立履行合同的基本准则，对适用合同法具有指导、补充、解释的作用。

建设工程合同订立生效后双方应当严格履行，当事人可行使抗辩权，抗辩权有同时抗辩权、后履行抗辩权和不安抗辩权三种。建设工程合同采用的担保形式主要有保证、抵押、留置和定金四种方式。

合同当事人不履行合同义务或者履行合同义务不符合约定时，依照法律规定或者合同约定应当承担支付违约金、采取补救措施或者赔偿损失等违约责任。

建设工程合同索赔是当事人保护自身正当权益、避免损失、提高效益的一种重要而有效的手段，在建筑市场中是一种正常的现象。建设工程合同当事人应收集充分的依据并按照规定的程序进行索赔。

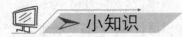

FIDIC 简介

FIDIC 是指国际咨询工程师联合会（Federation Internationale Des Ingenieurs Conseils，FIDIC），是由该联合会的法文名称字头组成的缩写词。1913 年欧洲四个国家的咨询工程师协会成立了国际咨询工程师联合会（FIDIC）。该组织在每个国家或地区均吸收一个独立的咨询工程师协会作为团体会员，至今已拥有 60 多个发达国家和发展中国家或地区的成员，因此它是国际上最具有权威性的咨询工程师组织，总部设立在瑞士洛桑。我国已于 1996 年 10 月正式加入了该组织。

FIDIC 合同条件在世界上应用很广，不仅为 FIDIC 成员国采用，而且也常为世界银行、亚洲开发银行等国际金融机构的招标采购样本所采用。我国于 1984 年开工的云南鲁布革水电站引水系统工程是我国第一个利用世界银行贷款，并按世界银行规定，采用国际竞争性招标和项目管理的工程，也是国内第一个使用 FIDIC 建设工程施工合同条件的工程。

FIDIC 编制了许多标准合同条件，其中在工程界影响最大的是 FIDIC 建设工程施工合同条件。

练习题

1. 《合同法》的基本原则是什么？任何合同均应具备的三大要素是什么？
2. 建设工程合同订立的形式有哪些？合同的内容包括哪些？合同订立的方式有哪些？
3. 引起建设工程合同无效的原因是什么？无效建设工程合同的处理方法是什么？
4. 建设工程合同可以变更或撤销的情况有哪些？
5. 合同履行中的抗辩权分为哪几种情况？
6. 按索赔目的可分为哪几类？按索赔的原因可分为哪几类？
7. 简述建设工程勘察设计合同订立的程序。
8. 建设工程施工合同的法定形式有哪些？
9. 建设工程施工合同发承包双方的主要义务有哪些？

综合练习题

案例 1

1. 诉辩主张和事实认定

某工程学院为新建食堂和学生宿舍用地，急需拆除锅炉房和烟囱（高 40 m）各一座。经私人介绍，且未报请市建委审批和银行备案，即与某建筑队于2017年8月13日签订了施工协议，规定将锅炉房和烟囱拆下的全部设备（包括两台兰开夏锅炉及全部附属设备）和物料及另两台饮水小锅炉，作为工费归建筑队所有，不另付工资。开工之后，工程学院又要人为其拆除12间平房。两项工程于9月月底完成。根据协议，建筑队将拆下的旧砖、瓦、木料就地变卖，共收入1 725元，将三台旧电机、三台水泵和一台饮水小锅炉拉走。在建筑队准备变卖两台兰开夏锅炉时，工程学院以"锅炉是固定资产，不能随意变卖"为理由，要求变更原协议，不给锅炉，改付工资，同时要求建筑队提出工费结算单。建筑队按照实际用工，编制了工费结算单。学院却又改变主意不付工资，仍给锅炉。双方再次协商，学院答应补给6 t盘条，后又反悔。当又有一单位准备购买这两台锅炉时，工程学院又从中阻拦。建筑队两次变卖锅炉未成，便要求学院付给工资。学院又以执行原协议为理由，坚持要建筑队拉走锅炉。建筑队又多次找工程学院协商也未得到解决，遂向区人民法院起诉。

2. 判决理由和判决结果

区人民法院经济庭受理本案后，进行了细致的调查，走访了市、区建委、建设银行支行、区财税局等部门，研究了有关承包工程和财务管理等法令、规定，查对了建筑队的账目。经调查鉴定，双方签订施工协议违反了国家规定，是无效的。工程学院无视国家规定，私招外地施工单位，逃避建设银行的监督，违反财经纪律，应负主要责任。建筑队盲目从事，也有一定责任。鉴于建筑队为工程学院拆除了烟囱等，付出了劳动，从实际出发，应由工程学院付给劳动报酬。

经调解未成，开庭判决：

(1)撤销双方所签订的协议；

(2)除建筑队变卖旧砖、瓦、木料得款1 725元外，学院再付工资8 409.72元；

(3)工程学院赔偿建筑队差旅费654.06元；

(4)建筑队退还拉走的三台旧电机、三台水泵、一台小锅炉；

(5)双方其他之诉驳回。

3. 二审诉辩主张

工程学院不服，以一审法院"偏袒一方，判决不公"为理由，向中级人民法院提出上诉，要求建筑队撤诉，以原协议为基础，双方再行补偿，建筑队则要求维持原判。

4. 二审判决理由和判决结果

中级人民法院受理本案后，认真地审阅了原审案卷的全部资料，研究了一审法院认定的事实和判决的依据，询问了双方当事人，并做了补充调查，证明原审法院认定的主要事实清楚，责任明确。认定双方协议违法是正确的。第一，工程学院违反了国家关于固定资产有价调拨和严格审批制度的规定，擅自以固定资产抵偿工资，严重违反财经纪律。第二，在原施工协议中，不编制预算，估堆论块地以物抵工的做法，违反了工程预算制度和财务制度。对签订违法协议和造成纠纷，工程学院应负主要责任，建筑队也有一定责任。因此，工程学院在上诉中要求维持原协议是无理的，原审判决除在工费计算上不够适当外，是正确的，应予维持。原协议违法无效，法律不予保护，双方的经济纠纷仍需合理解决。既然建筑队完成了拆除工程，付出了劳动，而且对违法签订协议责任不大，就应该获得劳动报酬。

在审理中经多次调解，调解未成，开庭审理，作出判决：

(1)维持原判三项：即撤销双方原定协议；建筑队退还电机、水泵、水锅炉；双方其他之诉驳回。

(2)改判项：即除建筑队变卖旧产得款 1 725 元外，工程学院再付工费 7 455 元，工程学院补偿建筑队差旅费 250 元。判决后双方当事人已经执行。

问题：该合同是否有效？它违反了哪些法律、法规？

案例 2

某施工单位根据领取的某 2 000 m² 两层厂房工程项目招标文件和全套施工图纸，采用低报价策略编制了投标文件，并获得中标。该施工单位(乙方)于某年某月某日与建设单位(甲方)签订了该工程项目的固定价格施工合同。合同工期为 8 个月。甲方在乙方进入施工现场后，因资金紧缺，口头要求乙方暂停施工 1 个月。乙方也口头答应。工程按合同规定期限验收时，甲方发现工程质量有问题，要求返工。2 个月后，返工完毕。结算时甲方认为乙方迟延交付工程，应按合同约定偿付逾期违约金。乙方认为临时停工是甲方要求的。乙方为抢工期，加快施工进度才出现了质量问题，因此迟延交付的责任不在乙方。甲方则认为临时停工和不顺延工期是当时乙方答应的。乙方应履行承诺，承担违约责任。

问题：该施工合同的变更形式是否妥当？此合同争议依据合同法律规范应如何处理？

案例 3

某建设工程设有地下室，属隐蔽工程，因而在建设工程合同中，双方约定了对隐蔽工程(地下室)的验收检查条款。规定：地下室的验收检查工作由双方共同负责，检查费用由业主承担。地下室竣工后，承包商通知业主检查验收，业主答复，因业主事务繁忙，由承包商自己检查出具检查记录即可。其后 15 天，业主又聘请专业人员对地下室质量进行检查，发现没有达到合同规定的标准，遂要求承包商负担此次检查费用，并对地下室工程返工。

问题：承包商应如何处理？业主的事后检查费用应由谁负担？

案例 4

某建设项目的业主提供了地质勘查报告，报告显示地下土质很好。承包商依此施工方案，拟用挖方余土作通往项目所在地道路基础的填方。由于基础开挖施工时正值雨季，开挖后土方潮湿，且易破碎，不符合道路填筑要求。承包商不得不将余土外运，另外取土作道路填方材料。

问题：承包商是否可以提出赔偿要求？为什么？

综合练习题解析

第五章　建设工程勘察设计法规

职业能力目标

具备对建设工程勘察设计过程中违法违规行为的判断，并能熟练列举违规违法处理依据的具体条款。

学习要求

了解建设工程勘察设计的概念、建设工程勘察设计资质管理概述、建设工程勘察设计文件的编制原则和依据；熟悉建设工程勘察设计的调整对象及工作原则，建设工程勘察设计资质的分类和分级；掌握建设工程勘察设计资质的申请条件、提供的材料、撤销与注销，建设工程勘察设计文件内容的编制要求、基本内容和深度，建设工程勘察设计文件的审批与修改。

本章重点：建设工程勘察设计资质管理、建设工程勘察设计文件的审批与修改。
本章难点：建设工程勘察设计执业资格人员的主要权利和义务。

第一节　建设工程勘察设计概述

一、建设工程勘察设计的概念

建设工程勘察是指为工程建设的规划、设计、施工、运营及综合治理等，对地形、地质及水文等要素进行测绘、勘探、测试及综合评定，并提供可行性评价与建设所需要的勘察成果资料，以及进行岩土工程勘察设计、处理、监测的活动。

建设工程勘察设计法规是指调整建设工程勘察设计活动中所产生的各种社会关系的法律规范的总称。建设工程勘察设计法规涉及范围广，内容多，包括建设工程勘察设计专门法规和有关建设工程勘察设计方面的法律规定。

二、建设工程勘察设计的调整对象

建设工程勘察设计法规的调整对象包括以下内容：
(1)勘察设计主管部门对从事勘察设计活动的单位和个人实施许可制度而发生的行政管理关系。
(2)勘察设计主管部门与建设单位和勘察设计单位之间，因编制、审批、执行勘察设计文件、资料而发生的审批关系。
(3)因工程建设的实施，发生于建设单位与勘察设计单位之间的经济合同关系。
(4)因各种技术规定、制度和操作规程，发生于勘察设计单位内部的计划管理、技术管理、质量管理及各种形式的经济责任制等内部管理关系。

三、建设工程勘察设计的工作原则

1. 勘察工作应坚持的原则

(1)勘察工作必须遵守国家的法律、法规,贯彻国家有关经济建设的方针、政策和基本建设程序,以及要贯彻执行提高经济效益和促进技术进步的方针。

(2)勘察成果要反映客观地形、地质情况,确保原始资料的准确性,结合工程具体特点和要求提出明确的评价、结论和建议。

(3)勘察工作既要防止技术保守或片面追求产值,任意加大工作量,又要防止不适当地减少工作量而影响勘察成果的质量,给工程建设造成事故或浪费。

(4)要积极采用新理论、新技术、新方法、新手段,并结合工程和勘察地区的具体情况,因地制宜地采用先进可靠的勘察手段和评价方法,努力提高勘察水平。

(5)勘察工作不仅要评价当前环境和地质条件对工程建设的适应性,而且要预测工程建设对地质和环境条件的影响。要从环境出发,做好环境地质评价工作。

(6)勘察工作前期应全面搜集、综合分析,充分使用已有的勘察资料。

(7)要加强对勘察职工的安全生产教育,严格遵守安全规程,避免人身、机具和工程事故。

另外,勘察单位还应当站在国家立场上,认真贯彻执行党的方针政策,树立全局观念,维护国家利益,坚持按建设程序办事,严格执行勘察设计程序;积极采用先进技术,加强质量管理;努力提高工作效率,把完成国家计划任务放在首位,保证完成国家重点项目勘察任务和上级核定的工作量指标。

2. 设计工作应坚持的原则

根据1983年原国家计委印发的《基本建设设计工作管理暂行办法》的有关规定,设计工作应坚持以下原则:

(1)要遵守国家的法律、法规,贯彻执行国家经济建设的方针、政策和基本建设程序,特别应贯彻执行提高经济效益和促进技术进步的方针。

(2)要从全局出发,正确处理工业与农业、工业内部、沿海与内地、城市与乡村、远期与近期、平时与战时、技改与新建、生产与生活、安全质量与经济效益等方面的关系。

(3)要根据国家有关规定和工程的不同性质、不同要求,从我国实际情况出发,合理确定设计标准。对生产工艺、主要设备和主体工程要做到先进、适用、可靠。对非生产性的建设,应坚持适用、经济、在可能条件下注意美观的原则。

(4)要实行资源的综合利用。根据国家需要、技术可能和经济合理的原则,充分考虑矿产、能源、水、农、林、牧、渔等资源的综合利用。

(5)要节约能源。在工业建设项目设计中,要选用耗能少的生产工艺和设备;在民用建设项目中,也要采取节约能源措施。要提倡区域性供热,重视余热利用。

(6)要保护环境。在进行各类工程设计时,应积极改进工艺,采用行之有效的技术措施,防止粉尘、毒物、废水、废气、废渣、噪声、放射性物质及其他有害因素造成环境污染,并进行综合治理和利用,使设计符合国家规定的标准。

(7)要注意专业化和协作。建设项目应根据专业化和协作的原则进行建设,其辅助生产设施、公用设施、运输设施及生活福利设施等,都应尽可能同邻近有关单位密切协作。

（8）要节约用地。一切工程建设，都必须因地制宜，提高土地利用率。建设项目的厂址选择，应尽量利用荒地、劣地，不占或少占耕地。总平面的布置，要紧凑合理。

（9）要合理使用劳动力。在建设项目的设计中，要合理选择工艺流程、设备、线路，合理组织人流、物流，合理确定生产和非生产定员。

（10）要立足于自力更生。引进国外先进技术必须符合我国国情，着眼于提高国内技术水平和制造能力。凡引进技术、进口关键设备能满足需要的，就不应引进成套项目；凡能自行设计或合作设计的，就不应委托或单独依靠国外设计。

第二节 建设工程勘察设计资质管理

为了加强对建设工程勘察设计活动的监督管理，保证建设工程勘察设计质量，根据《中华人民共和国行政许可法》《建筑法》《建设工程质量管理条例》和《建设工程勘察设计管理条例》等法律、行政法规，2006年12月30日经建设部第114次常务会议讨论通过《建设工程勘察设计资质管理规定》，自2007年9月1日起施行。在中华人民共和国境内申请建设工程勘察、设计资质，实施对建设工程勘察、设计资质的监督管理，适用建设工程勘察设计资质管理规定。

一、建设工程勘察设计资质管理概述

从事建设工程勘察设计活动的企业，应当按照其拥有的注册资本、专业技术人员、技术装备和勘察设计业绩等条件申请资质，经审查合格，取得建设工程勘察、工程设计资质证书后，方可在资质许可的范围内从事建设工程勘察设计活动。

国务院建设主管部门负责全国建设工程勘察设计资质的统一监督管理。国务院铁路、交通、水利、信息产业、民航等有关部门配合国务院建设主管部门实施相应行业的建设工程勘察、设计资质管理工作。省、自治区、直辖市人民政府建设主管部门负责本行政区域内建设工程勘察、设计资质的统一监督管理。省、自治区、直辖市人民政府交通、水利、信息产业等有关部门配合同级建设主管部门实施本行政区域内相应行业的建设工程勘察设计资质管理工作。

二、建设工程勘察设计资质的分类和分级

1. 工程勘察资质的分类和分级

工程勘察资质可分为工程勘察综合资质、工程勘察专业资质和工程勘察劳务资质。

工程勘察综合资质只设甲级；工程勘察专业资质设甲级、乙级，根据工程性质和技术特点，部分专业可以设丙级；工程勘察劳务资质不分等级。

取得工程勘察综合资质的企业，可以承接各专业（海洋工程勘察除外）、各等级工程勘察业务；取得工程勘察专业资质的企业，可以承接相应等级相应专业的工程勘察业务；取得工程勘察劳务资质的企业，可以承接岩土工程治理、工程钻探、凿井等工程勘察劳务业务。

2. 工程设计资质的分类和分级

工程设计资质可分为工程设计综合资质、工程设计行业资质、工程设计专业资质和工程设计专项资质。

工程设计综合资质只设甲级；工程设计行业资质、工程设计专业资质、工程设计专项资质设甲级、乙级。根据工程性质和技术特点，个别行业、专业、专项资质可以设丙级，建筑工程专业资质可以设丁级。取得工程设计综合资质的企业，可以承接各行业、各等级的建设工程设计业务；取得工程设计行业资质的企业，可以承接相应行业相应等级的工程设计业务及本行业范围内同级别的相应专业、专项（设计施工一体化资质除外）工程设计业务；取得工程设计专业资质的企业，可以承接本专业相应等级的专业工程设计业务及同级别的相应专项工程设计业务（设计施工一体化资质除外）；取得工程设计专项资质的企业，可以承接本专项相应等级的专项工程设计业务。

三、建设工程勘察设计资质的申请条件

（1）凡在中华人民共和国境内，依法取得工商行政管理部门颁发的企业法人营业执照的企业，均可申请建设工程勘察工程设计资质。依法取得合伙企业营业执照的企业，只可申报建筑工程设计事务所资质。

（2）因建设工程勘察未对外开放，资质审批部门不受理外商投资企业（含新成立、改制、重组、合并、并购等）申请建设工程勘察资质。

（3）工程设计综合资质涵盖所有工程设计行业、专业和专项资质。凡具有工程设计综合资质的企业不需单独申请工程设计行业、专业或专项资质证书。工程设计行业资质涵盖该行业资质标准中全部设计类型的设计资质。凡具有工程设计某行业资质的企业不需单独申请该行业内的各专业资质证书。

（4）具备建筑工程行业或专业设计资质的企业，可承担相应范围相应等级的建筑装饰工程设计、建筑幕墙工程设计、轻型钢结构工程设计、建筑智能化系统设计、照明工程设计和消防设施工程设计等专项工程设计业务，不需单独申请以上专项工程设计资质。

（5）有下列资质情形之一的，资质审批部门应按照升级申请办理：

1）具有工程设计行业、专业、专项乙级资质的企业，申请与其行业、专业、专项资质对应的甲级资质的；

2）具有工程设计行业乙级资质或专业乙级资质的企业，申请现有资质范围内的一个或多个专业甲级资质的；

3）具有工程设计某行业或专业甲、乙级资质的企业，其本行业和本专业工程设计内容中包含了某专项工程设计内容，申请相应的专项甲级资质的；

4）具有丙级、丁级资质的企业，直接申请乙级资质的。

（6）新设置的分级别的工程勘察设计资质，自正式设置起，设立两年过渡期。在过渡期内，允许企业根据实际达到的条件申请资质等级，不受最高不超过乙级申请的限制，且申报材料不需提供企业业绩。

（7）具有乙级及以上施工总承包资质的企业可直接申请同类别或相近类别的工程设计甲级资质。具有乙级及以上施工总承包资质的企业申请不同类别的工程设计资质的，应从乙级资质开始申请（不设乙级的除外）。

（8）企业的专业技术人员、工程业绩、技术装备等资质条件，均是以独立企业法人为审

核单位。企业(集团)的母、子公司在申请资质时，各项指标不得重复计算。

(9)允许每个大专院校有一家所属勘察设计企业可以聘请本校在职教师和科研人员作为企业的主要专业技术人员，但是其人数不得大于资质标准中要求的专业技术人员总数的三分之一，且聘期不得少于两年。在职教师和科研人员作为非注册人员考核时，其职称应满足讲师或助理研究员及以上要求，从事相应专业的教学、科研和设计时间10年及以上。

四、建设工程勘察设计资质申请提供的材料

1. 企业首次申请提供的资料

(1)工程勘察设计资质申请表。
(2)企业法人、合伙企业营业执照副本复印件。
(3)企业章程或合伙人协议。
(4)企业法定代表人、合伙人的身份证明。
(5)企业负责人、技术负责人的身份证明、任职文件、毕业证书、职称证书及相关资质标准要求提供的材料。
(6)工程勘察设计资质申请表中所列注册执业人员的身份证明、注册执业证书。
(7)工程勘察设计资质标准要求的非注册专业技术人员的职称证书、毕业证书、身份证明及个人业绩材料。
(8)工程勘察设计资质标准要求的注册执业人员、其他专业技术人员与原聘用单位解除聘用劳动合同的证明及新单位的聘用劳动合同。
(9)资质标准要求的其他有关材料。工程勘察设计资质证书分为正本和副本，正本一份，副本六份，由国务院建设主管部门统一印制，正、副本具备同等法律效力。资质证书有效期为5年。

2. 企业申请资质升级提供的资料

(1)企业首次申请工程勘察设计资质规定中第(1)、(2)、(5)、(6)、(7)、(9)项所列资料。
(2)工程勘察设计资质标准要求的非注册专业技术人员与本单位签订的劳动合同及社保证明。
(3)原工程勘察设计资质证书副本复印件。
(4)满足资质标准要求的企业工程业绩和个人工程业绩。

3. 企业增项申请提供的资料

(1)企业首次申请勘察设计资质规定中第(1)、(2)、(5)、(6)、(7)、(9)项所列资料。
(2)工程勘察设计资质标准要求的非注册专业技术人员与本单位签订的劳动合同及社保证明。
(3)原资质证书正、副本复印件。
(4)满足相应资质标准要求的个人工程业绩证明。资质有效期届满，企业需要延续资质证书有效期的，应当在资质证书有效期届满60日前，向原资质许可机关提出资质延续申请。对在资质有效期内遵守有关法律、法规、规章、技术标准，信用档案中无不良行

为记录,且专业技术人员满足资质标准要求的企业,经资质许可机关同意,有效期延续5年。

4. 企业申请资质证书变更提供的资料

(1)资质证书变更申请。
(2)企业法人、合伙企业营业执照副本复印件。
(3)资质证书正、副本原件。
(4)与资质变更事项有关的证明材料。

企业改制的,除提供前款规定资料外,还应当提供改制重组方案、上级资产管理部门或股东大会的批准决定、企业职工代表大会同意改制重组的决议。

企业首次申请、增项申请工程勘察设计资质,其申请资质等级最高不超过乙级,且不考核企业工程勘察设计业绩。

已具备施工资质的企业首次申请同类别或相近类别的工程勘察设计资质的,可以将相应规模的工程总承包业绩作为工程业绩予以申报。其申请资质等级最高不超过其现有施工资质等级。

五、建设工程勘察设计资质的撤销与注销

1. 建设工程勘察设计资质撤销的情形

有下列情形之一的,资质许可机关或者其上级机关,根据利害关系人的请求或者依据职权,可以撤销工程勘察设计资质:

(1)资质许可机关工作人员滥用职权、玩忽职守作出准予工程勘察设计资质许可的。
(2)超越法定职权作出准予工程勘察设计资质许可的。
(3)违反资质审批程序作出准予工程勘察设计资质许可的。
(4)对不符合许可条件的申请人作出工程勘察设计资质许可的。
(5)依法可以撤销资质证书的其他情形。

2. 建设工程勘察设计资质注销的情形

有下列情形之一的,企业应当及时向资质许可机关提出注销资质的申请,交回资质证书,资质许可机关应当办理注销手续,公告其资质证书作废:

(1)资质证书有效期届满未依法申请延续的。
(2)企业依法终止的。
(3)资质证书依法被撤销、撤回,或者吊销的。
(4)法律、法规规定的应当注销资质的其他情形。

有关部门应当将监督检查情况和处理意见及时告知建设主管部门。资质许可机关应当将涉及铁路、交通、水利、信息产业、民航等方面的资质被撤回、撤销和注销的情况及时告知有关部门。

【案例 5-1】 某设计单位转包或违法分包工程受到处罚

广西南宁某大型交通疏解工程项目设计单位为 A,设计合同额为 120 万元。A 单位具有相应的设计资质和设计能力,因属于外地设计院,而交通疏解工程需要与本地各行各业的部门有大量接触,自认为难以应对交通疏解工程。所以,在没有取得项目业主书

面同意的前提下，擅自将设计合同整体转给本地设计院B单位，并且向B单位收取设计合同额15%的管理费。综合上述调查事实，省建设行政主管部门研究，对其做出如下处罚决定：责令设计单位A承接设计任务，没收该设计单位违法业务所得18万元，并处罚款36万元。

【案例评析】

本案例是一起典型的设计单位出借资质的违法案件，虽然本案例设计院B单位在实施设计过程中尚能尽其职责。根据《建设工程勘察设计资质管理规定》第三十四条规定："涂改、倒卖、出租、出借或者以其他形式非法转让资质证书的，由县级以上地方人民政府建设主管部门或者有关部门给予警告，责令改正，并处以1万元以上3万元以下的罚款；造成损失的，依法承担赔偿责任；构成犯罪的，依法追究刑事责任"。本案例建设行政主管部门依法对该设计单位的处罚是正确的，但处罚金额不符合规定。

【案例5-2】 某设计院在建设工程勘察设计过程中未按照工程建设强制性标准进行勘察、设计

某企业新建一附属中学，委托某设计院为其设计6层砖混结构的教学楼、操场等，该院设计教学楼的楼梯井净宽为0.3 m，梯井采用工程玻璃隔离防护，楼梯采用垂直杆件做栏杆，其杆件净距为0.20 m；体育场与街道之间采用透景墙，墙体采用垂直杆件做栏杆，其杆件净距为0.20 m。

【案例评析】

《建设工程质量管理条例》第19条明确规定，勘察、设计单位必须按照工程建设强制性标准进行勘察、设计，并对其勘察、设计的质量负责。依据《工程建设标准强制性条文》中房屋建筑设计基本规定6.6.3中规定：住宅、托儿所、幼儿园、中小学及少年儿童专用活动场所的栏杆必须采用防止少年儿童攀爬的构造，当采用垂直杆件做栏杆时，其杆件净距不应大于0.11 m；6.7.9中规定：托儿所、幼儿园、中小学及少年儿童活动专用活动场所的楼梯，梯井净宽大于0.2 m时，必须采取防止少年儿童攀滑的措施，楼梯栏杆应采取不易攀登的构造，当采用垂直杆件做栏杆时，其栏杆净距不应大于0.11 m。本案例中楼梯井净宽和楼梯杆件净距、体育场透景墙的栏杆净距都违反国家强制性标准的规定。设计院尽快予以改正，否则施工后发生事故，将依法追究其相应的质量责任。

【案例5-3】 设计错误引起地基破坏，设计单位应承担责任

某办公楼的整体结构属"筒中筒"，中间筒高21层，四周裙楼2层，地基设计是"满堂红"布桩，素混凝土排土灌桩。施工到10层时，地下筏板剪切破坏，地下水上冲。经鉴定发现，此地基土属于饱和土，地基中素混凝土排土桩破坏。经调查得知：该工程的地质勘探报告已明确，此地基土属于饱和土；在打桩过程中出现跳土现象。

【案例评析】

该工程的地质勘探报告已明确，此地基土属于饱和土。饱和土的湿软特征决定不能采用排土灌桩，因为设计桩型选择不当，所以在桩基施工过程中出现跳土现象。设计单位没有根据勘察成果文件提供的资料进行设计，违反《建设工程质量管理条例》第21条规定：设计单位应当根据勘察成果文件进行建设工程设计。设计单位对该工程设计承担质量责任。

第三节 建设工程勘察设计文件的编制与审批

一、建设工程勘察设计文件的编制原则和依据

1. 建设工程勘察设计文件的编制原则

建设工程勘察设计是工程建设的主导环节，对工程建设的质量、投资效益起着决定性的作用。为保证工程勘察设计的质量和水平，根据相关法规规定，建设工程勘察设计必须遵循以下主要原则：

(1)贯彻经济规划、社会发展规划、城乡规划和产业政策。经济、社会发展规划及产业政策，是国家某一时期的建设目标和指导方针，工程设计必须贯彻其精神；城市规划、村庄和集镇规划一经批准公布，即成为工程建设必须遵守的规定，工程设计活动也必须符合其要求。

(2)综合利用资源，满足环保要求。在工程设计中，要充分考虑矿产、能源、水、农、林、牧、渔等资源的综合利用。要因地制宜，提高土地利用率。同时，要尽量利用荒地、劣地，不占或少占耕地。工业项目中要选用能耗较少的生产工艺和设备；在民用项目中，要采取节约能源的措施，提倡区域集中供热，重视余热利用。城市新建、扩建和改建项目，应配套建设节约用水设施。在工程设计时，还应积极改进工艺，采取行之有效的技术措施，防止粉尘、毒物、废水、废气、废渣、噪声、放射性物质及其他有害因素造成环境污染，要进行综合治理和利用，使设计符合国家环保标准。

(3)遵守工程建设技术标准。工程建设中安全、卫生和环境保护等方面的标准都是强制性标准，在工程设计时必须严格遵守。如必须遵守《工程建设标准强制性条文》中各个部分的规定。

(4)采用新技术、新工艺、新材料和新设备，以保证建设工程的先进性和可靠性。

(5)重视技术与经济效益的结合。采用先进的技术，可提高生产效率，增加产量，降低成本，但往往会增加建设成本和建设工期。要注重技术和经济效益的结合，从总体上全面考虑工程的经济效益、社会效益和环境效益。在具体工程建设时，有时这些新的要求会增加一次性投入成本，但在后期的使用过程中会体现出优势。这种情况需要有关部门有力的扶持和帮助，使我国的建设水平提高，使整个社会效益提高。

(6)公共建筑和住宅要注意美观、适用和协调。建筑既要有实用功能，又要能美化城市，给人们提供精神享受。公共建筑和住宅设计应巧于构思，造型新颖，独具特色，并应与周围环境相协调，保护自然环境；同时，还要满足功能适用、结构合理的要求。在公共建筑方面，特别强调要求"以人为本"的设计思想，对残疾人士的照顾也是必需的，对弱势群体的照顾是必需的，对弱势群体的关心要体现在具体的设计中。

2. 建设工程勘察设计文件的编制依据

《建设工程勘察设计管理条例(2015修订)》规定，编制建设工程勘察设计文件，应当以下列规定为依据：

(1)项目批准文件。

(2)城乡规划。

(3)工程建设强制性标准。
(4)国家规定的建设工程勘察设计深度要求。

铁路、交通、水利等专业建设工程，还应当以专业规划以下要求为依据。

二、建设工程勘察设计文件的编制要求

一般来说，建设工程勘察设计文件编制要求按内容可分为以下几类：

(1)勘察文件：建设工程勘察文件应当真实、准确，满足建设工程规划、选址、岩土治理和施工的需要。

(2)设计文件：方案设计文件应满足编制初步设计文件和控制概算的需要；初步设计文件应满足编制施工招标文件、主要设备材料订货和编制施工图设计文件的需要；施工图设计文件应满足设备材料采购、非标准设备制作和施工的需要，并注明建设工程合理使用年限。

(3)材料、设备的选用文件：设计文件中选用的材料、构配件、设备，应当注明其规格、型号、性能等技术指标，其质量要求必须符合国家规定的标准。

勘察、设计文件中规定采用的新技术、新材料，可能影响建设工程质量和安全，又没有国家技术标准的，应当由国家认可的检测机构进行试验、论证，出具检测报告，并经国务院有关部门或省、自治区、直辖市人民政府有关部门组织的建设工程技术专家委员会审定后，方可使用。

设计单位还应积极参加项目建议书的编制、建设地址的选择、建设规划及试验研究等设计前期工作。对大型水利枢纽、水电站、大型矿山、大型工厂等重点项目，在项目建议书批准前，设计单位可根据长远规划的要求进行必要的资源调查、工程地质和水文勘察、经济调查和多种方案的技术经济比较等方面的工作，以从中了解和掌握有关情况，收集必要的设计基础资料，为编制设计文件做好准备。

其中，项目建议书是一个非常重要的指导性文本，它的完善性往往影响整个建设项目的构成和水平，编制项目建议书需要进行充足的调查和研究，并对今后的社会需求、技术发展有正确的判断，使项目建议书真正成为设计的正确依据。

三、建设工程勘察设计文件的基本内容和深度

1. 总体设计的内容和深度

总体设计这个名称是对一个大型联合企业或一个小区(包括矿区、油区、林区或建筑小区等)内若干建设项目中的每一个单项工程而言的，是与这些单项工程的设计相对应而存在的设计。它本身并不代表一个单独的设计阶段。

(1)总体设计的主要任务是对一个小区、一个大型联合企业中的每个单项工程根据生产运行上的内在联系或开发建设上的先后顺序，在相互衔接、配合等方面进行统一的规划、部署和安排，使整个工程在布置上紧凑，流程上顺畅，技术上可靠，生产上方便，经济上合理。

(2)总体设计的内容一般应包括以下各方面的文字说明和相应的图纸、资料：

1)建设规模；
2)产品方案；

3)原料来源；

4)工艺流程概况；

5)主要设备配置；

6)主要建筑物、构筑物；

7)公用、辅助设施；

8)"三废"治理、环境保护方案；

9)占地面积估计；

10)总图布置及运输方案；

11)生产组织概况和劳动定员估计；

12)生活区规划设想；

13)施工基地部署、地方材料来源及存放；

14)施工总进度及相互配合要求；

15)总投资估算；

16)主要技术经济指标；

17)效益估计。

(3)总体设计的深度，应能满足的要求：

1)初步设计的开展；

2)主要大型、专用设备的生产安排；

3)大宗、特种材料的预安排；

4)土地征用及拆迁谈判。

2. 初步设计的内容和深度

对需要进行总体设计的项目而言，初步设计及其内容应在总体设计的原则指导下进行和确定。

(1)一般情况下，工业大中型项目初步设计的主要内容应包括以下几个方面的文字说明和相应的图纸、资料：

1)设计的主要依据；

2)设计的指导思想和主要原则；

3)建设规模；

4)产品方案；

5)原料、燃料、动力的用量、来源和要求；

6)主要生产设备的选型及配置；

7)工艺流程；

8)总图布置、运输方案；

9)主要建筑物、构筑物；

10)公用、辅助设施；

11)主要材料用量及要求；

12)外部协作条件；

13)综合利用、"三废"治理、环境评价及保护措施；

14)抗震及人防设施；

15)生产组织及劳动定员；

16）生活区建设；
17）占地面积、征用数量、场地利用情况；
18）主要技术经济指标分析及评价；
19）建设顺序及年限；
20）设计总概算；
21）主要效益指标、分析及评价等。

(2)小型工业项目，特殊、复杂的高技术项目，其初步设计的内容，根据项目的性质和实际的需要，可以在上述内容的基础上，适当地精简或增加。

(3)民用项目初步设计的内容，主要应根据使用和功能的需要确定。

(4)初步设计的深度，应能满足以下要求：
1）各种设计方案的比选和确定；
2）主要设备、材料的订货、生产或采购；
3）土地征用及拆迁；
4）基本建设投资的筹措或年度投资计划的安排；
5）施工图设计的进行；
6）施工组织设计的编制；
7）施工准备和生产准备等。

3. 技术设计的内容和深度

技术设计是对重大项目和特殊项目为进一步解决某些具体技术问题，或确定某些技术方案而进行的设计。其是为在初步设计阶段中无法解决而又需要进一步研究的那些问题的解决所设置的一个设计阶段。其主要任务是解决类似以下几个方面的问题：

(1)特殊工艺流程方面的试验、研究及确定。
(2)新型设备、材料、部件方面的试验、制作及确定。
(3)大型建筑物、构筑物（如水坝、桥梁等）或某些关键部位的模型、样品等方面的试验、研究及确定。
(4)某些技术复杂，需谨慎对待的问题的研究及确定。

4. 施工图设计的内容和深度

施工图设计的内容主要是根据批准的初步设计的内容和要求，对建设项目所有主、辅生产厂房、附属设施及其主要关键部位的土建和安装绘制出正确、完整和尽可能详尽的图纸，其深度应能满足以下几个方面的需要：

(1)设备、材料的采购、运输和安排。
(2)各种非标准设备、工具的制作、采购和运输。
(3)建筑、安装工程量的计算和材料用量估算。
(4)施工图预算的编制。
(5)土建、安装工程的进行。
(6)施工组织设计的编制。

四、建设工程勘察设计文件的审批与修改

1. 建设工程勘察设计文件的审批

在我国，建设工程勘察设计文件的审批实行分级管理。分级审批的原则如下：

(1)大中型建设项目的初步设计和总概算按隶属关系,由国务院主管部门或省、市、自治区组织审查,提出审查意见,报国家发改委批准;特大、特殊项目,由国务院批准。

(2)中型建设项目的初步设计和总概算,在国务院主管部门备案,由省、市、自治区审查批准。

(3)小型建设项目初步设计的审批权限,由主管部门或省、市、自治区自行规定。

(4)总体规划设计(或总体设计)的审批权限与初步设计的审批权限相同。

(5)施工图设计要按有关规定进行审查。

2. 建设工程勘察设计文件的修改

设计文件是工程建设的主要依据,经批准后,就具有一定的严肃性,不得任意修改和变更,建设单位、施工单位、监理单位都不得修改建设工程勘察设计文件;确需修改的,应由原勘察设计单位修改。经原勘察设计单位书面同意,建设单位也可以委托其他具有相应资质的建设工程勘察设计单位修改。修改单位对修改的勘察设计文件承担相应责任。

施工单位、监理单位发现建设工程勘察设计文件不符合工程建设强制性标准、合同约定的质量要求的,应当报告建设单位。建设单位有权要求建设工程勘察设计单位对建设工程勘察设计文件进行补充、修改。

建设工程勘察设计文件内容需要作重大修改的,建设单位应当报经原审批机关批准后,方可修改。

建设工程勘察设计文件中规定采用的新技术、新材料,可能影响建设工程质量和安全,又没有国家技术标准的,应当由国家认可的检测机构进行试验、论证,出具检测报告,并经国务院有关部门或者省、自治区、直辖市人民政府有关部门组织的建设工程技术专家委员会审定后,方可使用。

本章小结

建设工程勘察是指为工程建设的规划、设计、施工、运营及综合治理等,对地形、地质及水文等要素进行测绘、勘探、测试与综合评定,并提供可行性评价与建设所需要的勘察成果资料,以及进行岩土工程勘察设计、处理、监测的活动。工程勘察设计法规是指调整工程勘察设计活动中所产生的各种社会关系的法律规范的总称。为了加强对建设工程勘察设计活动的监督管理,保证建设工程勘察设计质量,在中华人民共和国境内申请建设工程勘察、工程设计资质,实施对建设工程勘察设计资质的监督管理,适用建设工程勘察设计资质管理规定。

小知识

国家注册建筑师考试制度

国家对一级注册建筑师的考试实行注册建筑师全国统一考试制度。条件符合下列条件之一的,可以申请参加一级注册建筑师考试:取得建筑学硕士以上学位或者相近专业工博士学位,并从事建筑设计或相关业务两年以上的;取得建筑学学士学位或相近专业工学硕士学位，并从事建筑设计或相关业务 3 年以上的；具有建筑学专业大学本科毕业学历并从事建筑设计或相关业务 5 年以上的，或者具有建筑学相近专业大学本科毕业学历并从事建筑设计或相关业务 7 年以上的；取得高级工程师技术职称并从事建筑设计或相关业务 3 年以上的，或者取得工程师技术职称并从事建筑设计或相关业务 5 年以上的；不具有前 4 项规定的条件，但设计成绩突出，经全国注册建筑师管理委员会认定达到前 4 项规定的专业水平。

练习题

1. 工程勘察设计规范的调整对象包括哪些？
2. 工程勘察资质可分为哪几类？工程勘察综合资料可分为哪几个级别？
3. 建设工程勘察设计文件编制的原则是什么？
4. 建设工程勘察设计文件的审批文件的原则是什么？

综合练习题

某公司新建一宾馆，分别与省设计院和市建一公司签订了设计合同与施工合同。工程竣工后不久，宾馆墙体出现严重开裂现象。为此，公司向法院起诉市建一公司。经勘察，开裂是因地基不均匀沉降所致，结论是结构设计图纸所依据的地质资料不准确。于是该公司又起诉省设计院。设计院辩称，自己根据该公司提供的地质资料而设计，不应承担事故责任。后经法院查证：该公司提供的地质资料不是新建宾馆的地质资料，事故前设计院也一直不知道该情况。

问题：
(1) 事故责任应如何划分？
(2) 诉讼费用应由谁承担？

综合练习题解析

第六章 建设工程监理法规

职业能力目标

能描述工程监理企业的资质等级和设立条件；能进行建设工程监理的实施。

学习要求

了解建设工程监理的概念和性质、我国实行强度监理的范围和依据；熟悉工程监理单位的权利、义务和法律责任，工程监理单位的资质许可制度；掌握工程监理单位资质等级，工程监理单位资质的申请与审批，资质的监督管理，建设工程监理的内容。

本章重点：工程监理单位资质管理。

本章难点：工程监理的实施。

第一节 建设工程监理概述

一、建设工程监理的概念

建设工程监理，是指具有相应资质的工程监理单位受工程项目业主的委托，依照国家法律、法规，经建设主管部门批准的工程建设文件，建设工程委托监理合同及其他建设工程合同，对工程建设实施的专业化监督管理。

建设工程监理

建设工程监理制度是我国建设体制深化改革的一项重大举措，是适应市场经济和参照国际惯例的产物。我国《建筑法》第三十条规定："国家推行建筑工程监理制度。"

国务院可以规定实行强制监理的建筑工程的范围。实行监理的建筑工程，由建设单位委托具有相应资质条件的工程监理企业监理。建设单位与其委托的工程监理企业应当订立书面委托监理合同。建设工程监理应当依照法律、行政法规及有关的技术标准、设计文件和建筑工程承包合同，对承包单位在施工质量、建设工期和建设资金使用等方面，代表建设单位实施监督。工程监理人员认为工程施工不符合工程设计要求、施工技术标准和合同约定的，有权要求建筑施工企业改正。工程监理人员发现工程设计不符合建筑工程质量标准或者合同约定的质量要求的，应当报告建设单位，要求设计单位改正。

二、建设工程监理的性质

建设工程监理是一种特殊的与其他工程建设活动有着明显区别和差异的工程建设活动，

在建设领域中具有以下特征：

（1）服务性。建设工程监理是监理人员利用自己的工程建设知识、技能和经验为建设单位提供管理服务并获得技术服务性报酬的活动。它既不同于承建商的直接生产活动，也不同于建设单位的直接投资活动，不向建设单位承包工程造价，不参与承包单位的利益分成，其是一种高智能、有偿性的技术服务。其服务客体是建设单位的工程项目，服务对象是建设单位，服务依据是国家批准的工程建设文件，有关工程建设的法律、法规和建设工程监理合同，以及其他法规、规范受法律约束和保护。

（2）科学性。建设工程监理作为一种高智能的技术服务，其工作内涵、任务、使命及监理的社会化、专业化特点，都要求整个监理应当遵循科学性准则。监理的科学性主要表现在：工程监理企业应当由组织管理能力强、工程建设经验丰富的人员担任领导；应有足够数量、有丰富管理经验和应变能力的监理工程师组成的骨干队伍；要有一套健全的管理制度；要有现代化的管理手段；要掌握先进的管理理论、方法和手段；要积累足够的技术、经济资料和数据；要有科学的工作态度和严谨的工作作风；要实事求是、创造性地开展工作。

（3）公正性。公正性是监理行业的必然要求，也体现了工程监理单位和监理工程师的职业道德。工程监理单位作为提供技术服务的第三方，在开展建设工程监理的过程中，应依据国家法律、法规、技术标准、规范、规程和合同文件，排除各种干扰，站在客观、公正的立场进行判断、证明和行使处理权，维护建设单位和不损害被监理单位双方的合法权益。

（4）独立性。工程监理单位是直接参与工程建设的"三方当事人"之一，它与项目建设单位、承建商之间是一种平等的主体关系。《建筑法》《建设工程监理规范》等明确要求，工程监理单位应严格按照有关法律、法规、规章、工程建设文件、工程建设技术标准、建设工程委托监理合同、有关建设工程合同等相关规定实施监理；在委托监理的工程中，与承建单位不得有隶属关系和其他利益关系；在开展工程监理的过程中，必须建立自己的组织，按照自己的工作计划、程序、流程、方法、手段，根据自己的判断独立地开展工作。

第二节　工程监理单位资质管理

一、工程监理单位资质等级

工程监理单位的资质是指从事建设工程监理业务的工程监理企业应当具备的注册资本、专业技术人员的素质、技术装备、专业配套能力、管理水平及工程监理业绩等。

工程监理企业的资质可分为综合资质、专业资质和事务所资质。综合资质、事务所资质不分级别。工程监理企业的专业资质等级可分为甲级、乙级和丙级，并按照工程性质和技术特点划分为若干工程类别。工程监理企业的资质等级标准如下。

1. 综合资质标准

（1）具有独立法人资格且具有符合国家有关规定的资产。

（2）企业技术负责人应为注册监理工程师，并具有15年以上从事工程建设工作的经历或具有工程类高级职称。

（3）具有5个以上工程类别的专业甲级工程监理资质。

（4）注册监理工程师不少于60人，注册造价工程师不少于5人，一级注册建造师、一级注册建筑师、一级注册结构工程师或其他勘察设计注册工程师合计不少于15人次。

(5)企业具有完善的组织结构和质量管理体系，有健全的技术、档案等管理制度。

(6)企业具有必要的工程试验检测设备。

(7)申请工程监理资质之日前一年内，无《工程监理企业资质管理规定》第十六条禁止的行为发生。

(8)申请工程监理资质之日前一年内，无因本企业监理责任造成的重大质量事故。

(9)申请工程监理资质之日前一年内，无因本企业监理责任而发生三级以上工程建设重大安全事故或者发生两起以上四级建设工程安全事故。

2. 专业资质标准

(1)甲级工程监理企业的标准。

1)具有独立法人资格且具有符合国家有关规定的资产。

2)企业技术负责人应为注册监理工程师，并具有15年以上从事工程建设工作的经历或具有工程类高级职称。

3)注册监理工程师、注册造价工程师、一级注册建造师、一级注册建筑师、一级注册结构工程师或其他勘察设计注册工程师合计不少于25人次；其中，相应专业注册监理工程师不少于《专业资质注册监理工程师人数配备表》要求配备的人数，注册造价工程师不少于2人。

4)企业近2年内独立监理过3个以上相应专业的二级工程项目，但具有甲级设计资质或一级及以上施工总承包资质的企业申请本专业工程类别甲级资质的除外。

5)企业具有完善的组织结构和质量管理体系，有健全的技术、档案等管理制度。

6)企业具有必要的工程试验检测设备。

7)申请工程监理资质之日前一年内，无《工程监理企业资质管理规定》第十六条禁止的行为。

8)申请工程监理资质之日前一年内，无因本企业监理责任造成的重大质量事故。

9)申请工程监理资质之日前一年内，无因本企业监理责任发生三级以上工程建设重大安全事故或者发生两起以上四级工程建设安全事故。

(2)乙级工程监理企业的标准。

1)具有独立法人资格且具有符合国家有关规定的资产。

2)企业技术负责人应为注册监理工程师，并具有10年以上从事工程建设工作的经历。

3)注册监理工程师、注册造价工程师、一级注册建造师、一级注册建筑师、一级注册结构工程师或者其他勘察设计注册工程师合计不少于15人次。其中，相应专业注册监理工程师不少于《专业资质注册监理工程师人数配备表》要求配备的人数，注册造价工程师不少于1人。

4)有较完善的组织结构和质量管理体系，有技术、档案等管理制度。

5)有必要的工程试验检测设备。

6)申请工程监理资质之日前一年内，无《工程监理企业资质管理规定》第十六条禁止的行为。

7)申请工程监理资质之日前一年内，无因本企业监理责任造成的重大质量事故。

8)申请工程监理资质之日前一年内，无因本企业监理责任发生三级以上工程建设重大安全事故或者发生两起以上四级工程建设安全事故。

(3)丙级工程监理企业的标准。
1)具有独立法人资格且具有符合国家有关规定的资产。
2)企业技术负责人应为注册监理工程师,并具有8年以上从事工程建设工作的经历。
3)相应专业的注册监理工程师不少于《专业资质注册监理工程师人数配备表》要求配备的人数。
4)有必要的质量管理体系和规章制度。
5)有必要的工程试验检测设备。

3. 事务所资质标准

(1)取得合伙企业营业执照,具有书面合作协议书。
(2)合伙人中有3名以上注册监理工程师,合伙人均有5年以上从事建设工程监理的工作经历。
(3)有固定的工作场所。
(4)有必要的质量管理体系和规章制度。
(5)有必要的工程试验检测设备。

二、工程监理单位资质的申请与审批

1. 资质申请

(1)资质申请管理部门。申请综合资质、专业甲级资质的,应当向企业工商注册所在地省、自治区、直辖市人民政府建设行政主管部门提出申请。省、自治区、直辖市人民政府建设行政主管部门应当自受理申请之日起20日内初审完毕,并将初审意见和申请材料报国务院建设行政主管部门。国务院建设行政主管部门应当自省、自治区、直辖市人民政府建设行政主管部门受理申请材料之日起60日内完成审查,公示审查意见,公示时间为10日。其中,涉及铁路、交通、水利、通信、民航等专业工程监理资质的,由国务院建设行政主管部门送国务院有关部门审核。国务院有关部门应当在20日内审核完毕,并将审核意见报国务院建设行政主管部门。国务院建设行政主管部门根据初审意见审批。

1)专业乙级、丙级资质和事务所资质由企业所在地省、自治区、直辖市人民政府建设行政主管部门审批。

2)专业乙级、丙级资质和事务所资质许可。延续的实施程序由省、自治区、直辖市人民政府建设行政主管部门依法确定。

(2)资质申请、升级应提供的材料。

1)资质申请应提供的材料。新设立的工程监理企业,须先到工商行政管理部门登记注册并取得企业法人营业执照后,才能到建设行政主管部门办理资质申请手续,并应向建设行政主管部门提供下列资料:

①工程监理企业资质申请表(一式三份)及相应的电子文档。
②企业法人、合伙企业营业执照。
③企业章程或合伙人协议。
④企业法定代表人、企业负责人和技术负责人的身份证明、工作简历及任命(聘用)文件。
⑤工程监理企业资质申请表中所列注册监理工程师及其他注册执业人员的注册执业证书。

⑥有关企业质量管理体系、技术和档案等管理制度的证明材料。
⑦有关工程试验检测设备的证明材料。

2)资质升级应提供的材料。已取得法人资格的工程监理企业申请资质升级,除提供上述资料外,还应提供以下资料:

①企业原资质证书正、副本复印件。
②企业财务决算年报表。
③《监理业务手册》及近两年已完成代表工程的监理合同、监理规划及监理工作总结。

新设立的工程监理企业,其资质等级按最低等级核定并设一年暂定期。

(3)工程监理企业的主项和增项资质申请。工程监理企业资质分为14个工程类别。工程监理企业可以申请一项或多项工程类别的资质。申请多项资质时,应选择一项为主项资质,其余为增项资质。增项资质级别不得高于主项资质级别。增项资质可与主项资质同时申请,也可在每年资质审批期间独立申请。

工程监理企业申请多项工程类别资质的,其注册资金应达到主项资质标准,从事过该增项专业工程监理业务的注册监理工程师人数应符合国务院有关专业部门的要求。

工程监理企业资质批准后,资质审批部门应在资质证书副本相应栏目注明经批准的工程类别范围和资质等级。工程监理企业应当按批准的工程类别范围和资质等级承接监理业务。

2. 工程监理企业资质审批

(1)甲级资质的审批。申请综合资质、专业甲级资质的,应当向企业工商注册所在地的省、自治区、直辖市人民政府建设行政主管部门提出申请。省、自治区、直辖市人民政府行政建设主管部门应当自受理申请之日起20日内初审完毕,并将初审意见和申请材料报国务院建设行政主管部门。国务院建设行政主管部门应当自省、自治区、直辖市人民政府建设行政主管部门受理申请材料之日起60日内完成审查,公示审查意见,公示时间为10日。其中,涉及铁路、交通、水利、通信、民航等专业工程监理资质的,由国务院建设行政主管部门送国务院有关部门审核。国务院有关部门应当在20日内审核完毕,并将审核意见报国务院建设行政主管部门。国务院建设行政主管部门根据初审意见审批。

(2)乙级、丙级资质审批。专业乙级、丙级资质和事务所资质由企业所在地省、自治区、直辖市人民政府建设行政主管部门审批。专业乙级、丙级资质和事务所资质许可。延续的实施程序由省、自治区、直辖市人民政府建设行政主管部门依法确定。省、自治区、直辖市人民政府建设行政主管部门应当自作出决定之日起10日内,将准予资质许可的决定报国务院建设行政主管部门备案。

三、资质的监督管理

1. 资质的监督检查

县级以上人民政府建设行政主管部门和其他有关部门依法对工程监理企业的资质实施监督管理。建设行政主管部门履行监督检查职责时,有权采取下列措施:

(1)要求被检查单位提供工程监理企业资质证书、注册监理工程师注册执业证书,有关工程监理业务的文档,有关质量管理、安全生产管理、档案管理等企业内部管理制度的文件。

(2)进入被检查单位进行检查,查阅相关资料。
(3)纠正违反有关法律、法规及有关规范和标准的行为。

建设行政主管部门进行监督检查时,应当有两名以上监督检查人员参加,并出示执法证件,不得妨碍被检查单位的正常经营活动,不得索取或者收受财物、谋取其他利益。有关单位和个人对依法进行的监督检查应当协助与配合,不得拒绝或者阻挠。监督检查机关应当将监督检查的处理结果向社会公布。

2. 资质的撤回、撤销及注销

(1)资质的撤回。工程监理企业取得资质后不再符合相应资质条件的,资质许可机关根据利害关系人的请求或者依据职权,可以责令其限期改正;逾期不改的,可以撤回其资质。

(2)资质的撤销。有下列情形之一的,资质许可机关或者其上级机关,根据利害关系人的请求或者依据职权,可以撤销工程监理企业的资质:

1)资质许可机关工作人员滥用职权、玩忽职守作出准予工程监理企业资质许可的。
2)超越法定职权作出准予工程监理企业资质许可的。
3)违反资质审批程序作出准予工程监理企业资质许可的。
4)对不符合许可条件的申请人作出准予工程监理企业资质许可的。
5)依法可以撤销资质证书的其他情形。

(3)资质的注销。有下列情形之一的,工程监理企业应当及时向资质许可机关提出注销资质的申请,交回资质证书,国务院建设行政主管部门应当办理注销手续,公告其资质证书作废:

1)资质证书有效期届满,未依法申请延续的。
2)工程监理企业依法终止的。
3)工程监理企业的资质依法被撤销、撤回或吊销的。
4)法律、法规规定的应当注销资质的其他情形。

四、工程监理单位的资质许可制度

国家对工程监理单位实行资质许可制度。《建设工程质量管理条例》第三十四条规定:"工程监理单位应当依法取得相应等级的资质证书,并在其资质等级许可的范围内承担工程监理业务。"同时,该条例还规定:"禁止工程监理单位超越本单位资质等级许可的范围或者以其他工程监理单位的名义承担工程监理业务。禁止工程监理单位允许其他单位或者个人以本单位的名义承担工程监理业务。工程监理单位不得转让工程监理业务。"

根据《建筑法》《建设工程质量管理条例》,建设部颁布了建设部令《工程监理企业资质管理规定》规定,工程监理企业应当按照其拥有的注册资本、专业技术人员和工程监理业绩等资质条件申请资质,经审查合格,取得相应等级的资质证书后,方可在其资质等级许可的范围内从事工程监理活动。工程监理企业的资质等级可分为甲级、乙级和丙级,并且按照工程性质和技术特点划分为若干工程类别。

五、工程监理单位的权利、义务和法律责任

(一)工程监理单位的权利

工程监理单位在建设单位委托的工程范围内,享有以下权利:

(1)选择工程总承包人的建议权,选择工程分包人的认可权。

(2)对工程建设有关事项包括工程规模、设计标准、规划设计、生产工艺设计和使用功能要求,向建设单位提出建议权。

(3)对工程设计中的技术问题,按照安全和优化的原则,向设计单位提出建议。

(4)审批工程施工组织设计和技术方案,按照保质量、保工期和降低成本的原则,向承包人提出建议,并向建设单位提出书面报告。

(5)主持工程建设各有关协作单位的组织协调工作,重要协调事项应当事先向建设单位报告。

(6)发布开工令、停工令、复工令,但应当事先向建设单位报告。

(7)工程建设中使用的材料和施工质量的检验权,工程施工进度的检查、监督权,以及工程实际竣工日期提前或超过工程施工合同规定期限的签认权。

(8)在工程施工合同约定的工程价格范围内,工程款支付的审核和签认权,以及工程结算的确认权与否决权。未经总监理工程师签字确认,建设单位不支付工程款。

(9)工程监理单位在建设单位授权下,可对任何承包人合同规定的义务提出变更。

(10)在委托监理的工程范围内,建设单位或承包人对对方的任何意见和要求,必须首先向监理机构提出,由监理机构研究后提出处置意见,再同双方协商确定。

(二)工程监理单位的义务

(1)按合同约定派出监理工作需要的监理机构及监理人员;向建设单位报送委派的总监理工程师及其监理机构主要成员名单和监理规划;完成监理合同专用条件中约定的监理工程的监理业务;按合同约定定期向建设单位报告监理工作。

(2)应当认真、勤奋地工作,为建设单位提供与其水平相应的咨询意见,公正维护建设各方的合法权益。

(3)使用建设单位提供的设施和物品,在监理工作完成或中止时,其设施和剩余的物品按合同约定的时间及方式移交给建设单位。

(4)无论在合同期内还是在合同终止后,未征得有关方同意,不得泄露与本工程、本业务有关的保密资料。

(三)工程监理单位的法律责任

(1)工程监理单位应当在其资质等级许可的监理范围内,承担工程监理业务;应当根据建设单位的委托,客观、公正地执行监理任务。

(2)工程监理单位与被监理工程的承包单位,以及建筑材料、建筑构配件和设备供应单位不得有隶属关系或者其他利害关系。

(3)工程监理单位不得转让工程监理业务。

(4)工程监理单位不按照委托监理合同的约定履行监理义务,对应当监督检查的项目不检查或者不按规定检查,给建设单位造成损失的,应当承担相应的赔偿责任。

(5)工程监理单位与承包单位串通,为承包单位牟取非法利益,给建设单位造成损失的,应当与承包单位承担连带赔偿责任。

【案例6-1】 工程监理单位收受贿赂,导致重大质量事故应承担法律责任

某住宅楼位于某县城南经济开发区,由某县某房地产发展有限公司开发,某县建筑安装总公司设计事务所设计,某县第二建设工程公司承建,某县工程监理站负责工程监理。

该住宅楼于2016年12月竣工,2017年6月验收合格,2017年6月28日出售并交付给县棉纺厂作职工宿舍。2017年7月12日9时30分左右整体倒塌,造成36人死亡、3人重伤的重大建筑事故。经调查,事故发生的主要原因在于工程监理失控。施工单位贿赂工程监理单位,工程监理单位收受施工单位贿赂后,放任施工单位违法施工,对施工单位的基础工程、隐蔽工程没有进行任何监督检查,就核定该工程为合格工程,留下事故隐患,最终导致这起重大建筑事故的发生。

【案例评析】

本案例中,工程监理单位收受施工单位的贿赂,严重渎职,没有对工程建设进行监理,放任施工单位违法施工,导致特大建筑事故的发生,严重损害建设单位的利益,其行为已构成犯罪。工程监理师和施工单位的直接主管人员及直接负责人员应承担相应的法律责任。工程监理单位应当和施工单位对建设单位的损失承担连带赔偿责任。

【案例6-2】 工程监理单位违约

某工程项目,业主分别与工程监理单位、施工单位签订了施工阶段的委托监理合同和施工合同。在委托监理合同中,对业主和工程监理单位的权利、义务做了规定:"监理单位在监理工作中应维护业主的利益"。"监理委托合同授权监理工程师对工程变更金额5 000元以内具有审批权"。但工程变更实际发生金额为15 000元,监理工程师进行了审批。案例描述中存在哪些不妥之处?

【案例评析】

首先,上述监理合同对于"监理单位在监理工作中应维护业主的利益"的约定不正确,违背了公正、独立、自主的原则。监理工程师在建设工程监理中必须尊重科学、尊重事实,组织各方协同配合,维护有关各方的合法权益。其次,"监理委托合同授权监理工程师对工程变更金额5 000元以内具有审批权"的约定符合法律相关规定,工程变更实际发生金额为15 000元,监理工程师进行审批则超越了权限,违背了权责一致的原则。

第三节 建设工程监理的实施

一、我国实行强制监理的范围

我国《建设工程质量管理条例》第十二条对必须实行监理的建设工程作出了原则规定。根据该条例,原建设部颁布了《建设工程监理范围和规模标准规定》,明确了必须实行监理的工程建设项目具体范围和规模标准。必须实行监理的工程建设项目主要有以下几项:

(1)国家重点建设工程。
(2)大中型公用事业工程。
(3)成片开发建设的住宅小区工程。
(4)利用外国政府或者国际组织贷款、援助资金的工程。
(5)国家规定必须实行监理的其他工程。

二、建设工程监理的依据

建设工程监理的依据主要有以下三项:

(1)国家法律、行政法规、规章及国家现行的技术标准、技术规范。
(2)工程建设文件、设计文件和设计图纸。
(3)建设单位委托监理合同及有关的建设工程合同。

三、建设工程监理的内容

建设工程监理的工作任务是"三控两管一协调",即质量控制、投资控制、工期控制、合同管理、信息管理、组织协调;而"三控制"又是监理工作的中心任务,围绕这个任务,其监理的主要业务内容如下。

1. 立项阶段

监理工作内容主要有:协助业主准备项目报建手续;项目可行性研究的咨询和(或)监理;技术经济论证;编制工程建设概算;组织设计任务书编制。

2. 设计阶段

监理工作内容主要有:结合工程项目的特点,收集设计所需要的技术经济资料;编写设计要求文件;组织工程项目设计方案竞赛或设计招标,协助业主选择勘察设计单位;拟订和商谈设计委托合同的内容;向设计单位提供设计所需的基础资料;配合设计单位开展技术经济分析,搞好设计方案的比选,优化设计;配合设计进度,协调设计部门与有关部门(如消防、环保、土地、人防、防汛、园林,以及供水、排水、供电、供气、供热、电信等)之间的工作;协调各设计单位之间的工作;参与主要设备、材料的选型;审核工程的估算和概算;审核主要设备、材料清单;审核工程项目的设计图纸;检查和控制设计进度;组织设计文件的报批。

3. 施工招标阶段

监理工作内容主要有:拟订工程项目施工招标的方案并征得业主同意;准备工程项目施工招标条件;办理施工招标申请;编写施工招标文件;编制标底,并经业主认可后,报送所在地住房城乡建设主管部门审核;组织工程项目施工招标工作;组织现场踏勘与答疑会,回答投标人提出的问题;组织开标、评标及决标工作;协助业主与中标单位商签承包合同。

4. 材料物资采购供应

对于由业主负责采购供应的材料、设备等物资,监理工程师应负责进行制订计划、监督合同执行和供应工作。具体监理工作内容主要有:制订材料物资供应计划和相应的资金需求计划;通过质量、价格、供货期、售后服务等条件的分析和比选,确定材料、设备等物资的供应厂家;拟订并商签材料、设备的订货合同;监督合同的实施,确保材料设备的及时供应。

5. 施工阶段

目前,我国工程监理工作主要在施工阶段,其监理工作内容主要有:协助业主编写开工报告;确定承包商,选择分包单位;审批施工组织设计、施工技术方案和施工进度计划;审查承包商的材料、设备采购清单;检查工程中所使用的材料、构件和设备的规格与质量;检查施工技术措施和安全防护设施;检查工程进度和施工质量,验收分部分项工程,签署工程预付款、进度款;督促承包商严格履行工程承包合同,调解合同双方的争议,公正处理索赔事项;协商处理工程设计变更,并报业主决定;督促整理合同文件和技术档案资料;

组织设计单位和施工单位进行工程竣工初步验收，提出竣工验收报告；审查工程结算。

6. 合同管理

拟订本工程项目的合同体系及合同管理制度，包括合同草案的拟订、会签、协商、修改、审批、签署、保管等工作制度及流程；协助业主拟订工程项目的各类合同条款，并参与各类合同的商谈；合同执行情况的分析和跟踪管理；协助业主处理与工程项目有关的索赔事宜及合同纠纷事宜。

需要指出的是，我国实行建设工程监理时间短，目前还以施工阶段监理为主。从发展趋势看，要向全过程、全方位监理发展，不仅要进行施工阶段质量、投资和进度控制，做好合同管理、信息管理和组织协调工作，而且要进行决策阶段和设计阶段的监理。当然，至于具体对建设工程什么阶段监理及具体的监理业务内容是哪些，则由建设单位的具体委托和授权来决定。

本章小结

建设工程监理是指具有相应资质的工程监理单位受工程项目业主的委托，依照国家法律、法规，经建设主管部门批准的工程建设文件，建设工程委托监理合同及其他建设工程合同，对工程建设实施的专业化监督管理。建设工程监理制度是我国建设体制深化改革的一项重大举措，是适应市场经济和参照国际惯例的产物。建设工程监理是一种特殊的与其他工程建设活动有着明显区别和差异的工程建设活动，在建设领域中具有以下特征：服务性、科学性、公正性、独立性。

工程监理单位的资质是指从事建设工程监理业务的工程监理企业应当具备的注册资本、专业技术人员的素质、技术装备、专业配套能力、管理水平及工程监理业绩等。工程监理企业的资质等级分为综合资质、专业资质和事务所资质。县级以上人民政府建设行政主管部门和其他有关部门依法对工程监理企业的资质实施监督管理。国家对工程监理单位实行资质许可制度。

我国《建设工程质量管理条例》第十二条对必须实行监理的建设工程作出了原则规定。根据该条例，原建设部颁布了《建设工程监理范围和规模标准规定》，明确了必须实行监理的建设工程项目具体范围和规模标准。

建设工程监理的工作任务是"三控两管一协调"，即质量控制、投资控制、工期控制、合同管理、信息管理、组织协调，而"三控制"又是监理工作的中心任务。围绕这个任务，其监理的主要业务内容包括立项阶段、设计阶段、施工招标阶段、材料物资采购供应、施工阶段、合同管理。

小知识

施工旁站监理管理办法

旁站监理是指监理人员在工程施工阶段监理中，对关键部位、关键工序的施工质量实施全过程现场跟班的监督活动。旁站监理是控制工程施工质量的重要手段之一，也是确认工程质量的重要依据。

在实施旁站监理工作中,要确定工程的关键部位、关键工序,必须结合具体的专业工程而定。就房屋建筑工程而言,其关键部位、关键工序包括两类内容,一是基础工程类:如土方回填,混凝土灌注桩浇筑,地下连续墙、土钉墙、后浇带及其他结构混凝土、防水混凝土浇筑,卷材防水层细部构造处理,钢结构安装。二是主体结构工程类:如梁柱节点钢筋隐蔽过程,混凝土浇筑,预应力张拉、装配式结构安装,钢结构安装,网架结构安装,索膜安装。至于其他部位或工序是否需要旁站监理,可由建设单位与工程监理企业根据工程具体情况协商确定。

旁站监理一般按照下列程序实施:

(1)工程监理企业制定旁站监理方案,明确旁站监理的范围、内容、程序和旁站监理人员职责,并编入监理规划中。旁站监理方案同时送建设单位、施工企业和工程所在地的建设行政主管部门或其委托的工程质量监督机构各一份。

(2)施工企业根据工程监理企业制定的旁站监理方案,在需要实施旁站监理的关键部位、关键工序进行施工前24小时,书面通知工程监理企业派驻工地的项目监理机构。

(3)项目监理机构安排旁站监理人员按照旁站监理方案实施旁站监理。

练习题

1. 工程监理企业的资质等级可分为哪几类?
2. 资质的撤回、撤销及注销的情况有哪些?
3. 工程监理单位的义务有哪些?
4. 工程监理单位的法律责任有哪些?
5. 建设工程监理的内容有哪些?

综合练习题

某输气管道工程在施工过程中,施工单位未经监理工程师事先同意,订购了一批钢管。钢管运抵施工现场后,监理工程师进行了检验,发现钢管质量存在以下问题:

(1)施工单位未能提交钢管产品合格证、质量保证书和检测证明资料。

(2)钢管外观粗糙,标识不清,有锈斑。

问题:监理工程师应如何处理上述问题?

综合练习题解析

第七章 建设工程质量管理法规

职业能力目标

能运用所学的质量管理法规知识进行建设工程质量管理工作。能处理质量事故发生后的保修与赔偿事宜。

学习要求

了解建设工程质量的概念及影响因素;熟悉建设工程质量监督管理法规、质量领导责任制、质量监督管理机构及其职责,建设单位、勘察设计单位、施工单位、工程监理单位质量责任与义务,质量保修书和最低保修期限的规定;掌握建设工程质量的管理体系、竣工均验收的相关内容,规划、消防、节能、环保等相关部门的验收制度,竣工结算、质量争议的规定,质量责任的损失赔偿。

本章重点:建设工程竣工验收制度的相关内容、验收制度。

本章难点:建设工程质量责任的损失赔偿。

第一节 建设工程质量概述

一、建设工程质量的概念及影响因素

1. 建设工程质量的概念

建设工程质量有广义和狭义之分。狭义上的建设工程质量仅指工程实体质量。它是指在国家现行的有关法律、法规、技术标准、设计文件和合同中,对工程的安全、适用、经济、美观等特性的综合要求。广义上的建设工程质量还包括工程建设参与者的服务质量和工作质量,它反映在他们的服务是否及时、主动,态度是否诚恳、守信,管理水平是否先进,工作效率是否较高等方面。它又可以分为政治思想工作质量、管理工作质量、技术工作质量和后勤工作质量等。应该说,工程实体质量的好坏是决策、计划、勘察、设计、施工等单位各方面各环节工作质量的综合反映。现在,国内外都趋向于从广义上来理解建设工程质量;但本书中的建设工程质量主要还是指工程本身的质量,即狭义上的建设工程质量。

《建设工程质量管理条例》
主要规定

2. 建设工程质量的影响因素

影响建设工程质量的因素很多,如决策、设计、材料、机械、地形、地质、水文、气象、施工工艺、操作方法、技术措施、人员素质、管理制度等。但归纳起来,可以分为五

大因素，即通常所说的 4M1E：人（Man）、材料（Material）、机械（Machine）、方法（Method）和环境（Environment）。在工程建设全过程中严格控制好这五大因素，是保证建设工程质量的关键。

二、建设工程质量的管理体系

建设工程质量的优劣直接关系国民经济的发展和人民生命财产的安全，因此，加强建设工程质量的管理是一个十分重要的问题。根据有关法规规定，我国建立起了对建设工程质量进行管理的体系，它包括纵向管理和横向管理两个方面。

（1）纵向管理。纵向管理是国家对建设工程质量所进行的监督管理。其具体由住房城乡建设主管部门及其授权机构实施，这种管理贯穿在工程建设的全过程和各个环节之中，它既对工程建设从计划、规划、土地管理、环保、消防等方面进行监督管理，又对工程建设的主体从资质认定和审查、成果质量检测、验证和奖惩等方面进行监督管理，还对工程建设中各种活动如建筑工程招标投标、工程施工、验收、维修等进行监督管理。

（2）横向管理。横向管理包括两个方面：一是工程承包单位，如勘察单位、设计单位、施工单位自己对所承担工作的质量管理。它们要按要求建立专门质检机构，配备相应的质检人员，建立相应的质量保证制度，如审核校对制、培训上岗制、质量抽检制、各级质量责任制和部门领导质量责任制等。二是建设单位对所建工程质量的管理，它可成立相应的机构和人员，对所建工程的质量进行监督管理，也可委托社会监理单位对工程建设的质量进行监理。现在，世界上大多数国家都推行监理制，我国也正在推行和完善这一制度。

第二节　建设工程质量监督管理

一、建设工程质量监督管理法规

为加强对建设工程质量的管理，保护人民生命和财产安全，我国先后颁布了《建筑法》《建设工程质量管理条例》《房屋建筑工程和市政基础设施竣工验收备案管理暂行办法》《实施工程建设强制性标准监督规定》《房屋建筑工程质量保修办法》等法律、法规，建立了比较成熟的建设工程质量法规体系，对于保证建设工程质量、维护社会公共利益等起到了十分重要的作用。

二、建设工程质量领导责任制

工程质量管理贯穿建设全过程，参与建设的各方都直接或间接地从事与工程质量形成有关的相应活动，为确保建设工程质量目标，必须按要求履行各自的质量责任，形成严密的质量管理体系。

工程质量责任制就是对参与建设的各单位、各部门和各岗位，在保证质量方面对其应承担的责任和义务做出规定，并进行监督的一种制度。1999 年，国务院办公厅《关于加强基础设施工程质量管理的通知》（国办发〔1999〕16 号）就此问题做了以下规定。

1. 工程质量行政领导人责任

对基础设施项目工程质量实行行业主管部门、主管地区行政领导责任人制度。中央项目的工程质量由国务院有关行业主管部门的行政领导人负责；地方项目的工程质量按项目所属关系，分别由各级地方政府行政领导人负责。如发生重大工程质量事故，除追究当事单位和当事人的直接责任外，还要追究相关行政领导人在项目审批、执行建设程序、干部任用和工程建设监督管理等方面失察的领导责任。

2. 项目法定代表人责任

基础设施项目除军事工程等特殊情况外，都要按政企分开原则组成项目法人，实行建设项目法人责任制，由项目法定代表人对工程质量负总责。凡没有实行项目法人责任制的在建项目，要限期进行整改。项目法定代表人必须具备相应的政治、业务素质和组织能力，具备项目管理工作的实际经验。项目法人单位的人员素质、内部组织机构必须满足工程管理和技术上的要求。

3. 参建单位工程质量领导人责任

勘察、设计、施工、监理等单位的法定代表人要按各自职责，对所承建项目的工程质量负领导责任。因参建单位工作失误导致重大工程质量事故的，除追究直接责任人的责任外，还要追究参建单位法定代表人的领导责任。

4. 工程质量终身负责制

项目工程质量的行政领导责任人，项目法定代表人，勘察、设计、施工、监理等单位的法定代表人，要按各自职责对其经手的工程质量负终身责任。如发生重大工程质量事故，无论调到哪里工作、担任什么职务，都要追究相应的行政和法律责任。

三、建设工程质量监督管理机构及其职责

建设工程质量监督管理机构是指受县级以上地方人民政府建设主管部门或有关部门委托，经省级人民政府建设主管部门或国务院有关部门考核认定，依据国家的法律、法规和工程建设强制性标准，对工程建设实施过程中各参建责任主体和有关单位的质量行为及工程实体质量进行监督管理的具有独立法人资格的单位。

(1)住房和城乡建设部对质量监督管理工作的主要职责。

1)贯彻国家有关建设工程质量方面的方针、政策和法律、法规，制定建设工程质量监督、检测工作的有关规定和办法。

2)负责全国建设工程质量监督和检测工作的规划及管理。

3)掌握全国建设工程质量动态，组织交流质量监督工作经验。

4)负责协调解决跨地区、跨部门重大工程质量问题的争端。

(2)省、自治区、直辖市建设行政主管部门和国务院工业、交通各部门对质量监督管理工作的主要职责。

1)贯彻国家有关建设工程质量监督方面的方针、政策和法律、法规，制定本地区、本部门建设工程质量监督、检测工作的实施细则。

2)负责本地区、本部门建设工程质量监督和检测工作的规划及管理，审查工程质量监督机构的资质，考核监督人员的业务水平，核发监督员证书。

3)掌握本地区、本部门建设工程质量动态，组织交流工作经验，组织对监督人员的培训。

4)组织、协调和督促处理本地区或本部门重大工程质量问题的争端。

(3)市、县建设行政主管部门应负的工程质量监督管理职责，由省、自治区、直辖市建设行政主管部门规定。省、自治区、直辖市住房城乡建设主管部门和国务院工业、交通各部门根据实际需要，可设置从事管理工作的工程质量监督总站。

第三节　建设工程行为主体的质量责任与义务

建设工程行为主体是指工程建设行为的参与者，包括建设单位，勘察、设计单位，施工单位，工程监理单位及建筑材料生产和供应单位等。

一、建设单位的质量责任和义务

《关于促进建筑业持续健康发展的意见》中明确提出："特别要强化建设单位的首要责任。"建设单位作为建设工程的投资人，是建设工程的重要责任主体。建设单位有权选择承包单位，有权对建设过程进行检查、控制，对建设工程进行验收，并要按时支付工程款和费用等，其在整个建设活动中居于主导地位。因此，要确保建设工程的质量，首先就要对建设单位的行为进行规范，明确其首要的质量责任。

(1)建设单位应当将工程发包给具有相应资质等级的单位，不得将建设工程肢解发包。建设单位应当依法对工程建设项目的勘察、设计、施工、监理，以及与工程建设有关的重要设备、材料等的采购进行招标。

(2)建设单位项目负责人对工程质量承担全面责任，不得违法发包、肢解发包，不得以任何理由要求勘察、设计、施工、监理单位违反法律法规和工程建设标准，降低工程质量，其违法违规或不当行为造成工程质量事故或质量问题，应当承担责任。

(3)建设单位必须向有关的勘察、设计、施工、工程监理等单位提供与建设工程有关的原始资料。原始资料必须真实、准确、齐全。

(4)建筑工程发包单位不得迫使承包方以低于成本的价格竞标，不得任意压缩合理工期。建设单位不得明示或暗示设计单位或施工单位违反工程建设强制性标准，降低建设工程质量。

(5)建设单位应当将施工图设计文件报县级以上人民政府住房城乡建设主管部门或者其他有关部门审查。施工图设计文件未经审查批准的，不得使用。

【案例7-1】 建设单位不依法办理施工图文件审查手续受查处

某地某集团开发有限公司在其投资建设的一栋商住楼工程中，因主楼加层部分及附楼不依法办理施工图文件审查和不依法办理竣工验收备案手续，而被住房城乡建设主管部门依法查处。

【案例评析】

本案例中，建设单位没有将施工图设计文件报县级以上人民政府住房城乡建设主管部门或者其他有关部门审查而擅自使用，应当承担相应的法律责任。根据《建设工程质量管理条例》第五十六条的规定，对建设单位的该种违法行为，除责令改正外，还可以处20万元以上50万元以下的罚款。

(6)实行监理的建设工程，建设单位应当委托具有相应资质等级的工程监理单位进行监理，也可以委托具有工程监理相应资质等级并与被监理工程的施工承包单位没有隶属关系或者其他利害关系的该工程的设计单位进行监理。

(7)建设单位在领取施工许可证或者开工报告前,应当按照国家有关规定办理工程质量监督手续。

(8)按照合同约定,由建设单位采购建筑材料、建筑构配件和设备的,建设单位应当保证建筑材料、建筑构配件和设备符合设计文件与合同要求。建设单位不得明示或者暗示施工单位使用不合格的建筑材料、建筑构配件和设备。

(9)涉及建筑主体和承重结构变动的装修工程,建设单位应当在施工前委托原设计单位或者具有相应资质等级的设计单位提出设计方案;没有设计方案的,不得施工。房屋建筑使用者在装修过程中,不得擅自变动房屋建筑主体和承重结构。

【案例7-2】 房屋装修变动房屋承重结构,房主应承担赔偿责任

张某在进行房屋装修时,指使装修工将其房屋的一面墙挖出一个大洞,用以装修壁柜。施工期间,该墙体上方变形,造成楼上住户的墙面和地板开裂。楼上住户要求张某停止施工并赔偿损失,因协商未果,楼上住户诉至法院。

【案例评析】

经法院审理查明,张某挖空的那面墙为该房屋的承重墙,从而改变了房屋的承重结构,造成楼上住户房屋墙体和地板开裂,其行为违反了《建设工程质量管理条例》第十五条中"房屋建筑使用者在装修过程中,不得擅自变动房屋建筑主体和承重结构"的规定,给他人造成损害,应当承担赔偿责任。

(10)建设单位收到建设工程竣工报告后,应当组织设计、施工、工程监理等有关单位进行竣工验收。

(11)建设单位应当严格按照国家有关档案管理的规定,及时收集、整理建设项目各环节的文件资料,建立、健全建设项目档案,并在建设工程竣工验收后,及时向住房城乡建设主管部门或者其他有关部门移交建设项目档案。

二、勘察设计单位的质量责任和义务

建设工程的勘察、设计单位必须对其勘察、设计的质量负责。勘察、设计文件应当符合有关法律、行政法规的规定和建筑工程质量、安全标准、建筑工程勘察、设计技术规范及合同的约定。从事建设工程勘察、设计的单位应当依法取得相应等级的资质证书,并在其资质等级许可的范围内承揽工程。

(1)勘察、设计单位必须按照工程建设强制性标准进行勘察、设计,并对其勘察、设计的质量负责。注册建筑师、注册结构工程师等注册执业人员应当在设计文件上签字,对设计文件负责。

(2)勘察单位提供的地质、测量、水文等勘察成果必须真实、准确。

(3)设计单位应当根据勘察成果文件进行工程建设设计。设计文件应当符合国家规定的设计深度要求,注明工程合理使用年限。

(4)设计单位在设计文件中选用的建筑材料、建筑构配件和设备,应当注明规格、型号、性能等技术指标,其质量要求必须符合国家规定的标准。除有特殊要求的建筑材料、专用设备、工艺生产线等外,设计单位不得指定生产厂、供应商。

(5)设计单位应当就审查合格的施工图设计文件向施工单位作出详细说明。

(6)设计单位应当参与建设工程质量事故分析,并对因设计造成的质量事故,提出相应的技术处理方案。

【案例 7-3】 勘察资料不准确，造成房屋地基开裂、倾斜

某市某商品房建成 7 年后拆除重建，造成 400 多万元损失的重大建筑事故。经调查，事故原因有如下几个方面：

(1) 设计前未进行详细的地质勘探，仅采用 N10 轻便触探，而深度有限的轻便触探资料不能反映地基的详细情况，设计人员仅按当时的一般技术措施，即垫层法设计基础，而未对软弱下卧层变形进行计算。软弱下卧层厚度变化过大，是该楼不均匀沉降的根本原因。

(2) 对建筑物基础设计时，东西两端筏形基础翼板外挑过宽，加大了东、西单元与中单元的沉降差，对建筑物产生不利影响。

(3) 建筑物的重心偏向后方，而满堂基础未作相应调整，是造成该建筑物向后倾斜的又一个原因。

【案例评析】

由本案例可见，勘察、设计工作是保证建筑工程质量的基础和前提。勘察、设计不符合质量要求，整个建筑物工程的质量就难以保证。因此，勘察、设计单位必须切实履行自己的质量责任和义务；否则，就有可能酿成惨剧，给国家和人民的人身、财产造成巨大损失。

三、施工单位的质量责任和义务

施工单位是工程建设的重要责任主体之一。由于施工阶段影响质量稳定的因素和涉及的责任主体均较多，协调管理的难度较大，施工阶段的质量责任制度尤为重要。施工单位应当依法取得相应等级的资质证书，并在其资质等级许可的范围内承揽工程。

(1) 施工单位不得转包或者违法分包工程。

(2) 施工单位对建设工程的施工质量负责。施工单位应当建立质量责任制，确定工程项目的项目经理、技术负责人和施工管理负责人。

(3) 建设工程实行总承包的，总承包单位应当对全部建设工程质量负责；建设工程勘察、设计、施工、设备采购的一项或者多项实行总承包的，总承包单位应当对其承包的建设工程或者采购的设备的质量负责。

(4) 总承包单位依法将建设工程分发给其他单位的，分包单位应当按照合同的约定对其分包工程的质量向总承包单位负责，总承包单位与分包单位对分包工程的质量承担连带责任。

(5) 施工单位必须按照工程设计图纸和施工技术标准施工，不得擅自修改工程设计，不得偷工减料。施工单位在施工过程中发现设计文件和图纸有差错的，应当及时提出意见和建议。

【案例 7-4】 施工企业擅自修改工程设计导致工程事故

某中学兴修一栋教学楼，竣工验收时，该教学楼墙体即出现裂缝，教学楼东头出现明显倾斜。经调查，事故原因是施工企业在施工时擅自修改工程设计，致基础工程达不到设计要求。经鉴定，该教学楼为危房，只能推倒重建。

【案例评析】

根据《建筑法》第五十八条规定，工程设计的修改由原设计单位负责，建筑施工企业不得擅自修改工程设计。如果施工企业在施工过程中认为工程设计有质量问题，或者施工技

术条件无法实现设计要求，以及有其他修改设计的正当理由的，应当向建设单位或者设计单位提出。如确属需要修改设计的，应经建设单位同意后，由原设计单位进行必要的修改。本案例施工企业擅自修改工程设计，违反了《建筑法》的相关规定，对由此造成的工程事故应当承担责任。

（6）施工单位必须按照工程设计要求、施工技术标准和合同约定，对建筑材料、建筑构配件、设备和商品混凝土进行检验，检验应当有书面记录和专人签字；未经检验或者检验不合格的，不得使用。

（7）施工单位必须建立、健全施工质量的检验制度，严格工序管理，做好隐蔽工程的质量检查和记录。隐蔽工程在隐蔽前，施工单位应当通知建设单位和建设工程质量监督机构。

（8）施工人员对涉及结构安全的试块、试件及有关材料，应当在建设单位或者工程监理单位监督下现场取样，并送具有相应资质等级的质量检测单位进行检测。

（9）施工单位对施工中出现质量问题的建设工程或者竣工验收不合格的建设工程，应当负责返修。

【案例 7-5】 工程质量不符合约定，施工单位应承担返修责任

2018 年，某集团与某建筑公司签订了一份建筑工程施工承包合同。合同约定，建筑公司为集团建造一栋 8 层营业、办公两用楼，承包方式为包工包料，开工时间为 2018 年 5 月 10 日，竣工时间为 2018 年 12 月 30 日。经双方和质量部门验收合格后交付使用。2018 年 12 月 25 日工程竣工，但经双方和质量部门检验，大楼部分非关键性地方不符合合同的约定，但不影响大楼的整体使用。此时建筑公司因另一工程急需立刻开工，于是便提出少收部分工程款作为补偿，建筑公司不再返工重建不符合合同规定的地方。随后，建筑公司将施工队伍全部调往他地。商业总公司不同意，要求建筑公司返工重建。

【案例评析】

《建设工程质量管理条例》第三十二条规定："施工单位对施工中出现质量问题的建设工程或者竣工验收不合格的建设工程，应当负责返修。"根据此规定，某集团有权要求某建筑公司返修。某建筑公司应承担由于工程施工质量不符合合同约定的返修义务。另外，某建筑公司还应承担相应的违约责任。

（10）施工单位应当建立、健全教育培训制度，加强对职工的教育培训；未经教育培训或者考核不合格的人员，不得上岗作业。

四、工程监理单位的质量责任和义务

工程监理单位接受建设单位的委托，代表建设单位，对建设工程进行管理。因此，工程监理单位也是建设工程质量的责任主体之一。工程监理单位应当依法取得相应等级的资质证书，并在其资质等级许可的范围内承担工程监理业务。

（1）工程监理单位不得转让工程监理业务。

（2）工程监理单位与被监理工程的施工承包单位，以及建筑材料、建筑构配件和设备供应单位有隶属关系或者其他利害关系的，不得承担该项建设工程的监理业务。

（3）工程监理单位应当依照法律、法规，以及有关技术标准、设计文件和建筑工程承包合同，代表建设单位对施工质量实施监理，并对施工质量承担监理责任。

（4）工程监理单位应当选派具有相应资格的总监理工程师和监理工程师进驻施工现场。

未经监理工程师签字，建筑材料、建筑物构配件和设备不得在工程上使用或者安装，施工单位不得进行下一道工序的施工。未经总监理工程师签字，建设单位不拨付工程款，不进行竣工验收。

(5)监理工程师应当按照工程监理规范的要求，采取旁站、巡视和平行检验等形式，对建设工程实施监理。

(6)工程监理单位与建设单位或者建筑施工企业串通，弄虚作假、降低工程质量的，责令改正，处以罚款，降低资质等级或者吊销资质证书；有违法所得的予以没收；造成损失的，承担连带赔偿责任；构成犯罪的，依法追究刑事责任。

【案例7-6】 工程监理单位怠于履行职责应承担工程质量责任

业主聘请某市城轨建设的施工监理，施工单位为某城轨公司。在工程完工以后，业主起诉监理公司，指控其明知城轨公司在施工中使用了许多劣质材料，却掩盖了这一事实并签发了工程的接收证书。

【案例评析】

法院判决监理公司因欺诈性掩盖事实真相而承担返修责任。在本案例中，监理公司怠于履行职责是导致承包人能够弄虚作假得逞的主要原因，正是由于监理工程师违规的签字行为，才使得不合格的产品投入到工程中使用；正是由于监理工程师默认承包人的违法行为不予纠正，才使工程得以验收并交付使用。因此，监理工程师在本案例中的责任是造成工程质量责任的重要原因。

五、材料、设备供应单位的质量责任与义务

(1)建筑材料、构配件生产及设备供应单位对其生产或供应的产品质量负责。

(2)建筑材料、构配件生产及设备的供需双方均应签订购销合同，并按合同条款进行质量验收。

(3)建筑材料、构配件生产及设备供应单位必须具备相应的生产条件、技术装备和质量保证体系，具备必要的检测人员和设备，把好产品看样、订货、储存、运输和核验的质量关。

(4)建筑材料、构配件及设备质量应当符合下列要求：

1)符合国家或行业现行有关技术标准规定的合格标准和设计要求；

2)符合在建筑材料、构配件及设备或其包装上注明采用的标准，符合以建筑材料、构配件及设备说明、实物样品等方式表明的质量状况。

(5)建筑材料、构配件及设备或者其包装上的标识应当符合下列要求：

1)有产品质量检验合格证明；

2)有中文标明的产品名称、生产厂厂名和厂址；

3)产品包装和商标样式符合国家有关规定和标准要求；

4)设备应有产品详细的使用说明书，电气设备还应附有线路图；

5)实施生产许可证或使用产品质量认证标志的产品，应有许可证或质量认证的编号、批准日期和有效期限。

第四节 建设工程竣工验收制度

竣工验收是全面考核基本建设成果、检验设计和工程质量的重要步骤，也是基本建设转入生产或使用的标志。通过竣工验收，一是可检验设计和工程质量，保证项目按设计要求的技术经济指标正常生产；二是可使有关部门和单位总结经验教训；三是有利于建设单位对经验收合格的项目可以及时移交固定资产，使其由基础系统转入生产系统或投入使用。

一、竣工验收的条件和类型

(一)竣工验收的条件

根据《建设工程质量管理条例》的规定，建设工程竣工验收应当符合下列条件：

(1)完成建设工程设计和合同约定的各项内容。建设工程设计和合同约定的内容，主要是指设计文件所确定的、在承包合同"承包人承揽工程项目一览表"中载明的工作范围，也包括监理工程师签发的变更通知单中所确定的工作内容。承包单位必须按合同约定，按质、按量、按时完成上述工作内容，使工程具备正常的使用功能。

(2)有完整的技术档案和施工管理资料。工程技术档案和施工管理资料主要包括：工程项目竣工报告；分项、分部工程和单位工程技术人员名单；图纸会审和设计交底记录；设计变更通知单，技术变更核实单；工程质量事故发生后的调查和处理资料；隐蔽验收记录及施工日志；竣工图；质量检验评定资料；合同约定的其他资料。

(3)有材料、设备、构配件的质量合格证明资料和试验、检验报告。建设工程使用的主要建筑材料、建筑构配件和设备的进场，要有质量合格证明资料，还应当有试验、检验报告。试验、检验报告中应当注明其规格、型号、用于工程的哪些部位、批量批次、性能等技术指标，其质量要求必须符合国家规定的标准。

(4)有勘察设计、施工、工程监理等单位分别签署的质量合格文件。勘察设计、施工、工程监理等有关单位依据工程设计文件及承包合同所要求的质量标准，对竣工工程进行检查和评定，符合规定的，签署合格文件。

(5)有施工单位签署的工程质量保修书。工程质量保修是指建设工程在办理交工验收手续后，在规定的保修期限内，因勘察设计、施工、材料等原因造成的质量缺陷，由施工单位负责维修，由责任方承担维修费用并赔偿损失。施工单位与建设单位应在竣工验收前签署工程质量保修书，保修书作为施工合同附件。为了促进承包方加强质量管理，保护用户及消费者的合法权益，更应该健全完善工程保修制度。

【案例7-7】 竣工验收的条件

2003年，甲建筑公司与乙开发公司签订了《施工合同》，约定由该建筑公司承建其贸易大厦工程。合同签订后，建筑公司积极组织人员、材料进行施工。但是，由于开发公司资金不足及分包项目进度缓慢迟迟不能完工，主体工程完工后工程停滞。2005年，甲乙双方约定共同委托审价部门对已完工的主体工程进行了审价，确认工程价款为1 800万元。2006年2月，乙公司以销售需要为由，占据使用了大厦大部分房屋。2006年11月，因乙公司拒绝支付工程欠款，甲公司起诉至法院，要求乙公司支付工程欠款900万元及违约金。乙公司随后反诉，称因工程质量缺陷未修复，请求减少支付工程款 300 万元。该大厦未经竣工验收乙公司便提前使用，该工程的质量责任应如何承担？甲公司要求乙公司支付工程欠款及违约金时，是否还可以主张停工损失，停工损失包括哪些具体内容？

【案例评析】

乙公司在大厦未经验收的情况下擅自使用该工程，出现质量缺陷的应自行承担责任。因为，乙公司违反了《建筑法》《合同法》和《建设工程质量管理条例》的禁止性规定，可视为其对建筑工程质量的认可。随着乙公司的提前使用，工程质量责任的风险也由施工单位甲公司转移给了发包人乙公司。而且工程交付的时间，也可依据《最高人民法院关于审理建设工程施工合同纠纷案件适用法律问题的解释》第 14 条规定："建设工程未经竣工验收，发包人擅自使用的，以转移占有建设工程之日为竣工日期"，认定为乙公司提前使用的时间。

甲公司可以主张停工损失。《合同法》第 283 条规定："发包人未按照约定的时间和要求提供原材料、设备、场地、资金、技术资料的，承包人可以顺延工程日期，并有权要求赔偿停工、窝工等损失。"据此，甲公司在请求支付工程欠款及违约金时，还可以向乙公司主张停工损失。停工损失一般包括人员窝工、机械停置费用、现场看护费用、工程建设保险费等损失。

(二)竣工验收的类型

在工程实践过程中，竣工验收有单项工程验收和全部验收两种类型。

1. 单项工程验收

单项工程验收是指在一个总体建设项目中，一个单项工程或一个车间已按设计要求建设完成，能满足生产要求或具备使用条件，且施工单位已预验，监理工程师已初验通过，在此条件下进行的正式验收。由几个施工单位负责施工的单项工程，当其中一个单位所负责的部分已按设计完成，也可组织正式验收，办理交工手续，交工时应请施工总承包单位参加。

对于建成的住宅可分幢进行正式验收，以便及早交付使用，提高投资效益。

2. 全部验收

全部验收是指整个建设项目已按设计要求全部建设完成，并已符合竣工验收标准，施工单位预验通过，监理工程师初验认可，由监理工程师组织以建设单位为主，有设计、施工等单位参加的正式验收。在整个项目进行全部验收时，对已验收过的单项工程，可以不再进行正式验收和办理验收手续，但应将单项工程验收单作为全部工程验收的附件加以说明。

《建筑法》规定："建筑工程竣工经验收合格后，方可交付使用；未经验收或者验收不合格的，不得交付使用。"因此，无论是单项工程提前交付使用，还是全部工程整体交付使用，都必须经过竣工验收，而且必须验收合格，否则不能交付使用。

二、竣工验收的相关内容

(一)竣工验收的组织

由建设单位负责组织实施建设工程竣工验收工作，质量监督机构对工程竣工验收实施监督。

(二)验收人员

由建设单位负责组织竣工验收小组,验收组组长由建设单位法人代表或其委托的负责人担任。验收组副组长应至少由一名工程技术人员担任。验收组成员由建设单位的上级主管部门、建设单位项目负责人、建设单位项目现场管理人员及勘察设计、施工、监理单位与项目无直接关系的技术负责人或质量负责人组成,建设单位也可邀请有关专家参加验收小组。验收小组成员中,土建及水电安装专业人员应配备齐全。

(三)竣工验收标准

竣工验收标准为强制性标准,包括现行质量检验评定标准、施工验收规范、经审查通过的设计文件及有关法律、法规、规章和规范性文件规定。

(四)竣工验收程序及内容

(1)由竣工验收小组组长主持竣工验收。

(2)建设、施工、监理、设计勘察单位分别以书面形式汇报建设工程质量状况、合同履约及执行国家法律、法规和工程建设强制性标准情况。

(3)验收组对以下三个方面分别进行检查验收:

1)检查工程实体质量。

2)检查工程建设参与各方提供的竣工资料。

3)对建设工程的使用功能进行抽查、试验。例如,厕所、阳台泼水试验,浴缸、水盆、水池盛水试验,通水、通电试验,排污主管通球试验及绝缘电阻、接地电阻、漏电跳闸测试等。

(4)对竣工验收情况进行汇总讨论,并听取质量监督机构对该工程的质量监督意见。

(5)形成竣工验收意见,填写《建设工程竣工验收备案表》和《建设工程竣工验收报告》,验收小组人员分别签字,建设单位盖章。

(6)当在验收过程中发现严重问题,达不到竣工验收标准时,验收小组应责成责任单位立即整改,并宣布本次验收无效,重新确定时间组织竣工验收。

(7)当在竣工验收过程中发现一般需整改的质量问题,验收小组可形成初步验收意见,填写有关表格,有关人员签字,但建设单位不加盖公章。验收小组责成有关责任单位整改,可委托建设单位项目负责人组织复查。整改完毕符合要求后,加盖建设单位公章。

(8)当竣工验收小组各方不能形成一致竣工验收意见时,应当协商提出解决办法,待意见一致后,重新组织工程竣工验收。当协商不成时,应报建设行政主管部门或质量监督机构进行协调裁决。

(五)竣工验收备案

建设工程竣工验收完毕以后,由建设单位负责,在15日内向备案部门办理竣工验收备案。

三、规划、消防、节能、环保等相关部门的验收制度

《建设工程质量管理条例》规定,建设单位应当自建设工程竣工验收合格之日起15日内,将建设工程竣工验收报告和规划、公安消防、环保等部门出具的认可文件或者准许使用文件报住房城乡建设主管部门或者其他有关部门备案。

1. 建设工程竣工规划验收

《城乡规划法》规定，县级以上地方人民政府城乡规划主管部门按照国务院规定对建设工程是否符合规划条件予以核实。未经核实或者经核实不符合规划条件的，建设单位不得组织竣工验收。建设单位应当在竣工验收后6个月内向城乡规划主管部门报送有关竣工验收资料。建设工程竣工后，建设单位应当依法向城乡规划行政主管部门提出竣工规划验收申请，由城乡规划行政主管部门按照选址意见书、建设用地规划许可证、建设工程规划许可证、乡村建设规划许可证及其有关规划的要求，对建设工程进行规划验收，包括对建设用地范围内的各项工程建设情况、建筑物的使用性质、位置、间距、层数、标高、平面、立面、外墙装饰材料和色彩、各类配套服务设施、临时施工用房、施工场地等进行全面核查，并作出验收记录。对于验收合格的，由城乡规划行政主管部门出具规划认可文件或核发建设工程竣工规划验收合格证。

《城乡规划法》规定，建设单位未在建设工程竣工验收后6个月内向城乡规划主管部门报送有关竣工验收资料的，由所在地城市、县人民政府城乡规划主管部门责令限期补报；逾期不补报的，处1万元以上5万元以下的罚款。

2. 建设工程竣工消防验收

根据《消防法》的规定，按照国家工程建设消防技术标准需要进行消防设计的建设工程竣工，依照下列规定进行消防验收、备案：国务院公安部门规定的大型的人员密集场所和其他特殊建设工程，建设单位应当向公安机关消防机构申请消防验收；其他建设工程，建设单位在验收后应当报公安机关消防机构备案，公安机关消防机构应当进行抽查。依法应当进行消防验收的建设工程，未经消防验收或者消防验收不合格的，禁止投入使用；其他建设工程经依法抽查不合格的，应当停止使用。

《建设工程消防监督管理规定》进一步规定，建设单位申请消防验收应当提供下列8个方面的材料：建设工程消防验收申报表；工程竣工验收报告和有关消防设施的工程竣工图纸；消防产品质量合格证明文件；具有防火性能要求的建筑构件、建筑材料、装修材料符合国家标准或者行业标准的证明文件、出厂合格证；消防设施监测合格证明文件；施工、工程监理、监测单位的合法身份证明和资质等级证明文件；建设单位的工商营业执照等合法身份证明文件；法律、行政法规规定的其他资料。

施工单位应当承担下列消防施工的质量和安全责任：按照国家工程建设消防技术标准和经消防设计审核合格或者备案的消防设计文件组织施工，不得擅自改变消防设计进行施工，降低消防施工质量；查验消防产品和具有防火性能要求的建筑构件、建筑材料及装修材料的质量，使用合格产品，保证消防施工质量；建立施工现场消防安全责任制度，确定消防安全负责人。加强对施工人员的消防教育培训，落实动火、用电、易燃可燃材料等消防管理制度和操作规程。保证在建工程竣工验收前消防通道、消防水源、消防设施和器材、消防安全标志等完好有效。

对于依法应当进行消防验收的建设工程，未经消防验收或者消防验收不合格，擅自投入使用的，《消防法》规定，由公安机关消防机构责令停止施工、停止使用或者停产停业，并处3万元以上30万元以下的罚款。

3. 建设工程竣工环保验收

(1)建设工程竣工环保验收法律制度。国务院颁布的《建设项目环境保护管理条例》中规定,建设项目竣工后,建设单位应当向审批该建设项目环境影响报告书、环境影响报告表或者环境影响登记表的环境保护行政主管部门,申请该建设项目需要配套建设的环境保护设施竣工验收。

环境保护设施竣工验收,应当与主体工程竣工验收同时进行。需要进行试生产的建设项目,建设单位应当自建设项目投入试生产之日起3个月内,向审批该建设项目环境影响报告书、环境影响报告表或者环境影响登记表的环境保护行政主管部门,申请该建设项目需要配套建设的环境保护设施竣工验收。分期建设、分期投入生产或者使用的建设项目,其相应的环境保护设施应当分期验收。

环境保护行政主管部门应当自收到环境保护设施竣工验收申请之日起30日内,完成验收。建设项目需要配套建设的环境保护设施经验收合格,该建设项目方可正式投入生产或者使用。

(2)建设工程竣工环保验收违法行为应承担的法律责任。

1)建设项目投入试生产超过3个月,建设单位未申请环境保护设施竣工验收的,由审批该建设项目环境影响报告书、环境影响报告表或者环境影响登记表的环境保护行政主管部门责令限期办理环境保护设施竣工验收手续;逾期未办理的,责令停止试生产,可以处5万元以下的罚款。

2)建设项目需要配套建设的环境保护设施未建成、未经验收或者经验收不合格,主体工程正式投入生产或者使用的,由审批该建设项目环境影响报告书、环境影响报告表或者环境影响登记表的环境保护行政主管部门责令停止生产或者使用,可以处10万元以下的罚款。

4. 建筑工程节能验收

《中华人民共和国节约能源法》规定,不符合建筑节能标准的建筑工程,建设主管部门不得批准开工建设;已经开工建设的,应当责令停止施工、限期改正;已经建成的,不得销售或者使用。

国务院颁布的《民用建筑节能条例》中进一步规定,建设单位组织竣工验收,应当对民用建筑是否符合民用建筑节能强制性标准进行查验;对不符合民用建筑节能强制性标准的,不得出具竣工验收合格报告。

建筑节能工程为单位建筑工程的一个分部工程,并按规定划分为分项工程和检验批。建筑节能分部工程的质量验收,应在检验批、分项工程全部验收合格的基础上,进行建筑围护结构的外墙节能构造实体检验,严寒、寒冷和夏热冬冷地区的外窗气密性现场检测,以及系统节能性能检测和系统联合试运转与调试,确认建筑节能工程质量达到验收的条件后方可进行。

(1)建筑节能分部工程验收的组织。建筑节能工程验收的程序和组织应遵守《建筑工程施工质量验收统一标准》(GB 50300—2013)的要求,并应符合下列规定:

1)节能工程的检验批验收和隐蔽工程验收应由监理工程师主持,施工单位相关专业的质量检查员与施工员参加;

2)节能分项工程验收应由监理工程师主持,施工单位项目技术负责人和相关专业的质量检查员、施工员参加,必要时可邀请设计单位相关专业的人员参加;

3)节能分部工程验收应由总监理工程师(建设单位项目负责人)主持,施工单位项目、经理、项目技术负责人和相关专业的质量检查员、施工员参加,施工单位的质量或技术负责人应参加,设计单位节能设计人员应参加。

(2)建筑节能工程专项验收应注意事项。

1)建筑节能工程验收重点是检查建筑节能工程效果是否满足设计及规范要求,监理和施工单位应加强和重视节能验收工作,对验收中发现的工程实物质量问题及时解决。

2)工程项目存在以下问题之一的,工程监理单位不得组织节能工程验收:未完成建筑节能工程设计内容的;隐蔽验收记录等技术档案和施工管理资料不完整的;工程使用的主要建筑材料、建筑构配件和设备未提供进场检验报告的,未提供相关的节能性检测报告的;工程存在违反强制性条文的质量问题而未整改完毕的;对监督机构发出的责令整改内容未整改完毕的;存在其他违反法律、法规行为而未处理完毕的。

3)工程项目验收存在以下问题之一的,应重新组织建筑节能工程验收:验收组织机构不符合法规及规范要求的;参加验收人员不具备相应资格的;参加验收各方主体验收意见不一致的;验收程序和执行标准不符合要求的;各方提出的问题未整改完毕的。

4)单位工程在办理竣工备案时应提交建筑节能相关资料,不符合要求的不予备案。

5)建筑工程节能验收违法行为应承担的法律责任。《民用建筑节能条例》中规定,建设单位对不符合民用建筑节能强制性标准的民用建筑项目出具竣工验收合格报告的,由县级以上地方人民政府建设主管部门责令改正,处民用建筑项目合同价款2%以上4%以下的罚款;造成损失的,依法承担赔偿责任。

【案例7-8】 隐蔽工程验收

某施工单位承接了一栋办公楼的施工任务。在进行二层楼面板施工时,施工单位在楼面钢筋、模板分项工程完工并自检后,准备报请监理方进行钢筋隐蔽工程验收。由于其楼面板钢筋中有一种用量较少(100 kg)的钢筋复检结果尚未出来,监理方的隐蔽验收便未通过。因为建设单位要求赶工期,在建设单位和监理方同意的情况下,施工单位浇筑了混凝土,进行了钢筋隐蔽。事后,建设工程质量监督机构要求施工单位破除楼面,进行钢筋隐蔽验收。工程监理单位也提出同样的要求。与此同时,待检的少量钢筋复检结果显示钢筋质量不合格。后经设计验算,提出用碳纤维进行楼面加固,造成直接经济损失约80万元。

为此,有关方对损失的费用由谁承担发生了争议。施工单位有何过错?

【案例评析】

《建设工程质量管理条例》第30条规定:"施工单位必须建立、健全施工质量的检验制度,严格工序管理,作好隐蔽工程的质量检查和记录。隐蔽工程在隐蔽前,施工单位应当通知建设单位和建设工程质量监督机构。"显然,对于隐蔽工程,施工单位必须做好检查、检验和记录,并应当及时作出隐蔽通知。在本案例中,有一种钢筋复检结果尚未出来,应当还处于自检阶段,不具备隐蔽通知的条件。虽然,施工单位准备报请监理方进行钢筋隐蔽工程验收,但是钢筋复检结果未出来,监理方的隐蔽验收也就未通过。因为建设单位提出赶工要求,施工单位在建设单位和监理方同意的情况下,浇筑了混凝土,进行了钢筋隐蔽。这就违反了《建设工程质量管理条例》的规定,绕开了建设工程质量监督机构的监督,所以施工单位是有严重过错的。

四、竣工结算、质量争议的规定

竣工验收是工程建设活动的最后阶段。在此阶段,建设单位与施工单位容易就合同价款结算、质量缺陷等引起纠纷,导致建设工程不能及时办理竣工验收或完成竣工验收。

(一)工程竣工结算

《合同法》规定,建设工程竣工后,发包人应当根据施工图纸及说明书、国家颁发的施工验收规范和质量检验标准及时进行验收。验收合格的,发包人应当按照约定支付价款,并接收该建设工程。《建筑法》也规定,发包单位应当按照合同的约定,及时拨付工程款项。

1. 工程竣工结算方式

《建设工程价款结算暂行办法》规定,工程完工后,双方应按照约定的合同价款与合同价款调整内容及索赔事项,进行工程竣工结算。工程竣工结算可分为单位工程竣工结算、单项工程竣工结算和建设项目竣工总结算。

2. 竣工结算文件的提交、编制与审查

(1)竣工结算文件的提交。《建筑工程施工发包与承包计价管理办法》规定,工程完工后,承包方应当在约定期限内提交竣工结算文件。

《建设工程价款结算暂行办法》规定,承包人应在合同约定期限内完成项目竣工结算编制工作,未在规定期限内完成并且提不出正当理由延期的,责任自负。

(2)竣工结算文件的编审。单位工程竣工结算由承包人编制,发包人审查;实行总承包的工程,由具体承包人编制,在总包人审查的基础上,发包人审查。

单项工程竣工结算或建设项目竣工总结算由总(承)包人编制,发包人可直接进行审查,也可以委托具有相应资质的工程造价咨询机构进行审查。政府投资项目,由同级财政部门审查。单项工程竣工结算或建设项目竣工总结算经发、承包人签字盖章后有效。

《建筑工程施工发包与承包计价管理办法》规定,国有资金投资建筑工程的发包方,应当委托具有相应资质的工程造价咨询企业对竣工结算文件进行审核,并在收到竣工结算文件后的约定期限内向承包方提出由工程造价咨询企业出具的竣工结算文件审核意见;逾期未答复的,按照合同约定处理,合同没有约定的,竣工结算文件视为已被认可。

(3)承包方异议的处理。承包方对发包方提出的工程造价咨询企业竣工结算审核意见有异议的,在接到该审核意见后一个月内,可以向有关工程造价管理机构或者有关行业组织申请调解,调解不成的,可以依法申请仲裁或者向人民法院提起诉讼。

(4)竣工结算文件的确认与备案。工程竣工结算文件经发承包双方签字确认的,应当作为工程决算的依据,未经对方同意,另一方不得就已生效的竣工结算文件委托工程造价咨询企业重复审核。发包方应当按照竣工结算文件及时支付竣工结算款。

竣工结算文件应当由发包方报工程所在地县级以上地方人民政府住房城乡建设主管部门备案。

3. 竣工结算文件的审查期限

单项工程竣工后,承包人应在提交竣工验收报告的同时,向发包人递交竣工结算报告及完整的结算资料,发包人应按以下规定时限进行核对(审查)并提出审查意见:

(1)500万元以下,从接到竣工结算报告和完整的竣工结算资料之日起20天。
(2)500万元~2 000万元,从接到竣工结算报告和完整的竣工结算资料之日起30天。
(3)2 000万元~5 000万元,从接到竣工结算报告和完整的竣工结算资料之日起45天。
(4)5 000万元以上,从接到竣工结算报告和完整的竣工结算资料之日起60天。

建设项目竣工总结算在最后一个单项工程竣工结算审查确认后15天内汇总,送发包人后30天内审查完成。

4. 工程竣工价款结算

发包人收到承包人递交的竣工结算报告及完整的结算资料后，应按以上规定的期限（合同约定有期限的，从其约定）进行核实，给予确认或者提出修改意见。发包人根据确认的竣工结算报告向承包人支付工程竣工结算价款，保留5%左右的质量保证（保修）金，待工程交付使用1年质保期到期后清算（合同另有约定的，从其约定），质保期内如有返修，发生费用应在质量保证（保修）金内扣除。工程竣工结算以合同工期为准，实际施工工期比合同工期提前或延后，发承包双方应按合同约定的奖惩办法执行。

5. 索赔及合同以外零星项目工程价款结算

发承包人未能按合同约定履行自己的各项义务或发生错误，给另一方造成经济损失的，由受损方按合同约定提出索赔，索赔金额按合同约定支付。

发包人要求承包人完成合同以外零星项目，承包人应在接受发包人要求的7天内就用工数量和单价、机械台班数量和单价、使用材料和金额等向发包人提出施工签证，发包人签证后施工。如发包人未签证，承包人施工后发生争议的，责任由承包人自负。发包人和承包人要加强施工现场的造价控制，及时对工程合同外的事项如实记录并履行书面手续。凡由发承包双方授权的现场代表签字的现场签证及发承包双方协商确定的索赔等费用，应在工程竣工结算中如实办理，不得因发承包双方现场代表的中途变更改变其有效性。

(二)竣工工程质量争议的处理

《建筑法》规定，建筑工程竣工时，屋顶、墙面不得留有渗漏、开裂等质量缺陷；对已发现的质量缺陷，建筑施工企业应当修复。《建设工程质量管理条例》规定，施工单位对施工中出现质量问题的建设工程或者竣工验收不合格的建设工程，应当负责返修。

据此，建设工程竣工时发现的质量问题或者质量缺陷，无论是建设单位的责任还是施工单位的责任，施工单位都有义务进行修复或返修。但是，对于非施工单位原因出现的质量问题或质量缺陷，其返修的费用和造成的损失是应由责任方承担的。

1. 承包方责任的处理

《合同法》规定，因施工人的原因致使建设工程质量不符合约定的，发包人有权要求施工人在合理期限内无偿修理或者返工、改建。

如果承包人拒绝修理、返工或改建的，《最高人民法院关于审理建设工程施工合同纠纷案件适用法律问题的解释》第11条规定，因承包人的过错造成建设工程质量不符合约定，承包人拒绝修理、返工或者改建，发包人请求减少支付工程价款的，应予支持。

2. 发包方责任的处理

《建筑法》规定，建设单位不得以任何理由，要求建筑设计单位或者建筑施工企业在工程设计或者施工作业中，违反法律、行政法规和建筑质量、安全标准，降低工程质量。

《最高人民法院关于审理建设工程施工合同纠纷案件适用法律问题的解释》第12条规定，发包人具有下列情形之一，造成建设工程质量缺陷，应当承担过错责任：提供的设计有缺陷；提供或者指定购买的建筑材料、建筑构配件、设备不符合强制性标准；直接指定分包人分包专业工程。

3. 未经竣工验收擅自使用的处理

《建筑法》《合同法》《建设工程质量管理条例》均规定，建设工程竣工经验收合格后，方可交付使用；未经验收或验收不合格的，不得交付使用。

在实践中，一些建设单位出于各种原因，往往未经验收就擅自提前占有使用建设工程。为此，《最高人民法院关于审理建设工程施工合同纠纷案件适用法律问题的解释》第13条规定，建设工程未经竣工验收，发包人擅自使用后，又以使用部分质量不符合约定为由主张权利的，不予支持；但是承包人应当在建设工程的合理使用寿命内对地基基础工程和主体结构质量承担民事责任。

【案例7-9】 工程主体结构存在严重的安全隐患，验收不能通过

2003年3月甲乙双方签订施工总承包合同，由乙方负责职工宿舍楼的施工。双方在合同中约定：隐蔽工程由双方共同检查，检查费用由甲方支付。

地下室防水工程完成后，乙方通知甲方验收，甲方则答复：因为公司内部事务较多，由乙方自己检查，出具检查记录即可。20天后，甲方又聘请了专业技术人员对地下室防水工程进行了质量检查，发现没有达到合同所约定的标准，要求乙方承担检查的费用，并且进行工程返工。乙方认为合同约定检查费用由甲方支付，所以，拒绝支付费用但同意工程返工。多次要求乙方付款未果，起诉到法院。

甲方法院受理案件以后，对地下室防水工程重新进行了鉴定，结论为地下室防水工程质量不符合合同约定的标准。法院判决乙方承担检查的费用。该案件中因隐蔽工程竣工验收而产生的纠纷违反了哪些法律规定？你认为该案件审理的正确吗？

【案例评析】

根据《合同法》第二百七十八条的规定，隐蔽工程隐蔽以前，承包人应当通知发包人检查，发包人没有及时检查的，承包人可以顺延工程工期，并有权要求赔偿停工、窝工等损失。所以隐蔽工程在隐蔽以前，发包人的义务是对工程及时检查，承包人的义务是及时通知发包人进行检查。

在本案例中，乙方履行了通知义务，对于甲方不履行检查义务的行为，有权停工待查，由此造成的损失由甲方承担。但是乙方没有这样做反而进行自己检查，继续进行施工，所以双方均有过错。对于事后的复检费用，则应该根据检查结果而定。如果检查结果是不符合合同标准，则因为该后果乃乙方所致，检查费用应该由乙方承担；反之，则应该由甲方承担。所以，法院的判决是正确的。

【案例7-10】 工程未经验收，不得交付使用

某钢铁厂将一幢职工宿舍楼的修建工程承包给A建筑公司，签订了一份建筑工程施工承包合同，对工期、质量、价款、结算等作了详细规定。合同签订后，施工顺利。在宿舍楼工程的二层内装修完毕后，该厂的员工就强行搬了进去，以后每装修完一层，就住进去一层。到工程完工时，此楼已全部被该厂员工所占用。这时，钢铁厂对宿舍楼进行验收，发现一、二层墙皮脱落，门窗开关使用不便等问题，要求施工单位返工。A建筑公司遂对门窗进行了检修，但拒绝重新粉刷墙壁，于是钢铁厂拒付剩余的工程款。A建筑公司便向法院起诉，要求钢铁厂付清剩余的工程款。

【案例评析】

《建筑法》《合同法》《建设工程质量管理条例》均规定，建设工程竣工经验收合格后，方可交付使用；未经验收或验收不合格的，不得交付使用。同时，《最高人民法院关于审理建设工程施工合同纠纷案件适用法律问题的解释》规定，"建设工程未经竣工验收，发包人擅自使用后，又以使用部分质量不符合约定为由主张权利的，不予支持；但是承包人应当在建设工程的合理使用寿命内对地基基础工程和主体结构质量承担民事责任。"

本案例中的宿舍楼工程未经竣工验收，发包方即钢铁厂员工就擅自使用，且该工程没有地基基础工程和主体结构的质量问题。根据上述法律和司法解释的规定，钢铁厂应当对工程质量承担相应责任，并应当尽快支付剩余的工程款。

第五节　建设工程质量保修制度

《建筑法》《建设工程质量管理条例》均规定，建设工程实行质量保修制度。

建设工程质量保修制度，是指建设工程竣工经验收后，在规定的保修期限内，因勘察、设计、施工、材料等原因造成的质量缺陷，应当由施工承包单位负责维修、返工或更换，由责任单位负责赔偿损失的法律制度。建设工程质量保修制度对于促进建设各方加强质量管理，保护用户及消费者的合法权益可起到重要的保障作用。

一、质量保修书和最低保修期限的规定

1. 建设工程质量保修书

《建设工程质量管理条例》规定，建筑工程承包单位在向建设单位提交工程竣工验收

报告时，应当向建设单位出具质量保修书。质量保修书中应当明确建设工程的保修范围、保修期限和保修责任等。

（1）质量保修范围。《建筑法》规定，建筑工程的保修范围应当包括地基基础工程、主体结构工程、屋面防水工程和其他土建工程，以及电气管线、上下水管线的安装工程，供热、供冷系统工程等项目。当然，不同类型的建设工程，其保修范围是有所不同的。

（2）质量保修期限。《建筑法》规定，保修的期限应当按照保证建筑物合理寿命年限内正常使用，维护使用者合法权益的原则确定。对具体的保修范围和最低保修期限，《建设工程质量管理条例》中作了明确规定。

（3）质量保修责任。施工单位在质量保修书中，应当向建设单位承诺保修范围、保修期限和有关具体实施保修的措施，如保修的方法、人员及联络办法，保修答复和处理时限，不履行保修责任的罚则等。

需要注意的是，施工单位在建设工程质量保修书中，应当对建设单位合理使用建设工程有所提示。如果是因建设单位或者用户使用不当或擅自改动结构、设备位置及不当装修等造成质量问题的，施工单位不承担保修责任；由此而造成的质量受损或者其他用户损失，应当由责任人承担相应的责任。

2. 建设工程质量的最低保修期限

《建设工程质量管理条例》第四十条规定，在正常使用条件下，建设工程的最低保修期限如下：

（1）基础设施工程、房屋建筑的地基基础工程和主体结构工程，为设计文件规定的该工程的合理使用年限。

（2）屋面防水工程、有防水要求的卫生间、房间和外墙面的防渗漏，为 5 年。

(3) 供热与供冷系统，为两个采暖期、供冷期。
(4) 电气管线、给水排水管道、设备安装和装修工程，为2年。
其他项目的保修期限由发包方与承包方约定。
建设工程的保修期限自竣工验收合格之日起计算。

【案例7-11】 工程质量保修期限

某建筑公司承建阳光集团工程的施工任务，该工程于2000年5月15日开工建设，于2001年7月20日竣工验收并交付使用，工程保修期为正常使用条件下，建设工程的最低保修期为2007年8月，用户发现屋面大面积漏水。经调查，屋面漏水的主要原因是施工单位在施工过程中，使用的防水材料质量存在问题，项目经理瞒过了监理工程师。在正常使用条件下，屋面防水工程保修期为多久？该屋面防水漏水时，是否已过保修期？施工单位是否对该质量问题负责？为什么？

【案例评析】

在正常使用条件下，屋面防水工程的最低保修期限为5年。该屋面防水漏水时，已经过了保修期。虽然已经过了保修期，但施工单位仍要对该质量问题负责。原因是：该问题发生是由于施工单位采用不合格材料造成的，是施工过程造成的质量隐患，不属于保修期的范围，因此不存在过了保修期的说法。

《建筑法》《建设工程质量管理条例》均规定，建设工程实行质量保修制度。建设工程质量保修制度，是指建设工程竣工经验收后，在规定的保修期限内，因勘察、设计、施工、材料等原因造成的质量缺陷，应当由施工承包单位负责维修、返工或更换，由责任单位负责赔损失的法律制度。

【案例7-12】 建设工程保修期

2000年4月，某大学为建设学生公寓，与某建筑公司签订了一份建设工程合同。合同约定：工程采用固定总价合同形式，主体工程和内外承重砖一律使用国家标准砌块，每层加水泥圈梁；某大学可预付工程款（合同价款的10%）；工程的全部费用于验收合格后一次付清；交付使用后，如果在6个月内发生严重质量问题，由承包人负责修复等。1年后，学生公寓如期完工，在某大学和某建筑公司共同进行竣工验收时，某大学发现工程3~5层的内承重墙体裂缝较多，要求某建筑公司修复后再验收，某建筑公司认为不影响使用而拒绝修复。因为很多新生急待入住，某大学接受了宿舍楼。在使用了8个月之后，公寓楼5层的内承重墙倒塌，致使1人死亡，3人受伤，其中1人致残。受害者与某大学要求某建筑公司赔偿损失，并修复倒塌工程。某建筑公司以使用不当且已过保修期为由拒绝赔偿。无奈之下，受害者与某大学诉至法院，请法院主持公道。

【案例评析】

建设工程的保修期限不能低于国家规定的最低保修期限。其中，对地基基础工程、主体结构工程实际规定为终身保修。

在本案例中，某大学与某建筑公司虽然在合同中双方约定保修期限为6个月，但这一期限远远低于国家规定的最低期限，尤其是承重墙的主体结构，其最低保修期限依法应终身保修。双方的质量期限条款违反了国家强制性法律规定，因此是无效的。某建筑公司应当向受害者承担损害赔偿责任。承包人损害赔偿责任的内容应当包括医疗费、因误工减少的收入、残废者生活补助费等。造成受害人死亡的，还应当支付丧葬费、抚恤费、死者生前抚养的人必要的生活费用等。

另外，某建筑公司在施工中偷工减料，造成质量事故，有关主管部门应当依据《建筑法》第74条的有关规定对其进行法律制裁。

二、质量责任的损失赔偿

《建设工程质量管理条例》规定，建设工程在保修范围和保修期限内发生质量问题的，施工单位应当履行保修义务，并对造成的损失承担赔偿责任。

1. 保修义务的责任落实与损失赔偿责任的承担

《最高人民法院关于审理建设工程施工合同纠纷案件适用法律问题的解释》规定，因保修人未及时履行保修义务，导致建筑物损毁或者造成人身、财产损害的，保修人应当承担赔偿责任。保修人与建筑物所有人或者发包人对建筑物毁损均有过错的，各自承担相应的责任。

建设工程保修的质量问题是指在保修范围和保修期限内的质量问题。对于保修义务的承担和维修的经济责任承担应当按下述原则处理：

(1)施工单位未按照国家有关标准规范和设计要求施工所造成的质量缺陷，由施工单位负责返修并承担经济责任。

(2)由于设计问题造成的质量缺陷，先由施工单位负责维修，其经济责任按有关规定通过建设单位向设计单位索赔。

(3)因建筑材料、构配件和设备质量不合格引起的质量缺陷，先由施工单位负责维修，其经济责任属于施工单位采购的或经其验收同意的，由施工单位承担经济责任；属于建设单位采购的，由建设单位承担经济责任。

(4)因建设单位(含工程监理单位)错误管理而造成的质量缺陷，先由施工单位负责维修，其经济责任由建设单位承担；如属监理单位责任，则由建设单位向监理单位索赔。

(5)因使用单位使用不当造成的损坏问题，先由施工单位负责维修，其经济责任由使用单位自行负责。

(6)因地震、台风、洪水等自然灾害或其他不可抗拒原因造成的损坏问题，先由施工单位负责维修，建设参与各方再根据国家具体政策分担经济责任。

2. 建设工程质量保证金

《建设工程质量保证金管理暂行办法(2017修订)》规定，建设工程质量保证金(保修金)(以下简称保证金)是指发包人与承包人在建筑工程承包合同中约定，从应付的工程款中预留，用以保证承包人在缺陷责任期内对建设工程出现的缺陷进行维修的资金。

(1)缺陷责任期的确定。所谓缺陷，是指建设工程质量不符合工程建设强制性标准、设计文件，以及承包合同的约定。缺陷责任期一般为6个月、12个月或24个月，具体可由发承包双方在合同中约定。

缺陷责任期从工程通过竣(交)工验收之日起计。由于承包人原因导致工程无法按规定期限进行竣(交)工验收的，缺陷责任期从实际通过竣(交)工验收之日起计。由于发包人原因导致工程无法按规定期限进行竣(交)工验收的，在承包人提交竣(交)工验收报告90天后，工程自动进入缺陷责任期。

(2)预留保证金的比例。全部或者部分使用政府投资的建设项目，按工程价款结算总额5%左右的比例预留保证金。社会投资项目采用预留保证金方式的，预留保证金的比例可参照执行。

缺陷责任期内，由承包人原因造成的缺陷，承包人应负责维修，并承担鉴定及维修费用。如承包人不维修也不承担费用，发包人可按合同约定扣除保证金，并由承包人承担违约责任。承包人维修并承担相应费用后，不免除对工程的一般损失赔偿责任。由他人原因造成的缺陷，发包人负责组织维修，承包人不承担费用，且发包人不得从保证金中扣除费用。

(3) 质量保证金的返还。缺陷责任期内，承包人认真履行合同约定的责任。到期后，承包人向发包人申请返还保证金。

发包人在接到承包人返还保证金申请后，应于14日内会同承包人按照合同约定的内容进行核实。如无异议，发包人应当在核实后14日内将保证金返还给承包人，逾期支付的，从逾期之日起，按照同期银行贷款利率计付利息并承担违约责任。发包人在接到承包人返还保证金申请后14日内不予答复，经催告后14日内仍不予答复，视同认可承包人的返还保证金申请。

发包人和承包人对保证金预留、返还以及工程维修质量、费用有争议，按承包合同约定的争议和纠纷解决程序处理。

【案例 7-13】 保修期内建筑公司应当承担无偿修理的责任

2006年8月，发包人甲方与承包人乙方订立了一份施工承包某宿舍楼工程的合同，合同总价款为47 560 000元。2008年5月竣工。甲方称，同年6月开始，该楼外墙面砖发生掉落事件，至2011年6月发生墙砖脱落十余次，险些造成人身伤害。甲方在上述事件发生后多次要求乙方修缮，却一直未予彻底解决。遂甲方于2011年9月提起仲裁，2011年10月甲方通过招标自行选定第三方实施修缮，实际发生的费用为3 570 000元，要求乙方承担该项维修费用。

关于保修期的问题，乙方认为，外墙面砖属于装修工程，法定保修期应为两年，而实际已超过保修期一年多，甲方没有再向乙方主张修复外墙面砖和支付保修费的权利。甲方认为，外墙面砖脱落都是在保修期内形成的，只是问题遗留到了两年之后还未得到有效的处理。仲裁庭支持了甲方的该项主张，裁决乙方承担了大部分修缮费用。

【案例评析】

工程竣工验收后即进入行保修期。在保修期内，施工方有责任对出现的质量问题进行保修。如果过了保修期，不再有保修的责任。从以上案例可以看出，如果出现施工方在施工过程中违反合同使用不合格的建筑材料或者偷工减料等，后期因为施工方的问题出现的质量问题，仍然应由施工方负责。

本章小结

建设工程质量有广义和狭义之分。狭义上的建设工程质量仅指工程实体质量。它是指在国家现行的有关法律、法规、技术标准、设计文件和合同中，对工程的安全、适用、经济、美观等特性的综合要求。广义上的建设工程质量还包括工程建设参与者的服务质量和工作质量，它反映在他们的服务是否及时、主动，态度是否诚恳、守信，管理水平是否先进，工作效率是否较高等方面。

建设工程质量的优劣直接关系国民经济的发展和人民生命财产的安全，因此，加强建设工程质量的管理是一个十分重要的问题。根据有关法规规定，我国建立起了对建设工程质量进行管理的体系，它包括纵向管理和横向管理两个方面。

竣工验收是全面考核基本建设成果、检验设计和工程质量的重要步骤，也是基本建设转入生产或使用的标志。根据《建设工程质量管理条例》的规定，建设工程竣工验收应符合相关规定，质量保修书和最低保修期限应符合规定。

 小知识

建设工程质量终身责任制

建设工程质量责任制涵盖建设单位，勘测、设计单位，施工单位，工程监理单位等五方主体的质量责任制。

2014年8月，住房和城乡建设部发布《建筑工程五方责任主体项目负责人质量终身责任追究暂行办法》规定，建筑工程开工建设前，建设、勘察、设计、施工、监理单位法定代表人应当签署授权书，明确本单位项目负责人。建筑工程各方责任主体项目负责人质量终身责任，是指参与新建、扩建、改建的建筑工程项目负责人按照国家法律法规和有关规定，在工程设计使用年限内对工程质量承担相应责任。工程质量终身责任实行书面承诺和竣工后永久性标牌等制度。建筑工程五方责任主体项目负责人是指承担建筑工程建设的建设单位项目负责人、勘察单位项目负责人、设计单位项目负责人、施工单位项目经理、监理单位总监理工程师。

2017年2月，国务院办公厅《关于促进建筑业持续健康发展的意见》中规定，全面落实各方主体的工程质量责任，特别要强化建设单位的首要责任和勘察、设计、施工单位的主体责任。严格执行工程质量终身责任制，在建筑物明显部位设置永久性标牌，公示质量责任主体和主要责任人。对违反有关规定、造成工程质量事故的，依法给予责任单位停业整顿、降低资质等级、吊销资质证书等行政处罚并通过国家企业信用信息公示系统予以公示，给予注册执业人员暂停执业、吊销资质证书、一定时间直至终身不得进入行业等处罚。对发生工程质量事故造成损失的，依法追究经济赔偿责任，情节严重的要追究有关单位和人员的法律责任。参与工程建设的所有企业应依法合规经营，提高工程质量。

练习题

1. 建设工程质量领导责任制做了哪些规定？
2. 勘察设计单位的质量责任和义务有哪些？
3. 工程监理单位的质量责任和义务包括哪些？
4. 在工程实践过程中竣工验收的类型有哪些？
5. 工程竣工结算方式有哪些？

综合练习题

某建筑公司承建的一座高层建筑,采用框架-剪力墙结构,抗震设计为8度设防。建设单位已与监理公司签订了施工阶段的监理合同,与承包商签订了施工合同。该工程需在现场用后张法制作一批预应力构件。为确保预应力构件质量,必须保证可靠地建立预应力值,监理公司派监理人员对预应力构件的制作实施旁站监理。本工程目前正在施工,但是工程施工时发生了如下事件:在地下室工程施工阶段,施工单位把地下室内防水工程给一专业分包单位承包施工,该分包单位未经资质验证认可即进场施工,并已进行了 300 m³ 的防水工程。

问题:

(1)如果在制作预应力构件过程中或者地下室施工过程中出现质量事故,如何处理?

(2)监理工程师对分包单位如何进行资格审核确认?

(3)针对本案例遇到的问题,监理工程师应如何分别处理?

综合练习题解析

第八章 建设工程安全法规

职业能力目标

能运用建设工程安全生产管理法处理建设工程安全方面的问题。

学习要求

了解《中华人民共和国安全生产法》、工程安全生产管理概述、政府主管部门安全监督管理;熟悉建设工程安全生产的立法现状,安全生产许可证的申领、审批及时效,建设单位安全生产管理的主要责任和义务,勘察、设计单位安全生产管理的主要责任和义务,施工单位安全生产管理的主要责任和义务,安全监督检查人员职权和义务;掌握安全生产管理的基本方针、建设工程安全生产管理基本制度、安全生产许可证监督管理、违反安全生产许可证管理应承担的主要责任、安全生产的监督方式、施工生产安全事故应急救援预案、事故报告及处理。

本章重点: 施工安全生产许可证制度、建设工程各方安全生产管理的主要责任和义务。

本章难点: 安全生产的监督管理,施工安全事故的应急救援与调查处理。

第一节 建设工程安全生产概述

一、《中华人民共和国安全生产法》简介

《中华人民共和国安全生产法》(以下简称《安全生产法》)根据 2014 年 8 月 31 日第十二届全国人民代表大会常务委员会第十次会议《关于修改〈中华人民共和国安全生产法〉的决定》第二次修正,自 2014 年 12 月 1 日起施行。《安全生产法》的立法目的是加强安全生产监督管理,防止和减少生产安全事故,保障人民群众生命和财产安全,促进经济发展。生产必须安全,安全为了生产。如果质量是企业的生命,那么,安全就是职工的生命,也是企业的效益。因此,《安全生产法》规定,安全生产工作应当以人为本,坚持安全发展,坚持安全第一、预防为主、综合治理的方针,强化和落实生产经营单位的主体责任,建立生产经营单位负责、职工参与、政府监管、行业自律和社会监督的机制。

2016 年 12 月《中共中央国务院关于推进安全生产领域改革发展的意见》中指出,贯彻以人民为中心的发展思想,始终将人民的生命安全放在首位,正确处理安全与发展的关系,大力实施安全发展战略,为经济社会发展提供强有力的安全保障。因此,凡是在中华人民共和国领域内从事生产经营活动的单位的安全生产,都必须遵守《安全生产法》。在中华人民共和国领域内从事建筑生产经营活动的单位的安全生产属于《安全生产法》的调整范围。

二、工程安全生产管理概述

工程安全生产是指建筑生产过程中要避免人员、财产的损失及对周围环境的破坏。其包括建筑生产过程中施工现场的人身安全，财产设备安全，施工现场及附近的道路、管线和房屋的安全，施工现场和周围环境的保护及工程建成后的使用安全等方面的内容。生产与安全是既相互促进又相互制约的统一体。保证安全会增加生产成本，加大生产难度，但是，安全得到保证以后又会促进生产，增长经济效益。

工程安全生产管理是指在施工过程中，利用现代管理的科学知识，组织安全生产的全部管理活动。由于施工现场危险作业多、立体交叉作业多、作业面广、工期长、受自然气候环境影响大等特点，施工项目的安全管理具有复杂性、必要性及紧迫性。工程安全生产管理不仅关系建筑企业的健康发展，而且关系人民的生命财产安全及社会的稳定。

由于建筑生产具有产品固定、人员流动、多为露天作业、高处作业等特点，造成施工条件差、不安全因素多，这些因素随工程的进展不断变化，导致生产规律性差、事故隐患多，使建筑业成为事故多发行业。但是，根据调查统计显示，在生产过程中人的不安全行为是造成安全事故最主要也是最直接的原因。因此，建立完善的安全生产管理制度，加强对建筑生产活动的监督管理，是避免建筑生产事故、保护人身财产安全的最基本保证。

三、建设工程安全生产的立法现状

建设工程的安全生产是工程建设管理的一项重要内容。"管建设必须管安全"是工程建设管理的一项重要原则。国务院及有关主管部门多次发出通知，强调要大力加强工程建设中的安全生产管理。我国现行规范工程安全生产管理的法律主要有：《建筑法》《安全生产法》，行政法规主要有《建设工程安全生产管理条例》《生产安全事故报告和调查处理条例》《安全生产事故隐患排查治理暂行规定》，部门规章主要有《建筑施工企业安全生产许可证动态监管暂行办法》《建筑施工企业安全生产许可证管理规定》《建筑施工企业安全生产管理机构设置及专职安全生产管理人员配备办法》等。从而使我国的建设工程安全生产管理形成较为完备的法规体系，具有了最高权威的法律依据。

另外，由于安全生产管理内容较多，涉及劳动保护、安全管理、伤亡事故处理、安全教育、安全技术、消防保卫、职业卫生、安全防护等，因此有关安全生产的法律法规体系也较为庞杂，各地方性法规及地方政府规章中也有众多关于安全生产的规定。

需要说明的是，对建设工程安全生产的管理，下面将主要根据《建设工程安全生产管理条例》，着重从建设工程安全生产管理的基本制度、建设工程各方安全生产管理的主要责任和义务、安全生产的监督管理与责任事故处理三个方面进行介绍。

四、安全生产管理的基本方针

坚持"安全第一、预防为主"的方针，是建筑活动中必须坚持的基本方针。所谓"安全第一、预防为主"，是指在建筑生产活动中，将保证生产安全放在第一位，在管理、技术等方面采取能够确保生产安全的预防措施，防止建设工程事故的发生。要坚持这一方针，应当做到以下几点：

(1)从事建筑活动的单位的各级管理人员和全体职工,尤其是单位负责人,一定要牢固树立安全第一的意识,正确处理安全生产与工程进度、效益等方面的关系,将安全生产放在首位。

(2)要加强劳动安全生产工作的组织领导和计划性,在建筑活动中加强对安全生产的统筹规划和各方面的通力协作。

(3)要建立、健全安全生产的责任制度和群防群治制度。

(4)要对有关管理人员及职工进行安全教育培训。未经安全教育培训的,不得从事安全管理工作或上岗作业。

(5)建筑施工企业必须为职工发放保障安全生产的劳动保护用品。

(6)使用的设备、器材、仪器和建筑材料必须符合保证生产安全的国家标准与行业标准。

五、建设工程安全生产管理基本制度

1. 安全生产许可证制度

国家对建筑施工企业实行安全生产许可制度,建筑施工企业应具备一定安全生产条件,方可取得安全生产许可证。企业未取得安全许可证的,不得办理施工许可证,不得从事建筑施工活动;建筑施工企业从事建筑施工活动前,应当按规定向企业注册所在地省、自治区、直辖市人民政府建设主管部门申请领取安全生产许可证。安全生产许可证颁发管理机关若发现企业不再具备安全生产条件的,应当暂扣或者吊销安全生产许可证。企业不得转让、冒用安全生产许可证或者使用伪造的安全生产许可证。

2. 安全生产责任制度

安全生产责任制度是建筑生产中最基本的安全管理制度,是所有安全规章制度的核心。建筑施工企业必须依法加强对建筑安全生产的管理,执行安全生产责任制度,采取有效措施,防止伤亡和其他安全生产事故的发生。安全生产责任制度是坚持安全第一、预防为主,将各种不同的安全责任落实到负有安全管理责任的人员和具体岗位人员身上的一种制度。企业实行全员安全生产责任制度,强化部门安全生产职责,落实一岗双责,建立企业全过程安全生产和职业健康管理制度,做到安全责任、管理、投入、培训和应急救援"五到位"。施工单位主要负责人对安全工作全面负责。从事特种作业的安全人员必须进行培训,经过考试合格后方能上岗作业。

3. 群防群治制度

群防群治制度是在建筑安全生产中,充分发挥广大职工和工会组织的积极性,加强群众性和工会监督检查工作,以预防和治理建筑生产中的伤亡事故,是职工群众进行预防和治理安全的一种制度。要求建筑企业职工在施工中应当遵守有关生产的法律、法规和建筑行业安全规章、规程,不得违章作业;对于危及生命安全和身体健康的行为,有权提出批评、检举和控告。构建"政府统一领导、部门依法监管、企业全面负责、群众参与监督、全社会广泛支持"的安全生产工作格局。

4. 安全生产教育培训制度

安全生产教育培训制度是对建筑企业员工进行安全教育培训,提高全员安全意识,促进安全技术、职业健康知识的普及,加强全体员工的安全意识,有效控制工伤事故和预防

职业病的发生，减少各类安全事故发生的制度。安全生产，人人有责，只有通过对全体员工进行安全教育、培训，才能使广大员工真正认识到安全生产的重要性、必要性，掌握更多、更有效的安全生产的科学技术知识，牢固树立安全第一的思想，加强安全意识和安全技能，自觉遵守各项安全生产和规章制度。

5. 安全生产检查制度

安全生产检查制度是上级管理部门或企业自身对安全生产状况进行定期或不定期检查的制度。通过检查可以发现问题，查出隐患，从而采取有效措施；堵塞漏洞，将事故消灭在发生之前。做到防患于未然，是"预防为主"的具体体现。通过检查还可以总结出好的经验加以推广，为进一步搞好安全工作打下基础。安全检查制度是安全生产的保障。

6. 伤亡事故处理报告制度

伤亡事故处理报告制度是施工中发生事故时，建筑企业应当采取紧急措施减少人员伤亡和事故损失，并按照国家有关规定及时向有关部门报告的制度。事故处理必须遵循一定的程序，做到"三不放过"，即事故原因不清不放过、事故责任者和群众没有受到教育不放过、没有防范措施不放过。通过对事故的严格处理，可以总结出教训，为制定规程、规章提供第一手素材。

7. 安全责任追究制度

在法律责任中，规定建设单位、设计单位、施工单位、监理单位，由于没有履行职责造成人员伤亡和事故损失的，视情节给予相应处理：情节严重的，责令停业整顿，降低资质等级或吊销资质证书；构成犯罪的，将依法追究刑事责任。

8. 意外伤害保险制度

对从事危险作业的职工强制进行意外伤害保险制度。意外伤害保险是社会保险的一种，本身具有强制性，它是以人的生命或身体为保险标的，在被保险人因意外事故而致残疾、死亡或丧失工作能力，保险公司依约向被保险人或受益人给付医疗费或保险金的保险。

【案例 8-1】 建筑施工企业不能以企业困难为由拒绝为从事危险作业的职工办理意外伤害保险

某建筑有限公司由于在体制上和经营上的原因，企业效益明显下降。为减少支出，保证企业的竞争力，该公司决策层作出决定，公司不再为本公司职工办理工商社会保险，也不为从事危险作业的职工办理工伤社会保险。该企业职工不同意公司的决定，双方发生争议，企业职工向市劳动仲裁机构申请仲裁。

【案例评析】

该建筑公司的行为违反了《建筑法》第四十八条和《安全生产法》第四十三条的相关规定，应予纠正，并为企业职工补办上述两项保险。

9. 施工现场带班制度

国家部委强化生产过程管理的领导责任，规定企业主要负责人和领导班子成员要轮流现场带班检查。由建筑施工企业负责人带队实施对工程项目质量安全生产状况及项目负责人带班生产情况的定期检查。每月检查时间不少于其工作日的25%，建筑施工企业负责人带班检查时，应认真做好检查记录，并分别在企业和工程项目存档备查。

10. 重大事故隐患治理挂牌督办制度

建立健全生产安全事故隐患排查治理制度，采取技术、管理措施，及时发现并消除事故隐患，事故隐患排查治理情况应当如实记录并向从业人员通报。县级以上地方各级人民政府负有安全生产监督管理职责，建立健全重大事故隐患排查治理逐级挂牌督办、公告制度，督促建筑施工企业消除重大事故隐患并公开有关信息，接受社会监督。建筑施工企业应及时将工程项目重大隐患排查治理的有关情况向建设单位报告。

11. 施工现场安全防护制度

针对高危工艺、设备、物品、场所和岗位，企业要定期开展风险评估和危害辨识，建立分级管控制度，制定落实安全操作规程。树立隐患就是事故的观念，建立健全隐患排查治理制度、重大隐患治理情况向负有安全生产监督管理职责的部门和企业职代会"双报告"制度，实行自查自改自报闭环管理，严格执行安全生产和职业健康"三同时"制度。大力推进企业安全生产标准化建设，实现安全管理、操作行为、设备设施和作业环境的标准化。

第二节 施工安全生产许可证制度

《安全生产法》《安全生产许可证条例（2014修订）》规定，建筑施工企业必须遵循安全生产许可制度的管理；企业未取得安全生产许可证的，不得从事生产活动。

一、安全生产许可证的申领

根据《安全生产许可证条例》的规定，建筑施工企业进行生产前，应当依法向安全生产许可证颁发管理机关申领安全生产许可证。省、自治区、直辖市人民政府建设主管部门负责建筑施工企业安全生产许可证的颁发和管理，并接受国务院建设主管部门的指导和监督。

1. 申领安全生产许可证必须具备的条件

（1）建立、健全安全生产责任制，制定完备的安全生产规章制度和操作规程。

（2）安全投入符合安全生产要求。

（3）设置安全生产管理机构，配备专职安全生产管理人员。

（4）主要负责人和安全生产管理人员经考核合格。

（5）特种作业人员经有关业务主管部门考核合格，取得特种作业操作资格证书。

（6）从业人员经安全生产教育和培训合格。

（7）依法参加工伤保险，为从业人员缴纳保险费。

（8）厂房、作业场所和安全设施、设备、工艺符合有关安全生产法律、法规、标准和规程的要求。

（9）有职业危害防治措施，并为从业人员配备符合国家或行业标准的劳动防护用品。

（10）依法进行安全评价。

（11）有重大危险源检测、评估、监控措施和应急预案。

（12）有生产安全事故应急救援预案、应急救援组织或应急救援人员，配备必要的应急救援器材、设备。

（13）法律、法规规定的其他条件。

2. 申领安全生产许可证应提供的材料

（1）建筑施工企业安全生产许可证申请表。

(2)企业法人营业执照。
(3)法律规定的相关文件、材料。
建筑施工企业申请安全生产许可证,应当对申请材料实质内容的真实性负责,不得隐瞒有关情况或提供虚假材料。

二、安全生产许可证审批及时效

1. 安全生产许可证审批

《安全生产许可证条例》规定,安全生产许可证颁发管理机关应自收到申请之日起45日内审查完毕,经审查符合安全生产条件的,颁发安全生产许可证;不符合安全生产条件的,不予颁发安全生产许可证,书面通知企业并说明理由。

建设行政主管部门在审核发放施工许可证时,应当对建设工程是否有安全施工措施进行审查。对没有安全施工措施的,不得颁发施工许可证。

安全生产许可证采用国务院安全生产监督管理部门规定的统一式样,分正本和副本,正本和副本具有同等法律效力。

2. 安全生产许可证时效

《安全生产许可证条例》规定,安全生产许可证的有效期为3年。有效期满需要延期的,应于期满前3个月向原安全生产许可证颁发管理机关办理延期手续;经审查符合规定的,有效期延期3年。

三、安全生产许可证监督管理

1. 许可证监督管理

根据《安全生产许可证条例》,国务院安全生产监督管理部门和省、自治区、直辖市人民政府安全生产监督管理部门对建筑施工企业、民用爆炸物品生产企业、煤矿企业取得安全生产许可证的情况进行监督。

2. 许可证撤销

《建筑施工企业安全生产许可证管理规定》规定,具有以下情形之一者,安全生产许可证颁发管理机关或其上级行政机关可撤销已颁发的安全生产许可证:

(1)安全生产许可证颁发管理机关工作人员滥用职权、玩忽职守颁发安全生产许可证的。
(2)超越法定职权颁发安全生产许可证的。
(3)违反法定程序颁发安全生产许可证的。
(4)对不具备安全生产条件的建筑施工企业颁发安全生产许可证的。
(5)依法可以撤销已经颁发安全生产许可证的其他情形。

因上述情况撤销安全生产许可证,使建筑施工企业合法权益受到损害的,住房城乡建设主管部门应当依法给予赔偿。

四、违反安全生产许可管理应承担的法律责任

根据《安全生产许可证条例》《建筑施工企业安全生产许可证管理规定》的相关规定,建筑业企业未依法取得安全生产许可证的不得从事建筑活动,建筑施工企业不得转让、冒用

安全生产许可证或使用伪造的安全生产许可证，否则依法承担如下法律责任：

(1)未取得安全生产许可证擅自进行生产的，责令停止生产，没收违法所得，并处10万元以上50万元以下罚款；造成重大事故或其他严重后果，构成犯罪的，依法追究刑事责任。

(2)安全生产许可证有效期满未办理延期手续，继续进行生产的，责令停止生产，限期补办延期手续，没收违法所得，并处5万元以上10万元以下罚款；逾期仍不办理延期手续，继续进行生产的，责令停止生产，没收违法所得，并处10万元以上50万元以下罚款；造成重大事故或其他严重后果，构成犯罪的，依法追究刑事责任。

(3)转让安全生产许可证的，没收违法所得，处10万元以上50万元以下罚款，并吊销其安全生产许可证；构成犯罪的，依法追究刑事责任；接受转让的，责令停止生产，没收违法所得，并处10万元以上50万元以下罚款；造成重大事故或其他严重后果，构成犯罪的，依法追究刑事责任。

(4)冒用安全生产许可证或使用伪造安全生产许可证的，责令停止生产，没收违法所得，并处10万元以上50万元以下罚款；造成重大事故或其他严重后果，构成犯罪的，依法追究刑事责任。

第三节 建设工程各方安全生产管理的主要责任和义务

一、建设单位安全生产管理的主要责任和义务

建设单位是建设工程项目的投资主体或管理主体，在整个建设工程中居于主导地位，必须遵守安全生产法律、法规的规定，保证建设工程安全生产，依法承担建设工程安全生产责任。

(1)涉及建设工程顺利进行和施工现场作业人员安全，影响周边区域人们安全或是正常工作生活的相关活动，建设单位应当依法向有关部门申请办理批准手续。

(2)建设单位应当向施工单位提供施工现场及毗邻区域内供水、排水、供电、供气、供热、通信、广播电视等地下管线资料，气象和水文观测资料，相邻建筑物和构筑物、地下工程的有关资料，并保证资料的真实、准确、完整。建设单位因建设工程需要，向有关部门或者单位查询前款规定的资料时，有关部门或者单位应当及时提供。

(3)不得向有关单位提出影响安全生产的违法要求和随意压缩合同工期。根据《建设工程安全生产管理条例》第七条规定，建设单位不得对勘察、设计、施工、工程监理等单位提出不符合建设工程安全生产法律、法规和强制性标准规定的要求，不得压缩合同约定的工期。

【案例8-2】 建设单位向施工单位提出不符合安全生产的要求而导致的生产安全事故案

某选矿厂是由林某和范某共同投资的一家私营企业。为了获得建厂的批准，投资者聘请了正规的设计单位严格按照国家有关规定对有关建设工程尤其是尾矿库的安全设施进行设计，有的设计甚至还高于国家标准，因而很快获得有关部门的批准。但是，投资者为了节约资金，要求施工单位不须完全按照批准的安全设施设计施工。

结果，施工单位利用一条山谷构筑尾矿库，其基础坝则用石头砌筑成一道不透水坝，

坝顶宽为 5 m，地上部分高为 4 m，埋入地下约 2 m。后期坝采用冲积法筑坝。施工完毕，投资者通过熟人流通关系，使选矿厂尾矿库未经严格验收就投入使用。某日，突下大雨，由于尾矿库积水过多，导致尾矿库后期坝中部底层突然垮塌，随之整个后期堆积坝也跟着垮塌，共冲出水和尾砂 15 820 m²，同时冲垮 43 间民工简易工棚和 57 间铜坑矿基建队房屋，致使 28 人死亡，56 人重伤。

【案例评析】

经调查认定，该事故发生的直接原因是施工单位在建设单位的压力下，没有按照批准的安全设施设计施工，致使建成的基础坝不透水，在基础坝与后期堆积坝之间形成一个抗剪能力极低的滑动面，同时由于尾矿库突然蓄水过多，而干滩长度不够，坝体终因承受不住巨大压力而沿基础坝与后期堆积坝之间的滑动面垮塌。在此过程中，验收部门和验收人员对尾矿库的验收严重不负责任也是造成本次事故的重要原因之一。

(4) 建设单位在编制工程概算时，应当确定建设工程安全作业环境及安全施工措施所需费用，并依法足额向施工单位提供。

(5) 建设单位不得明示或暗示施工单位购买、租赁、使用不符合安全施工要求的安全防护用具、机械设备、施工机具及配件、消防设施和器材。

(6) 建设单位在申请领取施工许可证时，应当提供建设工程有关安全施工措施的资料。依法批准开工报告的建设工程，建设单位应当自开工报告批准之日起 15 日内，将保证安全施工的措施报送建设工程所在地的县级以上人民政府住房城乡建设主管部门或者其他有关部门备案。

(7) 建设单位应当将拆除工程发包给具有相应资质等级的施工单位。建设单位应当在拆除工程施工 15 日前，将下列资料报送建设工程所在地的县级以上地方人民政府主管部门或者其他有关部门备案：

1) 施工单位资质等级证明。
2) 拟拆除建筑物、构筑物及可能危及毗邻建筑的说明。
3) 拆除施工组织方案。
4) 堆放、清除废弃物的措施。

【案例 8-3】 违规爆破施工，造成伤害赔偿

2016 年某建筑工程公司承包了一段省道建设工程任务。在建设过程中需要对道路进行拓宽，开山辟路是工程中一项重要的内容。在通过赵家庄村路段开山爆破时，导致在农田作业的村民赵某受到飞石的伤害，腰被砸伤，赵某为治疗伤情花费医药费 8 000 元，赵某伤后多次找施工公司协商解决，遭到施工单位的拒绝。原因就是，在爆破时，施工工人已经告知了施工现场周围的人员，履行了告知义务，赵某不及时躲避而受到伤害，责任应当自负。

【案例评析】

在本案例中，被告没有办理爆破的审批手续，仅仅按照当地人的习惯进行了口头警告，并不能免除其在施工过程中对周围人和物造成伤害的民事责任。在本案例中原告没有任何过错，因此，被告必须对造成原告损害所引起的一切责任负责。

(8) 建设单位未提供建设工程安全生产作业环境及安全施工措施所需费用的，责令限期改正；逾期未改正的，责令该建设工程停止施工。

(9) 建设单位未将保证安全施工的措施或者拆除工程的有关资料报送有关部门备案的，责令限期改正，给予警告。

二、勘察、设计单位安全生产管理的主要责任和义务

建设工程安全生产是一个大的系统工程。工程勘察、设计作为工程建设的重要环节，对于保障安全施工有着重要的影响。

1. 勘察单位

(1)勘察单位应当按照法律、法规和工程建设强制性标准进行勘察，提供的勘察文件应当真实、准确，满足建设工程安全生产的需要。

(2)勘察单位在勘察作业时，应当严格执行操作规程，采取措施保证各类管线、设施和周边建筑物、构筑物的安全。

2. 设计单位

(1)设计单位应当按照法律、法规和工程建设强制性标准进行设计，防止因设计不合理导致生产安全事故的发生。

(2)设计单位应当考虑施工安全操作和防护的需要，对涉及施工安全的重点部位和环节在设计文件中注明，并对防范生产安全事故提出指导意见。

(3)采用新结构、新材料、新工艺的建设工程和特殊结构的建设工程，设计单位应当在设计中提出保障施工作业人员安全和预防生产安全事故的措施建议。

(4)在施工单位作业之前，设计单位应当就设计意图、设计文件向施工单位作出说明和技术交底，并对防范生产安全事故提出指导意见。

(5)设计单位和注册建筑师、注册结构师等注册执业人员应当对其设计负责。

三、施工单位安全生产管理的主要责任和义务

建筑工程施工安全生产的主要责任单位是施工单位，但与施工活动密切相关的单位的活动也都影响着施工安全。因此，有必要对所有与建设工程施工活动有关的单位的安全责任作出明确规定。

(1)施工单位应当具备的安全生产资质条件。施工单位从事建设工程的新建、扩建和拆除等活动，应当具备国家规定的注册资本、专业人员、技术装备和安全生产等条件，依法取得相应等级的资质证书，并在其资质等级许可的范围内承揽工程。

(2)施工总承包单位与分包单位安全责任的划分。建设工程实行施工总承包的，由总承包单位对施工现场的安全生产负总责；总承包单位应当自行完成建设工程主体结构的施工；总承包单位依法将建设工程分包给其他单位的，分包合同中应当明确各自的安全生产方面的权利、义务，总承包单位和分包单位对分包工程的安全生产承担连带责任；分包单位应当接受总承包单位的安全生产管理，分包单位不服从管理导致生产安全事故的由分包单位承担主要责任。

(3)施工单位安全生产责任制度。施工单位主要负责人依法对本单位的安全生产工作全面负责。施工单位应当建立健全安全生产责任制度和安全生产教育培训制度，制定安全生产规章制度和操作规程，保证本单位安全生产条件所需资金的投入，对所承担的建设工程进行定期和专项安全检查，并做好安全检查记录。

施工单位的项目负责人应当由取得相应执业资格的人员担任，对建设工程项目的安全施工负责，落实安全生产责任制度、安全生产规章制度和操作规程，确保安全生产费用的

有效使用，并根据工程的特点组织制订安全施工措施，消除安全事故隐患，及时、如实报告生产安全事故。

(4)施工单位安全生产基本保障措施。具体包括：安全生产费用应当专款专用；设立安全生产管理机构并配备专职人员；编制安全生产技术措施及专项施工方案；对安全施工技术要求交底；危险部位要设置安全警示标志；施工现场生活区、作业环境应当符合安全性要求；必须采取环境污染防护措施；建立消防安全保障措施；加强劳动安全管理；加强安全防护用具及机械设备、施工机具的安全管理等。

(5)安全教育培训制度。

1)特种作业人员培训和持证上岗。垂直运输机械作业人员、安装拆卸工、爆破作业人员、起重信号工、登高架设作业人员等特种作业人员，必须按照国家有关规定经过专门的安全作业培训，并取得特种作业操作资格证书后，方可上岗作业。

2)安全管理人员和作业人员的安全教育培训和考核。施工单位的主要负责人、项目负责人、专职安全生产管理人员应当经住房城乡建设主管部门或者其他有关部门考核合格后方可任职。施工单位应当对管理人员和作业人员每年至少进行一次安全生产教育培训，其教育培训情况记入个人工作档案。安全生产教育培训考核不合格的人员，不得上岗。

3)作业人员进入新岗位、新工地或采用新技术时的上岗教育培训。作业人员进入新的岗位或者新的施工现场前，应当接受安全生产教育培训。未经教育培训或者教育培训考核不合格的人员，不得上岗作业。施工单位在采用新技术、新工艺、新设备、新材料时，应当对作业人员进行相应的安全生产教育培训。

(6)施工现场安全防护制度。

1)施工单位应当在施工组织设计中编制安全技术措施和施工现场临时用电方案。达到一定规模的危险性较大的分部分项工程还需编制专项施工方案，并附具安全验算结果，经施工单位技术负责人、总监理工程师签字后，由专职安全生产管理人员进行现场监督实施。

2)建设单位施工前，施工单位负责项目管理的技术人员应当对有关安全施工的技术要求向施工作业班组、作业人员作出详细说明，并由双方签字确认。

3)建筑施工企业应当在施工现场采取维护安全、防范危险、预防火灾等措施；有条件的，应当对施工现场实行封闭管理。施工现场对毗邻的建筑物、构筑物和特殊作业环境可能造成损害的，建筑施工企业应当采取安全防护措施。

4)全面落实安全生产责任，加强施工现场安全防护，特别要强化对深基坑、高支模、起重机械等危险性较大的分部分项工程的管理，以及对不良地质地区重大工程项目的风险评估或论证。

5)施工单位应当在施工现场入口处、施工起重机械、临时用电设施、脚手架、出入通道口、楼梯口、电梯井口、空洞口、桥梁口、隧道口、基坑边沿、爆破物及有害危险气体和液体存放处等危险部位，设置明显的安全警示标志。安全警示标志必须符合国家标准。

6)特种设备生产、经营、使用单位及其主要负责人对其生产、经营、使用的特种设备安全负责。特种设备生产、经营、使用单位应当按照国家有关规定配备特种设备安全管理人员、检测人员和作业人员，并对其进行必要的安全教育和技能培训。

7)施工单位必须建立健全消防安全责任制，加强消防安全教育培训，严格消防安全管理，确保施工现场消防安全。

8)建筑施工企业应当依法为职工参加工伤保险缴纳工伤保险费。鼓励企业为从事危险作业的职工办理意外伤害保险,支付保险费。

四、工程监理、检验检测单位安全生产管理的主要责任和义务

(1)工程监理单位应当审查施工组织设计中的安全技术措施或者专项施工方案是否符合工程建设强制性标准。

(2)工程监理单位在实施监理过程中,发现存在安全事故隐患的,应当要求施工单位整改;情况严重的,应当要求施工单位暂时停止施工,并及时报告建设单位。施工单位拒不整改或者不停止施工的,工程监理单位应当及时向有关主管部门报告。

(3)工程监理单位和监理工程师应当按照法律、法规和工程建设强制性标准实施监理,并对建设工程安全生产承担监理责任。

(4)检验检测机构对检测合格的施工起重机械和整体提升脚手架、模板等自升式架设设施,应当出具安全合格证明文件,并对检测结果负责。

(5)承担安全评价、认证、检测、检验的机构应当具备国家规定的资质条件,并对其作出的安全评价、认证、检测、检验的结果负责。

(6)特种设备应当经过特种设备检验机构按照安全技术规范的要求进行监督检验;未经监督检验或监督检验不合格的,不得出厂或者交付使用。

五、机械设备和配件单位安全生产管理的主要责任和义务

(1)机械设备和配件供应单位的安全责任。为建设工程提供机械设备和配件的单位,应当按照安全施工的要求配备齐全有效的保险、限位等安全设施和装置。

(2)机械设备、施工机具和配件出租单位的安全责任。出租的机械设备和施工工具及配件,应当具有生产(制造)许可证,产品合格证;出租单位应当对出租的机械设备和施工工具及备件安全性能进行检查,在签订租赁协议时,应当出具检测合格证明;禁止出租检测不合格的机械设备和施工工具及配件。

(3)起重机械和自升式建设设施的安全管理。

1)在施工现场安装、拆卸施工起重机械和整体提升脚手架、模板等自升式架设设施,必须由具有相应资质的单位承担;

2)安装、拆卸施工起重机械和整体提升脚手架、模板等自升式架设设施,应当编制拆装方案、制订安全施工措施,并由专业技术人员现场监督;

3)施工起重机械和整体提升脚手架、模板等自升式架设设施安装完毕后,安装单位应当自检,出具自检合格证明,并向施工单位进行安全使用说明,办理验收手续并签字。

4)施工起重机械和整体提升脚手架、模板等自升式架设设施的使用达到国家规定的检验检测期限的,必须经具有专业资质的检验检测机构检测,经检测不合格的,不得继续使用。

5)检验检测机构对检测合格的施工起重机械和整体提升脚手架、模板等自升式架设设施,应当出具安全合格证明文件,并对检测结果负责。

第四节 安全生产的监督管理

一、政府主管部门安全监督管理

(1) 建设工程安全生产的监督管理体制。国务院住房城乡建设主管部门对全国的建设工程安全生产实施监督管理。国务院铁路、交通、水利等有关部门按照职责分工,负责有关专业建设工程安全生产的监督管理。县级以上地方人民政府行政主管部门对本行政区域内的建设工程安全生产实施监督管理。

(2) 住房城乡建设主管部门对涉及安全生产事项的审查。住房城乡建设主管部门在审核发放施工许可证时,应当对建设工程是否有安全施工措施进行审查,对没有安全施工措施的,不得颁发施工许可证。

(3) 建设工程安全生产监督管理部门依法检查。县级以上人民政府负有建设工程安全生产监督管理职责部门在各自的职责范围内履行安全监督检查职责时,有权采取下列措施:一是要求被检查单位提供有关建设工程安全生产的文件和资料;二是进入被检查单位施工现场进行检查;三是纠正施工中违反安全生产要求的行为;四是对检查中发现的安全事故隐患,责令立即排除;重大安全事故隐患排除前或者排除过程中无法保证安全的,责令从危险区域内撤出作业人员或者暂时停止施工。

(4) 建立安全生产的举报制度。负有安全生产监督管理职责的部门应当建立举报制度,公开举报电话、信箱或者电子邮件地址,受理有关安全生产的举报;受理的举报事项经调查核实后形成书面材料;需要落实整改措施的,报经有关负责人签字并督促落实。任何单位或者个人对事故隐患或者安全生产违法行为,均有权向负有安全生产监督管理职责的部门报告或者举报。

(5) 建立安全生产相关信息系统。负有安全生产监督管理职责的部门应当建立安全生产违法行为信息库,如实记录生产经营单位的安全生产违法行为信息;国家安全生产监督管理部门建立全国统一的生产安全事故应急救援信息系统,有关部门建立健全相应行业、领域的生产安全事故应急救援信息系统。

(6) 国家对严重危及施工安全的工艺、设备、材料实行淘汰制度。

二、安全生产的监督方式

(1) 工会民主监督,是指工会有权对建设项目的安全设施与主体工程同时设计、同时施工、同时投入生产和使用的情况进行监督,并提出意见。

(2) 社会舆论监督,是指新闻、出版、广播、电影、电视等单位具有对违反安全生产法律、法规的行为进行舆论监督的权利。

(3) 公众举报监督,是指任何单位或者个人对事故隐患或者安全生产违法行为均有权向负有安全生产监督管理职责的部门报告或者举报。

(4) 社会报告监督,是指居民委员会、村民委员会若发现其所在区域内的生产经营单位存在事故隐患或者安全生产违法行为时,有权向当地人民政府或者有关部门报告。

三、安全监督检查人员职权

(1)现场调查取证权,是指安全生产监督检查人员可以进入生产经营单位进行现场调查,单位不得拒绝,有权向被检查单位调阅有关资料,向有关人员(负责人、管理人员、技术人员)了解情况。

(2)现场处理权,只对安全生产违法作业有当场纠正权;对现场出的隐患,责令限期改正、停产停业或停止使用的职权;责令紧急避险权和依法行政处罚权。

(3)查封、扣押行政强制措施权,其实施对象是:安全设施、设备、器材、仪表等;其实施的依据是:不符合国家或行业安全标准;其实施的条件是:必须按程序办事、要有足够证据、经部门负责人批准、通知被查单位的负责人到场、登记记录等,并且必须在十五日内作出决定。

四、安全监督检查人员义务

(1)禁止以审查、验收为名收取费用。
(2)禁止要求被审查、验收的单位购买制定的产品。
(3)必须忠于职守、坚持原则、秉公执法。
(4)监督检查时必须出示有效的监督执法证件。
(5)对于涉及被检查单位的技术秘密和业务秘密,应当为其保密。

第五节 施工安全事故的应急救援与调查处理

《中共中央国务院关于推进安全生产领域改革发展的意见》中指出,完善事故调查处理机制。坚持问责与整改并重,充分发挥事故查处对加强和改进安全生产工作的促进作用。建立事故调查分析技术支撑体系,所有事故调查报告要设立技术和管理问题专篇,详细分析原因并全文发布,做好解读,回应公众关切。

施工安全事故是指在工程建设过程中由于责任过失造成工程倒塌或报废、机械设备毁坏和安全设施失当,造成人身伤亡或者重大经济损失的事故。

一、生产安全事故的等级划分标准

《安全生产法》规定,生产安全一般事故、较大事故、重大事故、特别重大事故的划分由国务院颁布的《生产安全事故报告和调查处理条例》规定,根据生产安全事故(以下简称事故)造成的人员伤亡或直接经济损失,事故一般分为4个等级。

(1)特别重大事故,是指造成30人以上死亡,或者100人以上重伤,或者1亿元以上直接经济损失的事故。

(2)重大事故,是指造成10人以上30人以下死亡,或者50人以上100人以下重伤,或者5 000万元以上1亿元以下直接经济损失的事故。

(3)较大事故,是指造成3人以上10人以下死亡,或者10人以上50人以下重伤,或者1 000万元以上5 000万元以下直接经济损失的事故。

(4)一般事故,是指造成3人以下死亡,或者10人以下重伤,或者1 000万元以下直接经济损失的事故。

所称的"以上"包括本数,所称的"以下"不包括本数。另外,事故造成的急性工业中毒的人数,也属于重伤的范围。

二、施工生产安全事故应急救援预案

《建设工程安全生产管理条例》规定,施工单位应当制定本单位生产安全事故应急救援预案,建立应急救援组织或者配备应急救援人员,配备必要的应急救援器材、设备,并定期组织演练。

(1)应急救援预案的编制。施工单位应当根据建设工程施工的特点、范围,对施工现场易发生重大事故的部位、环节进行监控,制定施工现场生产安全事故应急救援预案。生产经营单位应急预案可分为综合应急预案、专项应急预案和现场处置预案。施工单位应当在编制应急预案的基础上,针对工作场所、岗位特点,编制简明、实用、有效的应急处置卡。应急处置卡应当规定重点岗位、人员的应急处置程序和措施,以及相关联络人员和联系方式,便于从业人员携带。

(2)应急救援预案的评审和备案。建筑施工企业应当邀请有关安全生产及应急管理方面的专家对本单位编制的应急预案进行评审,并形成书面评审纪要。评审人员与所评审应急预案的施工企业有利害关系的,应当回避。施工企业应当在应急预案公布之日起20个工作日内,按照分级属地原则,向安全生产监督管理部门和有关单位进行告知性备案。

(3)应急预案的培训、演练和实施。定期开展应急预案演练,切实提高事故救援实战能力。施工企业生产现场带班人员、班组长和调度人员在遇到险情时,要按照预案规定立即组织停产撤人。企业应当组织开展本单位的应急预案、应急知识、自救互救和避险逃生技能的培训活动,使有关人员了解应急预案内容,熟悉应急职责、应急处置程序和措施。应急培训的时间、地点、内容、师资、参加人员和考核结果等情况应当如实记入本单位的安全生产教育和培训档案。企业应当制订本单位的应急预案演练计划,根据事故风险特点,每年至少组织一次综合应急预案演练或者专项应急预案演练,每半年至少组织一次现场处置方案演练。事故发生时,施工企业应当第一时间启动应急响应,组织有关力量救援并报告。

(4)应急预案评估制度。应急预案编制单位应当建立应急预案定期评估制度,对预案内容的针对性和实用性进行分析,并对应急预案是否需要修订作出结论。建筑施工企业应当每3年进行一次应急预案评估,若符合一定的规定条件就要对应急预案进行修订。

(5)实行施工总承包的,由总承包单位统一组织编制建设工程生产安全事故应急救援预案,工程总承包单位和分包单位按照应急救援预案,各自建立应急救援组织或者配备应急救援人员,配备救援器材、设备,并定期组织演练。

三、施工生产安全事故报告及处理

施工发生事故时,建筑施工企业应当采取紧急措施减少人员伤亡和事故损失,并按照国家有关伤亡事故报告和调查处理的规定,及时、如实地向负责安全生产监督管理的部门、住房城乡建设主管部门或者其他有关部门报告;特种设备发生事故的,还应当同时向特种设备安全监督管理部门报告。实行施工总承包的建设工程,由总承包单位负责上报事故。

(1)事故报告。生产经营单位发生生产安全事故后,事故现场有关人员应当立即报告本单位负责人。负有安全生产监督管理职责的部门接到事故报告后，应当立即按照国家有关规定上报事故情况。负有安全生产监督管理职责的部门和有关地方人民政府对事故情况不得隐瞒不报、谎报或者拖延不报。特大事故发生单位所在地方人民政府接到报告后，应当立即通知公安部门、人民检察院和工会。特大事故发生后，省、自治区、直辖市人民政府应当按照国家有关规定迅速、如实发布事故信息。事故报告后出现新情况的，自事故发生之日起30日内，事故造成的伤亡人数发生变化的，应当及时补报。道路交通事故、火灾事故自发生之日起7日内，事故造成的伤亡人数发生变化的，应当及时补报。

(2) 组织应急抢救、妥善保护事故现场。事故发生单位负责人接到事故报告后，应当立即启动事故相应应急预案，或者采取有效措施，组织抢救，防止事故扩大，减少人员伤亡和财产损失。有关单位和人员应当妥善保护事故现场以及相关证据，任何单位和个人不得破坏事故现场、毁灭相关证据。因抢救人员、防止事故扩大及疏通交通等原因，需要移动事故现场物件的，应当作出标志，绘制现场简图并作出书面记录，妥善保存现场重要痕迹、物证。

(3) 安全生产责任事故的调查。事故调查处理应当按照科学严谨、依法依规、实事求是、注重实效的原则，及时、准确地查清事故的原因，查明事故的性质和责任，总结事故教训，提出切实可行的整改措施，并对事故责任者提出处理意见。事故调查报告应当依法及时向社会公布。特别重大事故由国务院或者国务院授权有关部门组织事故调查组进行调查。重大事故、较大事故、一般事故分别由事故发生地省级人民政府、设区的市级人民政府、县级人民政府负责调查。

(4) 安全生产责任事故的处理。重大事故、较大事故、一般事故，负责事故调查的人民政府应当自收到事故调查报告之日起15日内作出批复；特别重大事故，30日内作出批复，特殊情况下，批复时间可适当延长，但延长的时间最长不超过30日。有关机关应当按照人民政府的批复，依法对事故发生单位和有关人员进行行政处罚，对负有事故责任的国家工作人员进行处分。事故发生单位应当按照政府批复，对本单位负有事故责任的人员进行处理。

负有事故责任的人员涉嫌犯罪的，依法追究刑事责任。事故处理情况除依法应当保密的外，由政府或者其授权部门、机构向社会公布。任何单位和个人都不得阻挠和干涉对事故的依法调查和处理。安全生产事故发生后经调查确定为责任事故的，除应当查明事故单位的责任并依法予以追究外，还应当查明对安全生产的有关事项负有审查批准和监督职责的行政部门的责任，对有失职、渎职行为的，要追究其法律责任。

【案例8-4】 施工发生事故，施工单位和建设单位应当及时向有关部门报告

某县房地产开发公司开发的住宅小区施工工地发生了一起斜坡土石滑坡导致在斜坡下垒筑斜坡护墙的5名施工人员被埋的事故。事故发生后，施工单位负责人及时向县建设局和县人民政府办公室报告，并请求有关部门的组织力量对被埋人员进行抢救。县建设局接到报告后，一面向市建设局报告，一面请求市人民医院组织医护人员到现场准备救护受伤人员。县人民政府接到报告后，立即通知120急救中心和县人民医院派救护车和医护人员赶到现场随时准备救护受伤人员，又请求驻本县武警部队和驻军派人员和挖掘设备到现场参加抢救，并及时将事故情况及抢救工作布置和组织情况向上级人民政府作出汇报。由于抢救及时措施得力，使得5名被埋职工中有4名得以生还。

【案例评析】

本案例中，施工单位和有关部门都表现出了对人民生命财产安全高度负责的精神，及时履行了各项报告义务。这样，在事故已发生的情况下，为最大限度降低事故损失创造了条件。

本章小结

工程安全生产是指建筑生产过程中要避免人员、财产的损失及对周围环境的破坏。工程安全生产管理是指在施工过程中，利用现代管理的科学知识，组织安全生产的全部管理活动。所谓"安全第一、预防为主"，是指在建筑生产活动中，将保证生产安全放在第一位，在管理、技术等方面采取能够确保生产安全的预防措施，防止建设工程事故的发生。

《安全生产法》《安全生产许可证条例》规定，建筑施工企业必须遵循安全生产许可制度的管理；企业未取得安全生产许可证的，不得从事生产活动。建筑业企业未依法取得安全生产许可证的不得从事建筑活动，建筑施工企业不得转让、冒用安全生产许可证或使用伪造的安全生产许可证，否则依法承担法律责任。建设工程各方应遵守安全生产管理的主要责任和义务，国务院住房城乡建设主管部门对全国的建设工程安全生产实施监督管理。

《中共中央国务院关于推进安全生产领域改革发展的意见》中指出，完善事故调查处理机制。坚持问责与整改并重，充分发挥事故查处对加强和改进安全生产工作的促进作用。建立事故调查分析技术支撑体系，所有事故调查报告要设立技术和管理问题专篇，详细分析原因并全文发布，做好解读，回应公众关切。

安全生产教育培训制度

1. 三类管理人员的培训考核

《安全生产法》规定，生产经营单位的主要负责人和安全生产管理人员必须具备与本单位所从事的生产经营活动相应的安全生产知识和管理能力。危险物品的生产、经营、储存单位，以及矿山、金属冶炼、建筑施工、道路运输单位的主要负责人和安全生产管理人员，应当由主管的负有安全生产监督管理职责的部门对其安全生产知识和管理能力进行考核，考核不得收费。

《建设工程安全生产管理条例》进一步规定，施工单位的主要负责人、项目负责人、专职安全生产管理人员应当经住房城乡建设主管部门或者其他部门考核合格后方可任职。

这是因为，施工单位的主要负责人要对本单位的安全生产工作全面负责，项目负责人对所负责的建设工程项目的安全生产工作全面负责，安全生产管理人员更是要具体承担本单位日常的安全生产管理工作。这三类人员的施工安全知识水平和管理能力直接关系到本单位、本项目的安全生产管理水平。如果这三类人员缺乏基本的施工安全生产知识，施工安全生产管理和组织能力不强，甚至违章指挥，将很可能导致施工生产安全事故的发生。因此，他们必须经安全生产知识和管理能力考核合格后方可任职。

2. 特种作业人员的培训考核

《国务院关于坚持科学发展安全发展促进安全生产形势持续稳定好转的意见》规定，企业主要负责人、安全管理人员、特种作业人员一律经严格考核，持证上岗。《国务院安委会关于进一步加强安全培训工作的决定》进一步指出，严格落实"三项岗位"人员持证上岗制度。企业新任用或者招录"三项岗位"人员，要组织其参加安全培训，经考试合格持证后上岗。对发生人员死亡事故负有责任的企业主要负责人、实际控制人和安全管理人员，要重新参加安全培训考试。

"三项岗位"人员中的企业主要负责人、安全管理人员已涵盖在三类管理人员之中。对于特种作业人员，因其从事直接对本人或他人及其周围设施安全有着重大危害因素的作业，必须经专门的安全作业培训，并取得特种作业操作资格证书后，方可上岗作业。

《安全生产法》规定，生产经营单位的特种作业人员必须按照国家有关规定经专门的安全作业培训，取得相应资格，方可上岗作业。《建设工程安全生产管理条例》进一步规定，垂直运输机械作业人员、安装拆卸工、爆破作业人员、起重信号工、登高架设作业人员等特种作业人员，必须按照国家有关规定经过专门的安全作业培训，并取得特种作业操作资格证书后，方可上岗作业。《建筑施工特种作业人员管理规定》规定，建筑施工特种作业人员包括以下几项：

(1) 建筑电工；

(2) 建筑架子工；

(3) 建筑起重信号司索工；

(4) 建筑起重机械司机；

(5) 建筑起重机械安装拆卸工；

(6) 高处作业吊篮安装拆卸工；

(7) 经省级以上人民政府住房城乡建设主管部门认定的其他特种作业人员。

3. 施工单位全员的安全生产教育培训

《安全生产法》规定，生产经营单位应当对从业人员进行安全生产教育和培训，保证从业人员具备必要的安全生产知识，熟悉有关的安全生产规章制度和安全操作规程，掌握本岗位的安全操作技能，了解事故应急处理措施，知悉自身在安全生产方面的权利和义务。未经安全生产教育和培训合格的从业人员，不得上岗作业。

生产经营单位使用被派遣劳动者的，应当将被派遣劳动者纳入本单位从业人员统一管理，对被派遣劳动者进行岗位安全操作规程和安全操作技能的教育与培训。劳务派遣单位应当对被派遣劳动者进行必要的安全生产教育和培训。

生产经营单位应当建立安全生产教育和培训档案，如实记录安全生产教育和培训的时间、内容、参加人员及考核结果等情况。

《建设工程安全生产管理条例》进一步规定，施工单位应当对管理人员和作业人员每年至少进行一次安全生产教育培训，其教育培训情况记入个人工作档案。安全生产教育培训考核不合格的人员，不得上岗。《国务院关于坚持科学发展安全发展促进安全生产形势持续稳定好转的意见》规定，企业用工要严格依照劳动合同法与职工签订劳动合同，职工必须全部经培训合格后上岗。

施工单位应当根据实际需要，对不同岗位、不同工种的人员进行因人施教。安全教育培训可采取多种形式，包括安全形势报告会、事故案例分析会、安全法制教育、安全技术交流、安全竞赛、师傅带徒弟等。

4. 进入新岗位或者新施工现场前的安全生产教育培训

由于新岗位、新工地往往各有特殊性，故施工单位须对新录用或转场的职工进行安全教育培训，包括施工安全生产法律法规、施工工地危险源识别、安全技术操作规程、机械设备电气及高处作业安全知识、防火防毒防尘防爆知识、紧急情况安全处置与安全疏散知识、安全防护用品使用知识，以及发生事故时自救排险、抢救伤员、保护现场和及时报告等。

《建设工程安全生产管理条例》规定，作业人员进入新的岗位或者新的施工现场前，应当接受安全生产教育培训。未经教育培训或者教育培训考核不合格的人员，不得上岗作业。《国务院安委会关于进一步加强安全培训工作的决定》中指出，严格落实企业职工先培训后上岗制度。建筑企业要对新职工进行至少 32 学时的安全培训，每年进行至少 20 学时的再培训。

强化现场安全培训。高危企业要严格班前安全培训制度，有针对性地讲述岗位安全生产与应急救援知识、安全隐患和注意事项等，使班前安全培训成为安全生产第一道防线。要大力推广"手指口述"等安全确认法，帮助员工通过心想、眼看、手指、口述，确保按规程作业。要加强班组长培训，提高班组长现场安全管理水平和现场安全风险管控能力。

练习题

1. 安全生产管理的基本方针是什么？
2. 建设工程安全生产管理基本制度有哪些？
3. 安全生产许可证审批与时效有哪些要求？
4. 违反安全生产许可管理应承担的法律责任有哪些？
5. 安全监督检查人员义务有哪些？
6. 生产安全事故的等级划分标准是什么？
7. 简述施工生产安全事故报告及处理方式。

综合练习题

案例 1

某建筑安装公司承担一住宅工程施工。该公司原已依法取得安全生产许可证，但在开工 5 个月后有效期满。因当时正值施工高峰期，该公司忙于组织施工，未能按规定办理延期手续。当地政府监管机构发现后，立即责令其停止施工，限期补办延期手续。但该公司为了赶工期，既没有停止施工，到期后也未办理延期手续。

问题：
(1) 本案例中的建筑安装公司有哪些违法行为？
(2) 违法者应当承担哪些法律责任？

案例 2

A 建筑公司在工程施工前，对新进工人进行了"三级"安全教育，项目部对相关人员进行了安全施工与技术方面的培训。新进工人李某在安放 10 吨重道板下的胶垫时违规未使用铁钩进行操作，直接用手安置导致其左手砸伤。施工现场负责人立即组织人员对其进行医疗救治并承担了全部费用。之后李某进行了伤情鉴定，结论是伤残等级工伤七级。随后，李某向 A 建筑公司请求赔偿未果，遂将 A 起诉讼至人民法院，请求判令被告赔偿其误工费、住院生活补助费、鉴定费、交通费、残疾人生活补助费和再次医疗费用共计 80 357 元，诉讼费由被告承担。

综合练习题解析

问题：本案例中，被告是否应承担法律责任？为什么？

第九章　环境保护与建筑节能法规

职业能力目标

能运用所学的环境保护与建筑节能法规的知识，采取相关的措施保护环境；能做好建筑节能的监督管理。

学习要求

熟悉施工现场水污染防治的规定，施工现场大气污染防治的规定，施工现场固体废弃物污染防治的规定，施工现场噪声污染防治的规定；掌握环境保护"三同时"制度、民用建筑节能要求。

本章重点：施工现场水污染防治、大气污染防治、固体废弃物污染防治、施工现场噪声污染防治的规定。

本章难点：环境保护"三同时"制度，建筑节能法规。

第一节　施工环境保护法规

建筑施工企业应当遵守有关环境保护和安全生产的法律、法规的规定，采取控制和处理施工现场的各种粉尘、废气、废水、固体废物，以及噪声、振动对环境的污染和危害的措施。

一、施工现场水污染防治的规定

水污染是指水体因某种物质的介入而导致其化学、物理、生物或者放射性等方面特性的改变，从而影响水的有效利用，危害人体健康或者破坏生态环境，造成水质恶化的现象。水污染防治包括江河、湖泊、运河、渠道、水库等地表水体及地下水体的污染防治。

《水污染防治法》规定，水污染防治应当坚持预防为主、防治结合、综合治理的原则，优先保护饮用水水源，严格控制工业污染、城镇生活污染，防治农业面源污染，积极推进生态治理工程建设，预防、控制和减少水环境污染和生态破坏。

（一）施工现场水污染防治

《水污染防治法》规定，排放水污染物，不得超过国家或者地方规定的水污染物排放标准和重点水污染物排放总量控制指标。

禁止向水体排放油类、酸液、碱液或者剧毒废液。禁止在水体清洗装贮过油类或者有毒污染物的车辆和容器。禁止向水体排放、倾倒放射性固体废物或者含有高放射性和中放射性物质的废水。向水体排放含低放射性物质的废水，应当符合国家有关放射性污染防治的规定和标准。禁止向水体排放、倾倒工业废渣、城镇垃圾和其他废弃物。禁止将含有汞、镉、砷、铬、铅、氰化物、黄磷等的可溶性剧毒废渣向水体排放、倾倒或者直接埋入地下。存放可溶性剧毒废渣的场所，应当采取防水、防渗漏、防流失的措施。禁止在江河、湖泊、运河、渠道、水库最高水位线以下的滩地和岸坡堆放、存贮固体废弃物和其他污染物。禁止利用渗井、渗坑、裂隙、溶洞，私设暗管，篡改、伪造监测数据，或者不正常运行水污染防治设施等逃避监管的方式排放水污染物。禁止利用无防渗漏措施的沟渠、坑塘等输送或者存贮含有毒污染物的废水、含病原体的污水和其他废弃物。

在饮用水水源保护区内，禁止设置排污口。在风景名胜区水体、重要渔业水体和其他具有特殊经济文化价值的水体的保护区内，不得新建排污口。在保护区附近新建排污口，应当保证保护区水体不受污染。

兴建地下工程设施或者进行地下勘探、采矿等活动，应当采取防护性措施，防止地下水污染。人工回灌补给地下水，不得恶化地下水质。

(二)发生事故或者其他突发性事件的规定

《水污染防治法》规定，企业事业单位发生事故或者其他突发性事件，造成或者可能造成水污染事故的，应当立即启动本单位的应急方案，采取隔离等应急措施，防止水污染物进入水体，并向事故发生地的县级以上地方人民政府或者环境保护主管部门报告。

【案例9-1】 施工废水含弃物构成水污染违法行为

南方某市突降大雨，环保局执法人员巡查发现市区某路段有大面积的积水，便及时上报该局。不久，市政部门派人来疏通管道，从管道中清出大量的泥沙、水泥块，还发现井口内有一个非市政部门设置的排水口，其方向紧靠某工地一侧。经执法人员调查确认，该工地的排水管道是工地施工打桩时铺设，工地内没有任何污水处理设施，其施工废水直接排放到工地外。工地的排污口通向该路段一侧的雨水井。请分析：

(1)本案例中，施工单位向道路雨水井排放施工废水的行为是否构成水污染违法行为？

(2)施工单位向道路雨水井排放施工废水的行为应受到何种处罚？

【案例评析】

(1)施工单位向道路雨水井排放施工废水的行为构成了水污染违法行为，《水污染防治法》第三十七条规定："禁止向水体排放、倾倒工业废渣、城镇垃圾和其他废弃物。"本案例中的施工单位向雨水井中排放的施工废水中含有大量的泥沙、水泥块等废弃物。

(2)根据《水污染防治法》第八十四条的相关规定，市环保局应当责令该施工单位限期改正，限期拆除私自设置的排污口，并可对该施工单位处2万元以上10万元以下的罚款；逾期不拆除的，强制拆除，所需费用由违法者承担，处10万元以上50万元以下的罚款；情节严重的，可以责令停产整治。

二、施工现场大气污染防治的规定

大气污染通常是指由于人类活动或自然过程引起的某些物质进入大气中，呈现出足够的浓度，达到足够的时间，并因此危害了人体的健康或环境污染的现象。

(一)施工现场大气污染的防治

《大气污染防治法》规定，企业事业单位和其他生产经营者应当采取有效措施，防止、减少大气污染，对所造成的损害依法承担责任。

企业事业单位和其他生产经营者向大气排放污染物的，应当依照法律法规和国务院环境保护主管部门的规定设置大气污染物排放口。禁止通过偷排、篡改或者伪造监测数据以逃避现场检查为目的的临时停产、非紧急情况下开启应急排放通道、不正常运行大气污染防治设施等逃避监管的方式排放大气污染物。

建设单位应当将防治扬尘污染的费用列入工程造价，并在施工承包合同中明确施工单位扬尘污染防治责任。施工单位应当制订具体的施工扬尘污染防治实施方案。施工单位应当在施工工地设置硬质围挡，并采取覆盖、分段作业、择时施工、洒水抑尘、冲洗地面和车辆等有效防尘降尘措施。

建筑土方、工程渣土、建筑垃圾应当及时清运；在场地内堆存的，应当采用密闭式防尘网遮盖。工程渣土、建筑垃圾应当进行资源化处理。

施工单位应当在施工工地公示扬尘污染防治措施、负责人、扬尘监督管理主管部门等信息。暂时不能开工的建设用地，建设单位应当对裸露地面进行覆盖；超过三个月的，应当进行绿化、铺装或者遮盖。

禁止在人口集中地区和其他依法需要特殊保护的区域内焚烧沥青、油毡、橡胶、塑料、皮革、垃圾，以及其他产生有毒有害烟尘和恶臭气体的物质。

运输煤炭、垃圾、渣土、砂石、土方、灰浆等散装、流体物料的车辆应当采取密闭或者其他措施防止物料遗撒造成扬尘污染，并按照规定路线行驶。装卸物料应当采取密闭或者喷淋等方式防治扬尘污染。

(二)建设项目大气污染的防治

《大气污染防治法》规定，新建、扩建、改建向大气排放污染物的项目，必须遵守国家有关建设项目环境保护管理的规定。

建设项目的环境影响报告书，必须对建设项目可能产生的大气污染和对生态环境的影响作出评价，规定防治措施，并按照规定的程序报环境保护行政主管部门审查批准。

建设项目投入生产或者使用之前，其大气污染防治设施必须经过环境保护行政主管部门验收，达不到国家有关建设项目环境保护管理规定的要求的建设项目，不得生产或者使用。

三、施工现场固体废弃物污染防治的规定

固体废物，是指在生产、生活和其他活动中产生的丧失原有利用价值或者虽未丧失利用价值但被抛弃或者放弃的固态、半固态和置于容器中的气态的物品、物质以及法律、行政法规规定纳入固体废物管理的物品、物质。

固体废物污染环境，是指固体废物在产生、收集、贮存、运输、利用、处置的过程中产生的危害环境的现象。

《固体废物污染环境防治法》规定，国家对固体废物污染环境的防治，实行减少固体废物的产生量和危害性、充分合理利用固体废物和无害化处置固体废物的原则，促进清洁生产和循环经济发展。

(一)施工现场固体废物污染的防治

施工现场的固体废物主要是建筑垃圾和生活垃圾。固体废物又可分为一般固体废物和危险废物。所谓危险废物，是指列入国家危险废物名录或者根据国家规定的危险废物鉴别标准和鉴别方法认定的具有危险特性的固体废物。

《固体废物污染环境防治法》规定，产生固体废物的单位和个人，应当采取措施，防止

或者减少固体废物对环境的污染。

收集、贮存、运输、利用、处置固体废物的单位和个人，必须采取防扬散、防流失、防渗漏或者其他防止污染环境的措施；不得擅自倾倒、堆放、丢弃、遗撒固体废物。

禁止任何单位或者个人向江河、湖泊、运河、渠道、水库及其最高水位线以下的滩地和岸坡等法律、法规规定禁止倾倒、堆放废弃物的地点倾倒、堆放固体废物。

《城市建筑垃圾管理规定》进一步规定，施工单位不得将建筑垃圾交给个人或者未经核准从事建筑垃圾运输的单位运输。处置建筑垃圾的单位在运输建筑垃圾时，应当随车携带建筑垃圾处置核准文件，按照城市人民政府有关部门规定的运输路线、时间运行，不得丢弃、遗撒建筑垃圾，不得超出核准范围承运建筑垃圾。

对危险废物的容器和包装物及收集、贮存、运输、处置危险废物的设施、场所，必须设置危险废物识别标志。以填埋方式处置危险废物不符合国务院环境保护行政主管部门规定的，应当缴纳危险废物排污费。危险废物排污费用于污染环境的防治，不得挪作他用。

禁止将危险废物提供或者委托给无经营许可证的单位从事收集、贮存、利用、处置的经营活动。运输危险废物，必须采取防止污染环境的措施，并遵守国家有关危险货物运输管理的规定。禁止将危险废物与旅客在同一运输工具上载运。

收集、贮存、运输、处置危险废物的场所、设施、设备和容器、包装物及其他物品转作他用时，必须经过消除污染的处理，方可使用。

(二)建设项目固体废物污染的防治

《固体废物污染环境防治法》规定，在国务院和国务院有关主管部门及省、自治区、直辖市人民政府划定的自然保护区、风景名胜区、饮用水水源保护区、基本农田保护区和其他需要特别保护的区域内，禁止建设工业固体废物集中贮存、处置的设施、场所和生活垃圾填埋场。

四、施工现场噪声污染防治的规定

环境噪声污染，则是指产生的环境噪声超过国家规定的环境噪声排放标准并干扰他人正常生活、工作和学习的现象。

(一)施工现场噪声污染的防治

《建筑施工场界环境噪声排放标准》(GB 12523—2011)规定，建筑施工过程中场界环境噪声不得超过规定的排放限值。建筑施工场界环境噪声排放限值，昼间 70 dB(A)，夜间 55 dB(A)。夜间噪声最大声级超过限值的幅度不得高于 15 dB(A)。"昼间"是指 6：00 至 22：00 之间的时段；"夜间"是指 22：00 至次日 6：00 之间的时段。县级以上人民政府为环境噪声污染防治的需要(如考虑时差、作息习惯差异等)而对昼间、夜间的划分另有规定的，应按其规定执行。

《中华人民共和国环境噪声污染防治法(2018 修正)》(以下简称《环境噪声污染防治法》)规定，在城市市区范围内，建筑施工过程中使用机械设备，可能产生环境噪声污染的，施工单位必须在工程开工 15 日以前向工程所在地县级以上地方人民政府生态环境主管部门申报该工程的项目名称、施工场所和期限、可能产生的环境噪声值以及所采取的环境噪声污染防治措施的情况。

《环境噪声污染防治法》规定，在城市市区噪声敏感建筑物集中区域内，禁止夜间进行产生环境噪声污染的建筑施工作业。但抢修、抢险作业和因生产工艺上要求或者特殊需要必须连续作业的除外。因特殊需要必须连续作业的，必须有县级以上人民政府或者其有关主管部门的证明。以上规定的夜间作业，必须公告附近居民。

(二)建设项目环境噪声污染的防治

《环境噪声污染防治法》规定，新建、改建、扩建的建设项目，必须遵守国家有关建设项目环境保护管理的规定。建设项目可能产生环境噪声污染的，建设单位必须提出环境影响报告书，规定环境噪声污染的防治措施，并按照国家规定的程序报环境保护行政主管部门批准。环境影响报告书中，应当有该建设项目所在地单位和居民的意见。

建设项目的环境噪声污染防治设施必须与主体工程同时设计、同时施工、同时投产使用。

【案例 9-2】 2019 年 4 月 15 日夜 23 时，某市环境保护行政主管部门接到居民投诉，称某项目工地有夜间施工噪声扰民情况。执法人员立刻赶赴施工现场，并在施工场界进行了噪声测量。经现场勘查：施工噪声源主要是商品混凝土运输车、混凝土输送泵和施工电梯等设备的施工作业噪声，施工场界噪声经测试为 72.4 dB（A）。通过调查，执法人员核实此次夜间施工作业既不属于抢修、抢险作业，也不属于因生产工艺要求必须进行的连续作业，并无有关主管部门出具的因特殊需要必须连续作业的证明。

问题：

(1)本案例中施工单位的夜间施工作业行为是否合法？

(2)对本案例中施工单位的夜间施工作业行为应作何处理？

【案例评析】

(1)本案例中，施工单位的夜间施工作业行为是不合法的，因为《环境噪声污染防治法》第 30 条规定："在城市市区噪声敏感建筑物集中区域内，禁止夜间进行产生环境噪声污染的建筑施工作业，但抢修、抢险作业和因生产工艺上要求或者特殊需要必连续作业的除外。因特殊需要必须连续作业的，必须有县级以上人民政府或者其有关主管部门的证明。以上规定的夜间作业，必须公告附近居民。"经执法人员核实，该施工单位夜间作业既不属于抢修、抢险作业，也不属于因生产工艺上要求必须进行的连续作业，并没有有关主管部门出具的因特殊需要必须连续作业的证明。

《环境噪声污染防治法》规定："在城市市区范围内向周围生活环境排放建筑施工噪声的，应当符合国家规定的建筑施工场界环境噪声排放标准。"经执法人员检测，施工场界噪声为 72.4 dB（A），超过了《建筑施工场界环境噪声排放标准》（GB 12523—2011）关于夜间噪声限制 55 dB（A）的标准。

(2)对该施工单位应由该市环境保护行政主管部门依法责令改正，可以并处罚款。依据是《环境噪声污染防治法》第 56 条规定："在城市市区噪声敏感建筑物集中区域内，夜间进行禁止进行的产生环境噪声污染的建筑施工作业的，由工程所在地县级以上地方人民政府环境保护行政主管部门责令改正，可以并处罚款。"

五、建设项目环境影响评价制度

环境影响评价，是指对规划和建设项目实施后可能造成的环境影响进行分析、预测和评估，提出预防或者减轻不良环境影响的对策和措施，进行跟踪监测的方法与制度。《中华人民共和国环境影响评价法(2018 修正)》(以下简称《环境影响评价法》)规定，在中华人民共和国领域和中华人民共和国管辖的其他海域内建设对环境有影响的项目，应当依照本法进行环境影响评价。

(一)建设项目的环境影响评价实行分类管理

建设单位应当按照下列规定组织编制环境影响报告书、环境影响报告表或者填报环境影响登记表(以下统称环境影响评价文件):

(1)可能造成重大环境影响的,应当编制环境影响报告书,对产生的环境影响进行全面评价;

(2)可能造成轻度环境影响的,应当编制环境影响报告表,对产生的环境影响进行分析或者专项评价;

(3)对环境影响很小、不需要进行环境影响评价的,应当填报环境影响登记表。

建设项目的环境影响评价分类管理名录,由国务院生态环境主管部门制定并公布。

(二)环境影响报告书的基本内容

(1)建设项目概况。
(2)建设项目周围环境现状。
(3)建设项目对环境可能造成影响的分析、预测和评估。
(4)建设项目环境保护措施及其技术、经济论证。
(5)建设项目对环境影响的经济损益分析。
(6)对建设项目实施环境监测的建议。
(7)环境影响评价的结论。

环境影响报告表和环境影响登记表的内容与格式,由国务院生态环境主管部门制定。

(三)建设项目环境影响评价机构

(1)接受委托为建设项目环境影响评价提供技术服务的机构,应当经国务院环境保护行政主管部门考核审查合格后,颁发资质证书,按照资质证书规定的等级和评价范围,从事环境影响评价服务,并对评价结论负责。为建设项目环境影响评价提供技术服务的机构的资质条件和管理办法,由国务院环境保护行政主管部门制定。

(2)国务院环境保护行政主管部门对已取得资质证书的为建设项目环境影响评价提供技术服务的机构的名单,应当予以公布。

(3)为建设项目环境影响评价提供技术服务的机构,不得与负责审批建设项目环境影响评价文件的环境保护行政主管部门或者其他有关审批部门存在任何利益关系。

(4)环境影响评价文件中的环境影响报告书或者环境影响报告表,应当由具有相应环境影响评价资质的机构编制。

(5)任何单位和个人不得为建设单位指定对其建设项目进行环境影响评价的机构。

(四)建设项目环境影响评价文件的审批管理

建设项目的环境影响评价文件,由建设单位按照国务院的规定报有审批权的环境保护行政主管部门审批;建设项目有行业主管部门的,其环境影响报告书或者环境影响报告表应当经行业主管部门预审后,报有审批权的环境保护行政主管部门审批。

审批部门应当自收到环境影响报告书之日起 60 日内,收到环境影响报告表之日起 30 日内,收到环境影响登记表之日起 15 日内,分别作出审批决定并书面通知建设单位。

建设项目的环境影响评价文件经批准后,建设项目的性质、规模、地点、采用的生产工艺或者防治污染、防止生态破坏的措施发生重大变动的,建设单位应重新报批建设项目的环境影响评价文件。

建设项目的环境影响评价文件自批准之日起超过 5 年,方决定该项目开工建设的,其环境影响评价文件应当报原审批部门重新审核；原审批部门应当自收到建设项目环境影响评价文件之日起10日内，将审核意见书面通知建设单位。

建设项目的环境影响评价文件未依法经审批部门审查或者审查后未予批准的，建设单位不得开工建设。建设项目在建设过程中，建设单位应当同时实施环境影响报告书、环境影响报告表，以及环境影响评价文件审批部门审批意见中提出的环境保护对策措施。

（五）违反相关制度的法律责任

《环境影响评价法》第三十一条规定，建设单位未依法报批建设项目环境影响报告书、报告表，或者未依照本法第二十四条的规定重新报批或者报请重新审核环境影响报告书、报告表，擅自开工建设的，由县级以上生态环境主管部门责令停止建设，根据违法情节和危害后果，处建设项目总投资额1%以上5%以下的罚款，并可以责令恢复原状；对建设单位直接负责的主管人员和其他直接责任人员，依法给予行政处分。

建设项目环境影响报告书、报告表未经批准或者未经原审批部门重新审核同意，建设单位擅自开工建设的，依照前款的规定处罚、处分。

建设单位未依法备案建设项目环境影响登记表的，由县级以上生态环境主管部门责令备案，处五万元以下的罚款。

六、环境保护"三同时"制度

所谓"三同时"制度，是指建设项目需要配套建设的环境保护设施，必须与主体工程同时设计、同时施工、同时投产使用。《建设项目环境保护管理条例（2017修订）》在第三章环境保护设施建设中，对"三同时"制度进行了规定。

（1）建设项目的初步设计，应当按照环境保护设计规范的要求，编制环境保护篇章，并依据经批准的建设项目环境影响报告书或者环境影响报告表，在环境保护篇章中落实防治环境污染和生态破坏的措施以及环境保护设施投资概算。

（2）建设项目的主体工程完工后，需要进行试生产的，其配套建设的环境保护设施必须与主体工程同时投入。

（3）建设项目试生产期间，建设单位应当对环境保护设施运行情况和建设项目对环境的影响进行监测。

（4）建设项目竣工后，建设单位应当向审批该建设项目环境影响报告书、环境影响报告表或者环境影响登记表的环境保护行政主管部门，申请该建设项目需要配套建设的环境保护设施竣工验收。

（5）环境保护设施竣工验收，应当与主体工程竣工验收同时进行。需要进行试生产的建设项目，建设单位应当自建设项目投入试生产之日起3个月内，向审批该建设项目环境影响报告书、环境影响报告表或者环境影响登记表的环境保护行政主管部门，申请该建设项目需要配套建设的环境保护设施竣工验收。

（6）分期建设、分期投入生产或者使用的建设项目，其相应的环境保护设施应当分期验收。

（7）环境保护行政主管部门应当自收到环境保护设施竣工验收申请之日起30日内，完成验收。

（8）建设项目需要配套建设的环境保护设施经验收合格，该建设项目方可正式投入生产或者使用。

第二节　建筑节能法规

一、节能的概念

节能是指加强用能管理，采取技术上可行、经济上合理及环境和社会可以承受的措施，减少从能源生产到消费各个环节中的损失和浪费，更加有效、合理地利用能源。

为了推进全社会节约能源，提高能源利用效率和经济效益，保护环境，保障国民经济和社会的发展，满足人民生活需要，我国于1997年11月1日发布了《中华人民共和国节约能源法》(以下简称《节约能源法》)，并自1998年1月1日起开始实施；2007年10月28日第十届全国人民代表大会常务委员会第三十次会议对该法做了修订，修订后的《节约能源法》于2008年4月1日施行；2016年7月2日第十二届全国人民代表大会常务委员会第二十一次会议通过的《全国人民代表大会常务委员会关于修改〈中华人民共和国节约能源法〉等六部法律的决定》修改。2018年10月26日第十三届全国人民代表大会常务委员会第六次会议《关于修改〈中华人民共和国野生动物保护法〉等十五部法律的决定》第二次修正。2006年施行的《民用建筑节能管理规定》和2008年施行的《民用建筑节能条例》与2016年修正的《节约能源法》一起构成了关于节能的法律体系。

二、民用建筑节能

(一)新建建筑节能

1. 对新技术、新工艺、新材料和新设备的要求

国家推广使用民用建筑节能的新技术、新工艺、新材料和新设备，限制使用或者禁止使用能源消耗高的技术、工艺、材料和设备。国务院节能工作主管部门、建设主管部门应当制定、公布并及时更新推广使用、限制使用、禁止使用目录。

国家限制进口或者禁止进口能源消耗高的技术、材料和设备。建设单位、设计单位、施工单位不得在建筑活动中使用列入禁止使用目录的技术、工艺、材料和设备。

2. 编制城镇规划的节能要求

编制城市详细规划、镇详细规划，应当按照民用建筑节能的要求，确定建筑的布局、形状和朝向。城乡规划主管部门依法对民用建筑进行规划审查，应当就设计方案是否符合民用建筑节能强制性标准征求同级建设主管部门的意见；建设主管部门应当自收到征求意见材料之日起10日内提出意见。征求意见时间不计算在规划许可的期限内。对不符合民用建筑节能强制性标准的，不得颁发建设工程规划许可证。

3. 施工图设计文件的节能要求

施工图设计文件审查机构应当按照民用建筑节能强制性标准对施工图设计文件进行审查；经审查不符合民用建筑节能强制性标准的，县级以上地方人民政府建设主管部门不得颁发施工许可证。

建设单位不得明示或者暗示设计单位、施工单位违反民用建筑节能强制性标准进行设计、施工，不得明示或者暗示施工单位使用不符合施工图设计文件要求的墙体材料、保温材料、门窗、采暖制冷系统和照明设备。

按照合同约定由建设单位采购墙体材料、保温材料、门窗、采暖制冷系统和照明设备的，建设单位应当保证其符合施工图设计文件要求。

4. 对施工材料的节能要求

设计单位、施工单位、工程监理单位及其注册执业人员，应当按照民用建筑节能强制性标准进行设计、施工、监理。施工单位应当对进入施工现场的墙体材料、保温材料、门窗、采暖制冷系统和照明设备进行查验；不符合施工图设计文件要求的，不得使用。工程监理单位发现施工单位不按照民用建筑节能强制性标准施工的，应当要求施工单位改正；施工单位拒不改正的，工程监理单位应当及时报告建设单位，并向有关主管部门报告。

墙体、屋面的保温工程施工时，监理工程师应当按照工程监理规范的要求，采取旁站、巡视和平行检验等形式实施监理。未经监理工程师签字，墙体材料、保温材料、门窗、采暖制冷系统和照明设备不得在建筑上使用或者安装，施工单位不得进行下一道工序的施工。建筑的公共走廊、楼梯等部位，应当安装、使用节能灯具和电气控制装置。对具备可再生能源利用条件的建筑，建设单位应当选择合适的可再生能源，用于采暖、制冷、照明和热水供应等；设计单位应当按照有关可再生能源利用的标准进行设计。

建设可再生能源利用设施，应当与建筑主体工程同步设计、同步施工、同步验收。国家机关办公建筑应当安装、使用节能设备。其中，大型公共建筑是指单体建筑面积2万平方米以上的公共建筑。

5. 竣工验收管理

建设单位组织竣工验收，应当对民用建筑是否符合民用建筑节能强制性标准进行查验；对不符合民用建筑节能强制性标准的，不得出具竣工验收合格报告。

(二)既有建筑节能改造

既有建筑节能改造是指对不符合民用建筑节能强制性标准的既有建筑的围护结构、供热系统、采暖制冷系统、照明设备和热水供应设施等实施节能改造的活动。

既有建筑节能改造应当根据当地经济、社会发展水平和地理气候条件等实际情况，有计划、分步骤地实施分类改造。具体规定如下：

(1)国家机关办公建筑、政府投资和以政府投资为主的公共建筑的节能改造，应当制订节能改造方案，经充分论证，并按照国家有关规定办理相关审批手续方可进行。

各级人民政府及其有关部门、单位不得违反国家有关规定和标准，以节能改造的名义对前款规定的既有建筑进行扩建、改建。国家机关办公建筑的节能改造费用，由县级以上人民政府纳入本级财政预算。居住建筑和教育、科学、文化、卫生、体育等公益事业使用的公共建筑节能改造费用，由政府、建筑所有权人共同负担。国家鼓励社会资金投资既有建筑节能改造。

(2)县级以上地方人民政府建设主管部门应当对本行政区域内既有建筑的建设年代、结构形式、用能系统、能源消耗指标、寿命周期等组织调查统计和评价分析，制订既有建筑节能改造计划，明确节能改造的目标、范围和要求，报本级人民政府批准后组织实施。中央国家机关既有建筑的节能改造，由有关管理机关事务工作的机构制订节能改造计划，并组织实施。

(3)实施既有建筑节能改造，应当符合民用建筑节能强制性标准，优先采用遮阳、改善通风等低成本改造措施。既有建筑围护结构的改造和供热系统的改造，应当同步进行。

(4)对实行集中供热的建筑进行节能改造，应当安装供热系统调控装置和用热计量装置；对公共建筑进行节能改造，还应当安装室内温度调控装置和用电分项计量装置。

(三)建筑用能系统运行节能

《民用建筑节能条例》对建筑用能系统运行节能作出了具体的规定：

1. 用电节能

国家机关办公建筑和大型公共建筑的所有权人或者使用权人应当建立健全民用建筑节能管理制度和操作规程，对建筑用能系统进行监测、维护，并定期将分项用电量报县级以上地方人民政府建设主管部门。

县级以上地方人民政府节能工作主管部门应当会同同级建设主管部门确定本行政区域内公共建筑重点用电单位及其年度用电限额。

县级以上地方人民政府建设主管部门应当对本行政区域内国家机关办公建筑和公共建筑用电情况进行调查统计和评价分析。国家机关办公建筑和大型公共建筑采暖、制冷、照明的参源消耗情况应当依照法律、行政法规和国家其他有关规定向社会公布。

2. 供热节能

县级以上地方人民政府建设主管部门应当对本行政区域内供热单位的能源消耗情况进行调查统计和评价分析，并制定供热单位能源消耗指标；对超过能源消耗指标的，应当要求供热单位制订相应的改进措施，并监督实施。供热单位应当建立健全相关制度，加强对专业技术人员的教育和培训。

供热单位应当改进技术装备，实施计量管理，并对供热系统进行监测、维护，提高供热系统的效率，保证供热系统的运行符合民用建筑节能强制性标准。

(四)法律责任

1. 建设单位的法律责任

建设单位有下列行为之一的，由县级以上地方人民政府建设主管部门责令改正，处20万元以上50万元以下的罚款：

(1)明示或者暗示设计单位、施工单位违反民用建筑节能强制性标准进行设计、施工的。

(2)明示或者暗示施工单位使用不符合施工图设计文件要求的墙体材料、保温材料、门窗、采暖制冷系统和照明设备的。

(3)采购不符合施工图设计文件要求的墙体材料、保温材料、门窗、采暖制冷系统和照明设备的。

(4)使用列入禁止使用目录的技术、工艺、材料和设备的。

建设单位对不符合民用建筑节能强制性标准的民用建筑项目出具竣工验收合格报告的，由县级以上地方人民政府建设主管部门责令改正，处民用建筑项目合同价款2%以上4%以下的罚款；造成损失的，依法承担赔偿责任。

2. 设计单位的法律责任

设计单位违反《民用建筑节能条例》规定，未按照民用建筑节能强制性标准进行设计，或者使用列入禁止使用目录的技术、工艺、材料和设备的，由县级以上地方人民政府建设主管部门责令改正，处10万元以上30万元以下的罚款；情节严重的，由颁发资质证书的部门责令停业整顿，降低资质等级或者吊销资质证书；造成损失的，依法承担赔偿责任。

3. 施工单位的法律责任

施工单位未按照民用建筑节能强制性标准进行施工的，由县级以上地方人民政府建设主管部门责令改正，处民用建筑项目合同价款2%以上4%以下的罚款；情节严重的，由颁发资质证书的部门责令停业整顿，降低资质等级或者吊销资质证书；造成损失的，依法承担赔偿责任。

施工单位有下列行为之一的，由县级以上地方人民政府建设主管部门责令改正，处10万元以上20万元以下的罚款；情节严重的，由颁发资质证书的部门责令停业整顿，降低资质等级或者吊销资质证书；造成损失的，依法承担赔偿责任：

(1)未对进入施工现场的墙体材料、保温材料、门窗、采暖制冷系统和照明设备进行查验的。

(2)使用不符合施工图设计文件要求的墙体材料、保温材料、门窗、采暖制冷系统和照明设备的。

(3)使用列入禁止使用目录的技术、工艺、材料和设备的。

4. 工程监理单位的法律责任

工程监理单位有下列行为之一的，由县级以上地方人民政府建设主管部门责令限期改正；逾期未改正的，处10万元以上30万元以下的罚款；情节严重的，由颁发资质证书的部门责令停业整顿，降低资质等级或者吊销资质证书；造成损失的，依法承担赔偿责任：

(1)未按照民用建筑节能强制性标准实施监理的。

(2)墙体、屋面的保温工程施工时，未采取旁站、巡视和平行检验等形式实施监理的。

对不符合施工图设计文件要求的墙体材料、保温材料、门窗、采暖制冷系统和照明设备，按照符合施工图设计文件要求签字的，依照《建设工程质量管理条例》的相关规定处罚。

注册执业人员未执行民用建筑节能强制性标准的，由县级以上人民政府建设主管部门责令停止执业三个月以上一年以下；情节严重的，由颁发资格证书的部门吊销执业资格证书，五年内不予注册。

本章小结

《中华人民共和国环境保护法》规定，排放污染物的企业事业单位和其他生产经营者，应当采取措施，防治在生产建设或者其他活动中产生的废气、废水、废渣、医疗废物、粉尘、恶臭气体、放射性物质以及噪声、振动、光辐射、电磁辐射等对环境的污染和危害。建设项目中的防治污染措施，必须与主体工程同时设计、同时施工、同时投产使用。防治污染的设施必须经原审批环境影响报告书的环境保护行政主管部门验收合格后，方可投入生产或者使用。推进全社会节约能源，提高能源利用效率和经济效益，保护环境，保障国民经济和社会的发展，满足人民生活需要。

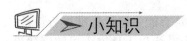

建设工程环境保护法规

环境是指影响人类生存和发展的各种天然的和经过人工改造的自然因素的总体。其包括大气、水、海洋、土地、矿藏、森林、草原、野生生物、自然遗迹、人文遗迹、自然保护区、风景名胜区、城市和乡村等。

环境保护法有广义和狭义之分。广义的环境保护法指的是与环境保护相关的法律体系;狭义的环境保护法指的是 1989 年 12 月 26 日实施的《环境保护法》。由于工程建设与环境保护息息相关,因此,本部分将在《环境保护法》的基础上,在广义的环境保护法的范畴进行论述。其中主要涉及《水污染防治法》《固体废物污染环境防治法》和《环境噪声污染防治法》。

《环境保护法》的立法目的是保护和改善生活环境与生态环境,防治污染和其他公害,保障人体健康,促进社会主义现代化建设的发展。它主要适用于中华人民共和国领域和中华人民共和国管辖的其他海域。

练习题

1. 施工现场水污染防治规定有哪些?
2. 施工现场大气污染的防治规定有哪些?
3. 什么是固定废物?施工现场的固体废物主要有哪些?
4. 什么是三同时制度?
5. 编制城镇规划的节能要求有哪些?
6. 施工图设计文件的节能要求有哪些?

综合练习题

案例 1

某市生活垃圾填埋场原本位于市郊,但随着城市的发展,填埋场现已处于城区市民集中居住地段,已对居民的日常生活构成影响,并时有居民投诉。于是有投资商找到该填埋场负责人,愿高价租用该填埋场改作他用。该场负责人便想到了一个方案,即在将垃圾填埋场高价出租的同时,将接收的垃圾全部运往市郊一省级自然保护区内进行填埋。认为此处人口较少,影响不大,且有利可图。

问题:垃圾填埋场负责人的方案若付诸行动,将违反我国哪部法律的规定?该法律具体是如何规定的?

案例 2

A 公司为某市一建筑公司,2010 年 1 月 8 日,A 承建了该市 B 投资公司的写字楼项目。该工程的施工图设计文件通过了有关部门的审查,但作为建设单位的 B 为节省开支,擅自修改了部分节能设计内容,并要求 A 按其修改后的设计文件进行施工。A 认为修改后的设计文件违反了建筑节能标准,因此拒不执行 B 的要求,但 B 态度强硬并以拒付工程款相要挟,A 无奈只好按 B 的要求进行施工。2010 年 12 月 31 日,市住建局在对该写字楼项目进行建筑节能专项检查时发现,该写字楼相关部位的保温漏做及室内灯具安装未达到原设计要求,违反了建筑节能强制性标准。

综合练习题解析

问题:本案例中哪些单位有违法责任?为什么?

第十章　建设工程纠纷与法律服务

职业能力目标

在工程建设过程中，能避免或减少纠纷的发生，具备根据仲裁法法律制度处理建设工程纠纷的能力，具备根据民事诉讼法律制度处理建设工程纠纷的能力。

学习要求

了解建设工程纠纷的主要种类、民事诉讼的法院管辖、民事诉讼当事人和代理人的规定；熟悉民事纠纷的法律解决途径，建设工程行政纠纷，民事诉讼证据的种类、保全和应用，民事诉讼时效，诉讼时效中止和中断；掌握行政纠纷的法律解决途径、民事诉讼的审判程序、仲裁的基本制度、仲裁协议的规定、调节和解的规定、争议评审机制的规定。

本章重点：民事纠纷的法律解决途径。
本章难点：行政纠纷的法律解决途径。

第一节　建设工程争议概述

法律纠纷是指公民、法人、其他组织之间因人身、财产或其他法律关系所发生的对抗冲突（或者争议）。其主要包括民事纠纷、行政纠纷、刑事纠纷。民事纠纷是指平等主体间的有关人身、财产权的纠纷；行政纠纷是指行政机关之间或行政机关同公民、法人和其他组织之间由于行政行为而产生的纠纷；刑事纠纷是指因犯罪而产生的纠纷。

一、建设工程纠纷的主要种类

由于建设工程项目通常具有投资大、建造周期长、技术要求高、协作关系复杂和政府监管严格等特点，因而在建设工程领域里常见的是民事纠纷和行政纠纷。

建设工程纠纷主要种类和处理程序

（一）建设工程民事纠纷

建设工程民事纠纷是在建设工程活动中平等主体之间发生的以民事权利义务法律关系为内容的争议。民事纠纷作为法律纠纷的一种，一般来说，是因为违反了民事法律规范而引起的。民事纠纷可分为两大类：一类是财产关系方面的民事纠纷，如合同纠纷、损害赔偿纠纷等；另一类是人身关系的民事纠纷，如名誉纠纷、继承权纠纷等。

民事纠纷具有以下三个特点：

(1) 民事纠纷主体之间的法律地位平等。

(2)民事纠纷的内容是对民事权利义务的争议。

(3)民事纠纷的可处分性。这主要是针对有关财产关系的民事纠纷,而有关人身关系的民事纠纷多具有不可处分性。在建设工程领域,较为普遍和重要的民事纠纷主要是合同纠纷、侵权纠纷。

1)合同纠纷是指因合同的生效、解释、履行、变更、终止等行为而引起的合同当事人之间的所有争议。合同纠纷的内容,主要表现在争议主体对于导致合同法律关系产生、变更与消灭的法律事实以及法律关系的内容有着不同的观点与看法。合同纠纷的范围涵盖了一项合同从成立到终止的整个过程。在建设工程领域,合同纠纷主要有工程总承包合同纠纷、工程勘察合同纠纷、工程设计合同纠纷、工程施工合同纠纷、工程监理合同纠纷、工程分包合同纠纷、材料设备采购合同纠纷以及劳动合同纠纷等。

2)侵权纠纷是指一方当事人对另一方侵权而产生的纠纷。在建设工程领域也易发生侵权纠纷,如施工单位在施工中未采取相应防范措施造成对他方损害而产生的侵权纠纷,未经允许使用他方的专利、工法等而造成的知识产权侵权纠纷等。

发包人和承包人就有关工期、质量、造价等产生的建设工程合同争议,是建设工程领域最常见的民事纠纷。

【案例 10-1】 超越资质承揽工程项目

某劳务分包企业,其注册资本金为 50 万元,有木工作业一级、砌筑作业二级、抹灰作业(不分资质等级)的劳务企业资质证书。在某工程施工中,与该工程的施工总承包企业签订的劳务分包合同额为 158 万元,最终实际结算额为 1 536 万元。该劳务分包企业实际承揽的劳务作业工程,除木工、砌筑、抹灰作业外,还包括脚手架、模板、混凝土等作业内容。本案例中的劳务分包企业在承揽该劳务分包工程中有无违法行为?

【案例评析】

《建筑业企业资质等级标准》中"建筑业劳务分包企业资质等级标准"规定,承担劳务分包业务"单项业务合同额不超过企业注册资本金的 5 倍"。本案例中,该劳务分包签订的劳务合同额为 158 万元,没有超过其注册资本金的 5 倍,但实际结算额却达 1 536 万元,为其注册资本金的 30.72 倍,远远超过最高允许值 5 倍的规定。《建筑法》第 29 条第 3 款规定,"禁止总承包单位将工程分包给不具备相应资质条件的单位。"该劳务分包可以定性为违法分包工程和违法越级承揽工程,应当依法对施工总承包企业和劳务分包企业作出处罚。

(二)建设工程行政纠纷

建设工程行政纠纷是指在建设工程活动中行政机关之间或行政机关同公民、法人和其他组织之间由于行政行为而引起的纠纷,包括行政争议和行政案件。在行政法律关系中,行政机关对公民、法人和其他组织行使行政管理职权,应当依法行政;公民、法人和其他组织也应当依法约束自己的行为,做到自觉守法。在各种行政纠纷中,既有行政机关超越职权、滥用职权、行政不作为、违反法定程序、事实认定错误、适用法律错误等引起的纠纷,也有公民、法人或其他组织逃避监督管理、非法抗拒监督管理或误解法律规定等引起的纠纷。

行政机关的行政行为具有以下特征:

(1)行政行为是执行法律的行为。任何行政行为均须有法律根据,具有从属法律性,没有法律的明确规定或授权,行政主体不得作出任何行政行为。

(2)行政行为具有一定的裁量性。这是由立法技术本身的局限性和行政管理的广泛性、变动性、应变性所决定的。

(3)行政主体在实施行政行为时具有单方意志性，不必与行政相对方协商或征得其同意，便可依法自主做出。

(4)行政行为是以国家强制力保障实施的，带有强制性。行政相对方必须服从并配合行政行为，否则行政主体将予以制裁或强制执行。

(5)行政行为以无偿为原则，以有偿为例外。只有当特定行政相对人承担了特别公共负担，或者分享了特殊公共利益时，方可为有偿的。

在建设工程领域，易引发行政纠纷的具体行政行为主要有如下几种：

(1)行政许可。行政许可是指行政机关根据公民、法人或者其他组织的申请，经依法审查，准予其从事特定活动的行政管理行为，如施工许可、专业人员执业资格注册、企业资质等级核准、安全生产许可等。行政许可易引发的行政纠纷通常是行政机关的行政不作为、违反法定程序等。

(2)行政处罚。行政处罚是指行政机关或其他行政主体依照法定职权、程序对于违法但尚未构成犯罪的相对人给予行政制裁的具体行政行为。常见的行政处罚为警告、罚款、没收违法所得、取消投标资格、责令停止施工、责令停业整顿、降低资质等级、吊销资质证书等。行政处罚易导致的行政纠纷，通常是行政处罚超越职权、滥用职权、违反法定程序、事实认定错误、适用法律错误等。

(3)行政强制。行政强制包括行政强制措施和行政强制执行。行政强制措施是指行政机关在行政管理过程中，为制止违法行为、防止证据损毁、避免危害发生、控制危险扩大等情形，依法对公民的人身自由实施暂时性限制，或者对公民、法人或者其他组织的财物实施暂时性控制的行政行为。行政强制执行是指行政机关或者行政机关申请人民法院，对不履行行政决定的公民、法人或者其他组织，依法强制履行义务的行政行为。行政强制易导致的行政纠纷，通常是行政强制超越职权、滥用职权、违反法定程序、事实认定错误、适用法律错误等。

(4)行政裁决。行政裁决是指行政机关或法定授权的组织，依照法律授权，对平等主体之间发生的与行政管理活动密切相关的、特定的民事纠纷(争议)进行审查，并作出裁决的具体行政行为，如对特定的侵权纠纷、损害赔偿纠纷、权属纠纷、国有资产产权纠纷以及劳动工资、经济补偿纠纷等的裁决。行政裁决易引发的行政纠纷，通常是行政裁决违反法定程序、事实认定错误、适用法律错误等。

【案例 10-2】 违反强制性标准设计

某企业建设 1 所附属小学。某设计院为其设计了 5 层砖混结构的教学楼、运动场等。教学楼的楼梯井净宽为 0.3 m，为防止学生攀滑，梯井采用工程玻璃隔离防护，楼梯采用垂直杆件做栏杆，杆件净距为 0.15 m；运动场与街道之间采用透景墙，墙体采用垂直杆件做栏杆，杆件净距为 0.15 m。在建设过程中，有人对该设计提出异议。该工程中设计方是否有过错？违反了什么法规的规定？

【案例评析】

设计方有明显的过错，违反了《建设工程质量管理条例》的规定："勘察、设计单位必须按照工程建设强制性标准进行勘察、设计，并对其勘察、设计的质量负责。"

《工程建设标准强制性条文》中"房屋建筑设计"基本规定："住宅、托儿所、幼儿园、中小学及少年儿童专用活动场所的栏杆必须采用防止少年儿童攀登的构造，当采用垂直杆件做栏杆时，其杆件净距不应大于 0.11 m"；6.7.9"托儿所、幼儿园、中小学及少年儿童专用活动场所的楼梯，梯井净宽大于 0.20 m 时，必须采取防止少年儿童攀滑的措施，楼梯栏杆应采取不易攀登的构造，当采用垂直杆件做栏杆时，其栏杆净距不应大于 0.11 m"。显然，本案中该教学楼设计的楼梯杆件净距、运动场透景墙的栏杆净距都超过了规定的 0.11 m，违反了国家强制性标准的规定，也违反了《建设工程质量管理条例》的规定。该设计院应当依法尽快予以纠正，否则一旦在使用时发生了相关事故，设计院必须承担其质量责任。

二、民事纠纷的法律解决途径

民事纠纷的法律解决途径主要有和解、调解、仲裁、诉讼四种。

1. 和解

和解是民事纠纷的当事人在自愿互谅的基础上，就已经发生的争议进行协商、妥协与让步并达成协议，自行（无第三方参与劝说）解决争议的一种方式。

和解可以在民事纠纷的任何阶段进行，无论是否已经进入诉讼或仲裁程序，只要终审裁判未生效或者仲裁裁决未作出，当事人均可自行和解。

需要注意的是，和解达成的协议不具有强制执行力，在性质上仍属于当事人之间的约定。如果一方当事人不按照和解协议执行，另一方当事人不可以请求法院强制执行，但可要求对方就不执行该和解协议承担违约责任。

2. 调解

调解是指双方当事人以外的第三方应纠纷当事人的请求，以法律、法规和政策或合同约定及社会公德为依据，对纠纷双方进行疏导、劝说，促使他们相互谅解，进行协商，自愿达成协议，解决纠纷的活动。

在我国，调解的主要方式是人民调解、行政调解、仲裁调解、司法调解、行业调解及专业机构调解。

3. 仲裁

仲裁是当事人根据在纠纷发生前或纠纷发生后达成的协议，自愿将纠纷提交第三方（仲裁机构）作出裁决，纠纷各方都有义务执行该裁决的一种解决纠纷的方式。仲裁机构和法院不同。法院行使国家所赋予的审判权，向法院起诉不需要双方当事人在诉讼前达成协议，只要一方当事人向有审判管辖权的法院起诉，经法院受理后，另一方必须应诉。仲裁机构通常是民间团体的性质，其受理案件的管辖权来自双方协议，没有协议就无权受理仲裁。

但是，有效的仲裁协议可以排除法院的管辖权；纠纷发生后，一方当事人提起仲裁的，另一方必须仲裁。

根据《仲裁法》的规定，该法的调整范围仅限于民商事仲裁，即"平等主体的公民、法人和其他组织之间发生的合同纠纷和其他财产权纠纷"，劳动争议仲裁等不受《仲裁法》的调整，依法应当由行政机关处理的行政争议等不能仲裁。

仲裁的基本特点如下：

（1）自愿性。仲裁以当事人的自愿为前提，即是否将纠纷提交仲裁，向哪个仲裁委员会申请仲裁，仲裁庭如何组成，仲裁员的选择，以及仲裁的审理方式、开庭形式等，都是在当事人自愿的基础上，由当事人协商确定的。

（2）专业性。专家裁案是民商事仲裁的重要特点之一。建设工程纠纷的处理不仅涉及与工程建设有关的法律法规，还常常需要运用大量的工程造价、工程质量方面的专业知识，以及熟悉建筑业自身特有的交易习惯和行业惯例。仲裁机构的仲裁员是来自各行业具有一定专业水平的专家，精通专业知识、熟悉行业规则，对公正、高效处理纠纷，确保仲裁结果公正、准确，发挥着关键作用。

(3)独立性。《中华人民共和国仲裁法(2017修正)》(以下简称《仲裁法》)规定，仲裁委员会独立于行政机关，与行政机关没有隶属关系。仲裁委员会之间也没有隶属关系。在仲裁过程中，仲裁庭独立进行仲裁，不受任何行政机关、社会团体和个人的干涉，也不受其他仲裁机构的干涉，具有独立性。

(4)保密性。仲裁以不公开审理为原则。因此，可以有效地保护当事人的商业秘密和商业信誉。

(5)快捷性。仲裁实行一裁终局制度，仲裁裁决一经作出即发生法律效力。仲裁裁决不能上诉，这使得当事人之间的纠纷能够迅速得以解决。

4. 诉讼

民事诉讼是指人民法院在当事人和其他诉讼参与人的参加下，以审理、裁判、执行等方式解决民事纠纷的活动，以及由此产生的各种诉讼关系的总和。诉讼参与人包括原告、被告、第三人、证人、鉴定人、勘验人等。

民事诉讼的基本特征如下：

(1)公权性。民事诉讼是由人民法院代表国家意志、行使司法审判权，通过司法手段解决平等民事主体之间的纠纷。在法院主导下，诉讼参与人围绕民事纠纷的解决，进行着能产生法律后果的活动。

(2)程序性。民事诉讼是依照法定程序进行的诉讼活动，无论是法院还是当事人和其他诉讼参与人，都需要严格按照法律规定的程序和方式实施诉讼行为。

(3)强制性。强制性是公权力的重要属性。民事诉讼的强制性既表现在案件的受理上，又反映在裁判的执行上。调解、仲裁均建立在当事人自愿的基础上，只要有一方当事人不愿意进行调解、仲裁，则调解和仲裁将不会发生。但民事诉讼不同，只要原告的起诉符合法定条件，无论被告是否愿意，诉讼都会发生。另外，和解、调解协议的履行依靠当事人的自觉，不具有强制执行的效力，但法院的裁判则具有强制执行的效力，一方当事人不履行生效判决或裁定，另一方当事人可以申请法院强制执行。

三、建设工程行政纠纷

建设工程行政纠纷是在建设工程活动中行政机关之间或行政机关同公民、法人和其他组织之间由于行政行为而引起的纠纷，包括行政争议和行政案件。在行政法律关系中，行政机关对公民、法人和其他组织行使行政管理职权，应当依法行政；公民、法人和其他组织也应当依法约束自己的行为，做到自觉守法。在各种行政纠纷中，既有因行政机关超越职权、滥用职权、行政不作为、违反法定程序、事实认定错误、适用法律错误等所引起的纠纷，也有公民、法人或其他组织逃避监督管理、非法抗拒监督管理或误解法律规定等而产生的纠纷。行政行为具有以下特征：

(1)行政行为是执行法律的行为。

(2)行政行为具有一定的裁量性。这是由立法技术本身的局限性和行政管理的广泛性、变动性、应变性所决定的。

(3)行政主体在实施行政行为时具有单方意志性,不必与行政相对方协商或征得其同意,便可依法自主做出。

(4)行政行为是以国家强制力保障实施的,带有强制性。

(5)行政行为以无偿为原则,以有偿为例外。

在建设工程领域,行政机关易引发行政纠纷的具体行政行为主要有如下几种:

(1)行政许可。行政许可即行政机关根据公民、法人或者其他组织的申请,经依法审查,准予其从事特定活动的行政管理行为,如施工许可、专业人员执业资格注册、企业资质等级核准、安全生产许可等。行政许可易引发的行政纠纷通常是行政机关的行政不作为、违反法定程序等。

(2)行政处罚。行政处罚即行政机关或其他行政主体依照法定职权、程序对于违法但尚未构成犯罪的相对人给予行政制裁的具体行政行为。常见的行政处罚为警告、罚款、没收违法所得、取消投标资格、责令停止施工、责令停业整顿、降低资质等级、吊销资质证书等。行政处罚易导致的行政纠纷,通常是行政处罚超越职权、滥用职权、违反法定程序、事实认定错误、适用法律错误等。

(3)行政奖励。行政奖励即行政机关依照条件和程序,对为国家、社会和建设事业作出重大贡献的单位和个人,给予物质或精神鼓励的具体行政行为,如表彰建设系统先进集体、劳动模范和先进工作者等。行政奖励易引发的行政纠纷,通常是违反程序、滥用职权、行政不作为等。

(4)行政裁决。行政裁决即行政机关或法定授权的组织,依照法律授权,对平等主体之间发生的与行政管理活动密切相关的、特定的民事纠纷(争议)进行审查,并作出裁决的具体行政行为,如对特定的侵权纠纷、损害赔偿纠纷、权属纠纷等的裁决。行政裁决易引发的行政纠纷,通常是行政裁决违反法定程序、事实认定错误、适用法律错误等。

四、行政纠纷的法律解决途径

行政纠纷的法律解决途径主要有两种,即行政复议和行政诉讼。

1. 行政复议

行政复议是公民、法人或其他组织(作为行政相对人)认为行政机关的具体行政行为侵犯其合法权益,依法请求法定的行政复议机关审查该具体行政行为的合法性、适当性,该复议机关依照法定程序对该具体行政行为进行审查,并作出行政复议决定的法律制度。这是公民、法人或其他组织通过行政救济途径解决行政争议的一种方法。

行政复议的基本特点如下:

(1)提出行政复议的,必须是认为行政机关行使职权的行为侵犯其合法权益的公民、法人和其他组织。

(2)当事人提出行政复议,必须是在行政机关已经作出行政决定之后,如果行政机关尚未作出决定,则不存在复议问题。复议的任务是解决行政争议,而不是解决民事或其他争议。

(3)当事人对行政机关的行政决定不服,只能按照法律规定向有行政复议权的行政机关申请复议。

(4)行政复议以书面审查为主,以不调解为原则。行政复议的结论作出后,即具有法律效力。只要法律未规定复议决定为终局裁决的,当事人对复议决定不服的,仍可以按《行政诉讼法》的规定，向人民法院提请诉讼。

2. 行政诉讼

行政诉讼是公民、法人或其他组织依法请求法院对行政机关具体行政行为的合法性进行审查并依法裁判的法律制度。

行政诉讼的主要特征如下：

(1)行政诉讼是法院解决行政机关实施具体行政行为时与公民、法人或其他组织发生的争议。

(2)行政诉讼为公民、法人或其他组织提供法律救济的同时，具有监督行政机关依法行政的功能。

(3)行政诉讼的被告与原告是恒定的，即被告只能是行政机关，原告则是作为行政行为相对人的公民、法人或其他组织，而不可能互易诉讼身份。

除法律、法规规定必须先申请行政复议的外，行政纠纷当事人可以自主选择申请行政复议还是提起行政诉讼。行政纠纷当事人对行政复议决定不服的，除法律规定行政复议决定为最终裁决的外，可以依照《中华人民共和国行政诉讼法(2017修正)》(以下简称《行政诉讼法》)的规定向人民法院提起行政诉讼。

第二节 民事诉讼制度

一、民事诉讼的法院管辖

民事诉讼中的管辖是指各级法院之间和同级法院之间受理第一审民事案件的分工和权限。

1. 级别管辖

级别管辖是指按照一定的标准，划分上下级法院之间受理第一审民事案件的分工和权限。我国法院有四级，分别是基层人民法院、中级人民法院、高级人民法院和最高人民法院，每一级均受理一审民事案件。《中华人民共和国民事诉讼法(2017修正)》(以下简称《民事诉讼法》)主要根据案件的性质、复杂程度和案件影响来确定级别管辖。

中级人民法院管辖的第一审民商事案件由高级人民法院自行确定，并经最高人民法院批准。

2. 地域管辖

地域管辖是指按照各法院的辖区和民事案件的隶属关系，划分同级法院受理第一审民事案件的分工和权限。地域管辖实际上是以法院与当事人、诉讼标的以及法律事实之间的隶属关系和关联关系来确定的，主要包括如下几种情况：

(1)一般地域管辖。一般地域管辖是以当事人与法院的隶属关系来确定诉讼管辖，通常实行"原告就被告"原则，即以被告住所地作为确定管辖的标准。《民事诉讼法》第二十一条规定：

1)对公民提起的民事诉讼，由被告住所地人民法院管辖；被告住所地与经常居住地不一致的，由经常居住地人民法院管辖。其中，公民的住所地是指该公民的户籍所在地。经常居住地是指公民离开住所至起诉时已连续居住满1年的地方,但公民住院就医的地方除外。

2)对法人或者其他组织提起的民事诉讼,由被告住所地人民法院管辖。被告住所地是指法人或者其他组织的主要办事机构所在地或者主要营业地。

(2)特殊地域管辖。特殊地域管辖是指以被告住所地、诉讼标的所在地、法律事实所在地为标准确定的管辖。《民事诉讼法》规定了9种特殊地域管辖的诉讼,其中与建设工程领域关系最为密切的是因合同纠纷提起的诉讼。

《民事诉讼法》规定:"因合同纠纷提起的诉讼,由被告住所地或者合同履行地人民法院管辖。"合同履行地是指合同约定的履行义务的地点,主要是指合同标的交付地点。合同履行地应当在合同中明确约定,没有约定或约定不明的,当事人既不能协商确定,又不能按照合同有关条款和交易习惯确定的,可按照《合同法》第六十二条的有关规定确定。对于购销合同纠纷,《最高人民法院关于在确定经济纠纷案件管辖中如何确定购销合同履行地的规定》中规定:"对当事人在合同中明确约定履行地点的,以约定的履行地点为合同履行地。当事人在合同中未明确约定履行地点的,以约定的交货地点为合同履行地。合同中约定的货物到达地、到站地、验收地、安装调试地等,均不应视为合同履行地。"对于建设工程施工合同纠纷,《最高人民法院关于审理建设工程施工合同纠纷案件适用法律问题的解释》中规定:"建设工程施工合同纠纷以施工行为地为合同履行地。"发生合同纠纷的,《民事诉讼法》还规定了协议管辖制度。所谓协议管辖,是指合同当事人在纠纷发生前后,在法律允许的范围内,以书面形式约定案件的管辖法院。协议管辖仅适用于合同纠纷。《民事诉讼法》规定,合同的当事人可以在书面合同中协议选择被告住所地、合同履行地、合同签订地、原告住所地、标的物所在地人民法院管辖,但不得违反本法对级别管辖和专属管辖的规定。

(3)专属管辖。专属管辖是指法律规定某些特殊类型的案件专门由特定的法院管辖。专属管辖是排他性管辖,排除了诉讼当事人协议选择管辖法院的权利。专属管辖与一般地域管辖和特殊地域的关系是:凡法律规定为专属管辖的诉讼,均适用专属管辖。

《民事诉讼法》中规定了3种适用专属管辖的案件,其中因不动产纠纷提起的诉讼,由不动产所在地人民法院管辖,如房屋买卖纠纷、土地使用权转让纠纷等。应当注意的是,根据《最高人民法院关于审理建设工程施工合同纠纷案件适用法律问题的解释》的规定,建设工程施工合同纠纷不适用专属管辖,而应当按照《民事诉讼法》第23条的规定,适用合同纠纷的地域管辖原则,即由被告住所地或合同履行地人民法院管辖。发包人和承包人也可根据《民事诉讼法》的规定,在发包人住所地、承包人住所地、合同签订地、施工行为地(工程所在地)的范围内,通过协议确定管辖法院。

(4)移送管辖和指定管辖。

1)移送管辖。人民法院发现受理的案件不属于本院管辖的,应当移送有管辖权的人民法院,受移送的人民法院应当受理。受移送的人民法院认为受移送的案件依照规定不属于本院管辖的,应当报请上级人民法院指定管辖,不得再自行移送。

2)指定管辖。有管辖权的人民法院由于特殊原因,不能行使管辖权的,由上级人民法院指定管辖。人民法院之间因管辖权发生争议,由争议双方协商解决;协商解决不了的,报请其共同上级人民法院指定管辖。

(5)管辖权异议。管辖权异议是指当事人向受诉法院提出的该法院对案件无管辖权的主张。《民事诉讼法》规定,人民法院受理案件后,当事人对管辖权有异议的,应当在提交答辩状期间提出。人民法院对当事人提出的异议，应当审查。异议成立的，裁定将案件移交有管辖权的人民法院；异议不成立的，裁定驳回。根据《最高人民法院关于审理民事级别管辖异议案件若干问题的规定》，受诉人民法院应当在受理异议之日起 15 日内作出裁定；对人民法院就级别管辖异议作出的裁定，当事人不服提起上诉的，第二审人民法院应当依法审理并作出裁定。

二、民事诉讼当事人和代理人的规定

1. 当事人

民事诉讼中的当事人，是指因民事权利和义务发生争议，以自己的名义进行诉讼，请求人民法院进行裁判的公民、法人或其他组织。狭义的民事诉讼当事人包括原告和被告；广义的民事诉讼当事人包括原告、被告、共同诉讼人和第三人。

(1)原告和被告。原告是指维护自己的权益或自己所管理的他人权益，以自己名义起诉，从而引起民事诉讼程序的当事人。被告是指原告诉称侵犯原告民事权益而由法院通知其应诉的当事人。《民事诉讼法》规定，公民、法人和其他组织可以作为民事诉讼的当事人。法人由其法定代表人进行诉讼。其他组织由其主要负责人进行诉讼。公民、法人和其他组织虽然都可以成为民事诉讼中的原告或被告，但在实践中情况还是比较复杂的，需要进一步结合《最高人民法院关于适用〈华人民共和国民事诉讼法〉若干问题的意见》及相关规定进行正确认定。

(2)共同诉讼人。共同诉讼人是指当事人一方或双方为 2 人以上(含 2 人)，诉讼标的是共同的，或者诉讼标的是同一种类、人民法院认为可以合并审理并经当事人同意，一同在人民法院进行诉讼的人。

(3)第三人。第三人是指对他人争议的诉讼标的有独立的请求权，或者虽无独立的请求权，但案件的处理结果与其有法律上的利害关系，而参加到原告、被告已经开始的诉讼中进行诉讼的人。

2. 诉讼代理人

诉讼代理人是指根据法律规定或当事人的委托，代理当事人进行民事诉讼活动的人。代理分为法定代理、委托代理和指定代理，诉讼代理人通常也可分为法定诉讼代理人、委托诉讼代理人和指定诉讼代理人。在建设工程领域，最常见的是委托诉讼代理人。《民事诉讼法》规定：当事人、法定代理人可以委托一至两人作为诉讼代理人。律师、当事人的近亲属、有关的社会团体或者所在单位推荐的人、经人民法院许可的其他公民，都可以被委托为诉讼代理人。

委托他人代为诉讼的，须向人民法院提交由委托人签名或盖章的授权委托书，授权委托书必须记明委托事项和权限。《民事诉讼法》规定："诉讼代理人代为承认、放弃、变更诉讼请求，进行和解、提起反诉或者上诉，必须有委托人的特别授权。"针对实践中经常出现的授权委托书仅写"全权代理"而无具体授权的情形，最高人民法院还特别规定，在这种情况下不能认定为诉讼代理人已获得特别授权，即诉讼代理人无权代为承认、放弃、变更诉讼请求，进行和解、提起反诉或者上诉。

三、民事诉讼证据的种类、保全和应用

证据是指在诉讼中能够证明案件真实情况的各种资料。当事人要证明自己提出的主张

需要向法院提供相应的证据资料。

掌握证据的种类才能正确收集证据；掌握证据的保全才能不使对自己有利的证据灭失；掌握证据的应用才能真正发挥证据的作用。

1. 证据的种类

《民事诉讼法》规定，民事证据有书证、物证、视听资料、证人证言、当事人陈述、鉴定结论、勘验笔录7种。

(1)书证和物证。书证是指以所载文字、符号、图案等方式所表达的思想内容来证明案件事实的书面材料或者其他物品。书证一般表现为各种书面形式文件或纸面文字材料(但非纸类材料亦可成为书证载体)，如合同文件、各种信函、会议纪要、电报、传真、电子邮件、图纸、图表等。

物证则是指能够证明案件事实的物品及其痕迹，凡是以其存在的外形、重量、规格、损坏程度等物体的内部或者外部特征来证明待证事实的一部分或者全部的物品及痕迹，均属于物证范畴。

(2)视听资料。视听资料是指利用录音、录像等技术手段反映的声音、图像，以及电子计算机储存的数据证明案件事实的证据。在实践中，常见的视听资料包括录像带、录音带、胶卷、电话录音、雷达扫描资料以及储存于软盘、硬盘或光盘中的电脑数据等。《最高人民法院关于民事诉讼证据的若干规定》中规定，存有疑点的视听资料，不能单独作为认定案件事实的依据。另外，对于未经对方当事人同意私自录制其谈话取得的资料，根据《最高人民法院关于民事诉讼证据的若干规定》，只要不是以侵害他人合法权益(如侵害隐私)或者违反法律禁止性规定的方法(如窃听)取得的，仍可以作为认定案件事实的依据。

(3)证人证言和当事人陈述。

1)证人证言。证人是指了解案件情况并向法院、仲裁机构或当事人提供证词的人。证人就案件情况所做的陈述即为证人证言。

《民事诉讼法》规定，凡是知道案件情况的单位和个人，都有义务出庭作证。有关单位的负责人应当支持证人作证。证人确有困难不能出庭的，经人民法院许可，可以提交书面证言。不能正确表达意志的人，不能作证。《最高人民法院关于民事诉讼证据的若干规定》还规定，与一方当事人或者其代理人有利害关系的证人出具的证言，以及无正当理由未出庭作证的证人证言，不能单独作为认定案件事实的依据。

2)当事人陈述。当事人陈述是指当事人在诉讼或仲裁中，就本案的事实向法院或仲裁机构所做的陈述。《民事诉讼法》规定，人民法院对当事人的陈述，应当结合本案的其他证据，审查确定能否作为认定事实的根据。《最高人民法院关于民事诉讼证据的若干规定》还规定，当事人对自己的主张，只有本人陈述而不能提出其他相关证据的，其主张不予支持。但对方当事人认可的除外。

(4)鉴定结论和勘验笔录。

1)鉴定结论。鉴定结论是对建设工程领域诸如工程质量、造价等方面的纠纷进行处理的过程中，针对有关的专业问题，由法院或仲裁机构委托具有相应资格的专业鉴定机构进行鉴定，并出具相应鉴定结论，是法院或仲裁机构据以查明案件事实、进行裁判的重要手段之一。因此，鉴定结论作为我国民事证据的一种，在建设工程纠纷的处理过程中，具有特殊的重要性。当事人申请鉴定，应当注意在举证期限内提出。

2)勘验笔录。勘验笔录是指人民法院为了查明案件的事实，指派勘验人员对与案件争议有关的现场、物品或物体进行查验、拍照、测量，并将查验的情况与结果制成的笔录。《民事诉讼法》规定，勘验物证或者现场，勘验人必须出示人民法院的证件，并邀请当地基层组织或者当事人所在单位派人参加。当事人或者当事人的成年家属应当到场，拒不到场的，不影响勘验的进行。勘验笔录应由勘验人、当事人和被邀参加人签名或者盖章。

2. 证据的保全

解决纠纷的过程就是证明的过程。在诉讼或仲裁中，哪些事实需要证据证明，哪些无须证明；这些事实由谁证明；靠什么证明；怎么证明；证明到什么程度，这五个问题构成了证据应用的全部内容，即证明对象、举证责任、证据收集、证明过程、证明标准。证据保全是重要的证据固定措施。

(1)证据保全的概念和作用。所谓证据保全，是指在证据可能灭失或以后难以取得的情况下，法院根据申请人的申请或依职权，对证据加以固定和保护的制度。民事诉讼或仲裁均是以证据为基础展开的。依据有关证据，当事人和法院、仲裁机构才能够了解或查明案件真相，确定争议的原因，从而正确地处理纠纷。但是，从纠纷的产生直至案件开庭审理必然有一个时间间隔。在这段时间内，有些证据由于自然原因或人为原因，可能会灭失或难以取得。为了防止这种情况可能给当事人的举证以及法院、仲裁机构的审理带来困难。《民事诉讼法》规定，在证据可能灭失或者以后难以取得的情况下，诉讼参加人可以向人民法院申请保全证据，人民法院也可以主动采取保全措施。

(2)证据保全的申请。《最高人民法院关于民事诉讼证据的若干规定》中规定，当事人依据《民事诉讼法》的规定向人民法院申请保全证据的，不得迟于举证期限届满前7日。当事人申请保全证据的，人民法院可以要求其提供相应的担保。

《仲裁法》也规定，在证据可能灭失或者以后难以取得的情况下，当事人可以申请证据保全。当事人申请证据保全的，仲裁委员会应当将当事人的申请提交证据所在地的基层人民法院。

(3)证据保全的实施。《最高人民法院关于民事诉讼证据的若干规定》中规定，人民法院进行证据保全，可以根据具体情况，采用查封、扣押、拍照、录音、录像、复制、鉴定、勘验、制作笔录等方法。人民法院进行证据保全，可以要求当事人或者诉讼代理人到场。

3. 证据的应用

(1)举证时限。所谓举证时限，是指法律规定或法院、仲裁机构指定的当事人能够有效举证的期限。举证时限是一种限制当事人诉讼行为的制度，其主要目的是促使当事人积极举证，提高诉讼效率，防止当事人违背诚实信用原则，在证据上搞"突然袭击"或拖延诉讼。

《最高人民法院关于民事诉讼证据的若干规定》中规定，人民法院在送达案件受理通知书和应诉通知书的同时向当事人送达举证通知书，举证通知书应载明人民法院根据案件情况指定的举证期限以及逾期提供证据的法律后果。

(2)证据交换。我国民事诉讼中的证据交换，是指在诉讼答辩期届满后开庭审理前，在法院的主持下，当事人之间相互明示其持有证据的过程。证据交换制度的设立，有利于当事人之间明确争议焦点，集中辩论；有利于法院尽快了解案件争议焦点，集中审理；有利于当事人尽快了解对方的事实依据，促进当事人进行和解和调解。证据交换应当在审判人员的主持下进行。在证据交换的过程中，审判人员对当事人无异议的事实、证据应当记录在卷；对有异议的证据，按照需要证明的事实分类记录在卷，并记载异议的理由。通过证据交换，确定双方当事人争议的主要问题。

(3) 质证。质证是指当事人在法庭的主持下，围绕证据的真实性、合法性、关联性，针对证据证明力有无以及证明力大小，进行质疑、说明与辩驳的过程。《最高人民法院关于民事诉讼证据的若干规定》中规定，证据应当在法庭上出示，由当事人质证。未经质证的证据，不能作为认定案件事实的依据。

(4) 认证。认证即证据的审核认定，是指法院对经过质证或当事人在证据交换中认可的各种证据材料作出审查判断，确认其能否作为认定案件事实的根据。认证是正确认定案件事实的前提和基础，其具体内容是对证据有无证明力和证明力大小进行审查确认。

四、民事诉讼时效

1. 诉讼时效的概念

诉讼时效是指权利人在法定的时效期间内，未向法院提起诉讼请求保护其权利时，依据法律规定消灭其胜诉权的制度。

超过诉讼时效期间，在法律上发生的效力是权利人的胜诉权消灭。超过诉讼时效期间权利人起诉，如果符合《民事诉讼法》规定的起诉条件，法院仍然应当受理。如果法院经受理后查明无中止、中断、延长事由的，判决驳回诉讼请求。但是，依照《最高人民法院关于审理民事案件适用诉讼时效制度若干问题的规定》，当事人未提出诉讼时效抗辩，法院不应对诉讼时效问题进行释明及主动适用诉讼时效的规定进行裁判。当事人违反法律规定，约定延长或者缩短诉讼时效期间、预先放弃诉讼时效利益的，法院不予认可。应当注意的是，根据《民法通则》的规定，超过诉讼时效期间，当事人自愿履行的，不受诉讼时效限制。《最高人民法院关于贯彻执行〈中华人民共和国民法通则〉若干问题的意见（试行）》中规定，超过诉讼时效期间，义务人履行义务后又以超过诉讼时效为由反悔的，不予支持。

2. 不适用于诉讼时效的情形

当事人可以对债权请求权提出诉讼时效抗辩，但对下列债权请求权提出诉讼时效抗辩的，法院不予支持：

(1) 支付存款本金及利息请求权。

(2) 兑付国债、金融债券及向不特定对象发行的企业债券本息请求权。

(3) 基于投资关系产生的缴付出资请求权。

(4) 其他依法不适用诉讼时效规定的债权请求权。

3. 诉讼时效期间的种类

根据《民法通则》及有关法律的规定，诉讼时效期间通常可划分为以下4类：

(1) 普通诉讼时效，即向人民法院请求保护民事权利的期间。普通诉讼时效期间通常为2年。

(2) 短期诉讼时效。下列诉讼时效期间为1年：身体受到伤害要求赔偿的；延付或拒付租金的；出售质量不合格的商品未声明的；寄存财物被丢失或损毁的。

(3) 特殊诉讼时效。特殊诉讼时效不是由民法规定的，而是由特别法规定的诉讼时效。例如，《合同法》规定，因国际货物买卖合同和技术进出口合同争议的时效期间为4年；《海商法》规定，就海上货物运输向承运人要求赔偿的请求权，时效期间为1年。

(4) 权利的最长保护期限。诉讼时效期间从知道或应当知道权利被侵害时起计算。但是，从权利被侵害之日起超过20年的，法院不予保护。

4. 诉讼时效期间的起算

《民法通则》规定，诉讼时效期间从知道或者应当知道权利被侵害时起计算。《最高人民法院关于贯彻执行〈中华人民共和国民法通则〉若干问题的意见(试行)》和《最高人民法院关于审理民事案件适用诉讼时效制度若干问题的规定》中规定，在下列情况下，诉讼时效期间的计算方法是：

(1)人身损害赔偿的诉讼时效期间，伤害明显的，从受伤害之日起算；伤害当时未曾发现，后经检查确诊并能证明是由侵害引起的，从伤势确诊之日起算。

(2)当事人约定同一债务分期履行的，诉讼时效期间从最后一期履行期限届满之日起计算。

(3)未约定履行期限的合同，依照《合同法》第六十一条、第六十二条的规定，可以确定履行期限的，诉讼时效期间从履行期限届满之日起计算；不能确定履行期限的，诉讼时效期间从债权人要求债务人履行义务的宽限期届满之日起计算，但债务人在债权人第一次向其主张权利之时明确表示不履行义务的，诉讼时效期间从债务人明确表示不履行义务之日起计算。

(4)享有撤销权的当事人一方请求撤销合同的，应适用《合同法》第五十五条的规定。对方当事人对撤销合同请求权提出诉讼时效抗辩的，法院不予支持。合同被撤销，返还财产、赔偿损失请求权的，诉讼时效期间从合同被撤销之日起计算。

(5)返还不当得利请求权的诉讼时效期间，从当事人一方知道或者应当知道不当得利事实及对方当事人之日起计算。

(6)管理人因无因管理行为产生的给付必要管理费用、赔偿损失请求权的诉讼时效期间，从无因管理行为结束并且管理人知道或者应当知道本人之日起计算。本人因不当无因管理行为产生的赔偿损失请求权的诉讼时效期间，从其知道或者应当知道管理人及损害事实之日起计算。

五、诉讼时效中止和中断

1. 诉讼时效中止

《民法通则》规定，在诉讼时效期间的最后6个月内，因不可抗力或者其他障碍不能行使请求权的，诉讼时效中止。从中止时效的原因消除之日起，诉讼时效期间继续计算。根据上述规定，诉讼时效中止，应当同时满足以下两个条件：

(1)权利人由于不可抗力或者其他障碍，不能行使请求权。

(2)导致权利人不能行使请求权的事由发生在诉讼时效期间的最后6个月内，诉讼时效中止，诉讼时效期间暂时停止计算。在导致诉讼时效中止的原因消除后，也就是权利人开始可以行使请求权时起，诉讼时效期间继续计算。

2. 诉讼时效中断

《民法通则》规定，诉讼时效因提起诉讼、当事人一方提出要求或者同意履行义务而中断，从中断时起，诉讼时效期间重新计算。

第三节 民事诉讼的审判程序

审判程序是人民法院审理案件适用的程序,可分为一审程序、第二审程序和审判监督程序。

一、一审程序

一审程序包括普通程序和简易程序。普通程序是《民事诉讼法》规定的民事诉讼当事人进行第一审民事诉讼和人民法院审理第一审民事案件所通常适用的诉讼程序,适用普通程序审理的案件,根据《民事诉讼法》的规定,应当在立案之日起 6 个月内审结。有特殊情况需要延长的,由本院院长批准,可以延长 6 个月;还需要延长的,报请上级法院批准。

1. 起诉和受理

(1)起诉。《民事诉讼法》规定,起诉必须符合下列条件:
1)原告是与本案有直接利害关系的公民、法人和其他组织。
2)有明确的被告。
3)有具体的诉讼请求、事实和理由。
4)属于人民法院受理民事诉讼的范围和受诉人民法院管辖。起诉方式,应当以书面起诉为原则,口头起诉为例外。在工程实践中,基本都是采用书面起诉方式。《民事诉讼法》规定,起诉应当向人民法院提交起诉状,并按照被告人数提出副本。

起诉状应当包含下列内容:
1)当事人的姓名、性别、年龄、民族、职业、工作单位和住所,法人或者其他组织的名称、住所和法定代表人或者主要负责人的姓名、职务。
2)诉讼请求和所根据的事实和理由。
3)证据和证据来源,证人姓名和住所。

(2)受理。《民事诉讼法》规定,法院收到起诉状,经审查,认为符合起诉条件的,应当在 7 日内立案并通知当事人;认为不符合起诉条件的,应当在 7 日内裁定不予受理。原告对裁定不服的,可以提起上诉。

2. 开庭审理

(1)法庭调查。法庭调查是在法庭上出示与案件有关的全部证据,对案件事实进行全面调查并有当事人进行质证的程序。法庭调查按照下列程序进行:
1)当事人陈述。
2)告知证人的权利义务,证人作证,宣读未到庭的证人证言。
3)出示书证、物证和视听资料。
4)宣读鉴定结论。
5)宣读勘验笔录。

(2)法庭辩论。法庭辩论是当事人及其诉讼代理人在法庭上行使辩论权,针对有争议的事实和法律问题进行辩论的程序。法庭辩论的目的是通过当事人及其诉讼代理人的辩论,对有争议的问题逐一进行审查和核实，借此查明案件的真实情况和正确适用法律。

(3)法庭笔录。书记员应当将法庭审理的全部活动记入笔录，由审判人员和书记员签名。法庭笔录应当当庭宣读，也可以告知当事人和其他诉讼参与人当庭或者在5日内阅读。当事人和其他诉讼参与人认为对自己的陈述记录有遗漏或者差错的，有权申请补正。如果不予补正，应当将申请记录在案。法庭笔录由当事人和其他诉讼参与人签名或者盖章。

(4)宣判。法庭辩论终结，应当依法作出判决。根据《民事诉讼法》的规定，判决前能够调解的，还可以进行调解。调解书经双方当事人签收后，即具有法律效力。调解不成的，如调解未达成协议或者调解书送达前一方反悔的，法院应当及时判决。原告经传票传唤，无正当理由拒不到庭的，或者未经法庭许可中途退庭的，可以按撤诉处理；被告反诉的，可以缺席判决。被告经传票传唤，无正当理由拒不到庭的，或者未经法庭许可中途退庭的，可以缺席判决。法院一律公开宣告判决，同时必须告知当事人上诉权利、上诉期限和上诉的法院。最高人民法院的判决、裁定，以及超过上诉期没有上诉的判决、裁定，是发生法律效力的判决、裁定。

二、第二审程序

第二审程序(又称上诉程序或终审程序)是指由于民事诉讼当事人不服地方各级人民法院尚未生效的第一审判决或裁定，在法定上诉期间内，向上一级人民法院提起上诉而引起的诉讼程序。由于我国实行两审终审制，上诉案件经二审法院审理后作出的判决、裁定为终审的判决、裁定，诉讼程序即告终结。

1. 上诉期间

当事人不服地方人民法院第一审判决的，有权在判决书送达之日起15日内向上一级人民法院提起上诉；不服地方人民法院第一审裁定的，有权在裁定书送达之日起10日内向上一级人民法院提起上诉。

2. 上诉状

当事人提起上诉，应当递交上诉状。上诉状应当通过原审法院提出，并按照对方当事人的人数提出副本。

3. 二审法院对上诉案件的处理

第二审人民法院经过审理上诉案件，按照下列情形分别处理：

(1)原判决认定事实清楚，适用法律正确的，判决驳回上诉，维持原判决。

(2)原判决适用法律错误的，依法改判。

(3)原判决认定事实错误，或者原判决认定事实不清，证据不足，裁定撤销原判决，发回原审人民法院重审，或者查清事实后改判。

(4)原判决违反法定程序，可能影响案件正确判决的，裁定撤销原判决，发回原审人民法院重审。第二审法院作出的具有给付内容的判决，具有强制执行力。如果有履行义务的当事人拒不履行，对方当事人有权向法院申请强制执行。

对于发回原审法院重审的案件，原审法院仍将按照一审程序进行审理。因此，当事人对重审案件的判决、裁定，仍然可以上诉。

【案例10-3】 一审法院的受理范围

某建筑公司与李某签订建筑工程承包合同，由该公司为其建造住宅工程。工程开工后，双方对建筑工程量和材料质量发生争议，致使工程未按合同约定完工。经协商，双方达成终止合同的协议。一周后，双方重新签订了合同，合同约定，争议由仲裁方式解决，新合同由鉴证机关作了鉴证。建筑公司按照新合同施工，工程进行到屋面施工时，李某已向建筑公司分两次支付工程款33 216.15元。建筑公司在施工至屋面封顶后，要求李某支付第三次进度款，李某以楼板浇筑不符合验收标准、付款额超出第三次应付进度款为由拒付。建筑公司立即停止施工，致使工程未能按时竣工。李某以建筑公司违约及工程质量不符合要求为由，向仲裁委员会申请仲裁。在仲裁委员会的主持下，经调解，双方达成协议同意终止合同，由第三方公司审核工程已完工程量及费用，双方在一个月内进行工程款项的支付。仲裁委员会制作了建筑合同终止协议书，送达双方当事人。合同终止后，协议书未得到履行。此后，李某又重新找人对建筑公司未完成的工程继续进行施工，并对已完成工程中不符合质量的部分进行了返修。为此，李某支付了后期工程款16 426元，返修工程3 145元。因仲裁事项未能得到有效执行，李某向县人民法院提起诉讼，要求建筑公司赔偿因工程质量造成的经济损失、因中途停工造成的多付后期施工工程款及建筑公司违约应付的违约金。建筑公司辩称：工程质量不符合要求，是由于所购水泥质量达不到标号所致；中途停工是因为李某不按期支付工程款所致。本公司虽有过错，但并未给对方造成经济损失。

县人民法院以建设工程合同质量纠纷立案后审理认为：双方当事人订立的建筑工程承包合同，是在原合同基础上充分协商达成的，是双方的真实意思表示，合同主体、内容均符合法律规定，并经过鉴证，合同有效。工程结算中的差价，应由李某进行必要的找补。建筑公司应承担因工程质量给李某造成经济损失的赔偿责任，以及不按期交付工程和单方终止合同的违约责任。

建筑公司不服判决，提起上诉。二审法院经审理认为，当事人双方所订立的合同经过鉴证机关鉴证，发生纠纷后李某以仲裁条款向仲裁机关申请仲裁，经仲裁委员会调解达成协议，仲裁委员会制发了协议书。李某在建筑公司拒不履行协议书时，应当向人民法院申请执行，而不应当提起诉讼。因此，原审法院受理案件并予以判决没有法律根据，审理本案程序不合法。二审法院作出裁定：撤销原审判决，发回原审法院重审。

【案例评析】

根据《仲裁法》的规定，仲裁调解属于裁决书具有同等法律效力，调解书经双方当事人签收后，即发生法律效力，当事人必须自觉履行。一方当事人不履行的，另一方当事人可以依照民事诉讼法的有关规定向人民法院申请执行，但不能就同一争议向人民法院提起诉讼。本案纠纷中，李某依照仲裁条款向仲裁机构申请仲裁，仲裁机构已经调解解决，在建筑公司不履行调解协议的情况下，李某应当向人民法院申请执行，不应当提起诉讼，一审法院对本案不应受理。

三、审判监督程序

1. 审判监督程序的概念

审判监督程序是指由有审判监督权的法定机关和人员提起，或由当事人申请，由人民法院对发生法律效力的判决、裁定、调解书再次审理的程序。

(1)审判监督程序的提起。

1)人民法院提起再审的程序。人民法院提起再审，必须是已经发生法律效力的判决裁定确有错误。

2)当事人申请再审的程序。当事人申请不一定引起审判监督程序，只有在同时符合下列条件的前提下，由人民法院依法决定，才可以启动再审程序。

当事人申请再审的条件：当事人对已经发生法律效力的判决、裁定，认为有错误的，可以向上一级人民法院申请再审，但不停止判决、裁定的执行。

当事人的申请符合下列情形之一的，人民法院应当再审：有新的证据，足以推翻原判决、裁定的；原判决、裁定认定的基本事实缺乏证据证明的；原判决、裁定认定事实的主要证据是伪造的；原判决、裁定认定事实的主要证据未经质证的；对审理案件需要的证据，当事人因客观原因不能自行收集，书面申请人民法院调查收集，人民法院未调查收集的；原判决、裁定适用法律确有错误的；违反法律规定，管辖错误的；审判组织的组成不合法或者依法应当回避的审判人员没有回避的；无诉讼行为能力人未经法定代理人代为诉讼或者应当参加诉讼的当事人，因不能归责于本人或者其诉讼代理人的事由，未参加诉讼的；违反法律规定，剥夺当事人辩论权利的；未经传票传唤，缺席判决的；原判决、裁定遗漏或者超出诉讼请求的；据以作出原判决、裁定的法律文书被撤销或者变更的。

对违反法定程序可能影响案件正确判决、裁定的情形，或者审判人员在审理该案件时有贪污受贿、徇私舞弊、枉法裁判行为的，人民法院应当再审。

(2)当事人可以申请再审的时间。当事人申请再审，应当在判决、裁定发生法律效力后两年内提出；两年后据以作出原判决、裁定的法律文书被撤销或者变更，以及发现审判人员在审理该案件时有贪污受贿、徇私舞弊、枉法裁判行为的，自知道或者应当知道之日起3个月内提出。《最高人民法院关于适用〈中华人民共和国民事诉讼法〉审判监督程序若干问题的解释》中规定，申请再审期间不适用中止、中断和延长的规定。

2. 人民检察院的抗诉

抗诉是指人民检察院对人民法院发生法律效力的判决、裁定，发现有提起抗诉的法定情形，提请人民法院对案件重新审理。最高人民检察院对各级人民法院已经发生法律效力的判决、裁定，上级人民检察院对下级人民法院已经发生法律效力的判决、裁定，发现有符合当事人可以申请再审情形之一的，应当按照审判监督程序提起抗诉。地方各级人民检察院对同级人民法院已经发生法律效力的判决、裁定，发现有符合当事人可以申请再审情形之一的，应当提请上级人民检察院向同级人民法院提出抗诉。

四、民事诉讼的执行程序

审判程序与执行程序是并列的独立程序。审判程序是产生裁判书的过程，执行程序是实现裁判书内容的过程。

1. 执行程序的概念

执行程序是指人民法院的执行机构依照法定的程序，对发生法律效力并具有给付内容的法律文书，以国家强制力为后盾，依法采取强制措施，迫使具有给付义务的当事人履行其给付义务的行为。

2. 执行根据

执行根据是当事人申请执行，人民法院移交执行及人民法院采取强制措施的依据。执行根据是执行程序发生的基础，没有执行根据，当事人不能向人民法院申请执行，人民法院也不得采取强制措施。

执行根据的主要形式如下：

(1)人民法院制作的发生法律效力的民事判决书、裁定书及生效的调解书等。

(2)人民法院作出的具有财产给付内容的发生法律效力的刑事判决书、裁定书。

(3)仲裁机构制作的依法由人民法院执行的生效仲裁裁决书、仲裁调解书。

(4)公证机关依法作出的赋予强制执行效力的公证债权文书。

(5)人民法院作出的先予执行的裁定、执行回转的裁定，以及承认并协助执行外国判决、裁定或裁决的裁定。

(6)我国行政机关作出的法律明确规定由人民法院执行的行政决定。

3. 执行案件的管辖

发生法律效力的民事判决、裁定，以及刑事判决、裁定中的财产部分，由第一审人民法院或者与第一审人民法院同级的被执行的财产所在地人民法院执行。《最高人民法院关于适用〈中华人民共和国民事诉讼法〉执行程序若干问题的解释》中规定，申请执行人向被执行的财产所在地人民法院申请执行的，应当提供该人民法院辖区有可供执行财产的证明材料。

人民法院受理执行申请后，当事人对管辖权有异议的，应当自收到执行通知书之日起10日内提出。

4. 执行程序

(1)申请。人民法院作出的判决、裁定等法律文书，当事人必须履行。如果无故不履行，另一方当事人可向有管辖权的人民法院申请强制执行。申请强制执行应提交申请强制执行书，并附作为执行根据的法律文书。申请强制执行，还须遵守申请执行期限。申请执行的期间为两年。申请执行时效的中止、中断，适用法律有关诉讼时效中止、中断的规定。这里的期间，从法律文书规定履行期间的最后1日起计算；法律文书规定分期履行的，从规定的每次履行期间的最后1日起计算；法律文书未规定履行期间的，从法律文书生效之日起计算。

(2)执行。对于具有执行内容的生效裁判文书，由审判该案的审判人员将案件直接交付执行人员，随即开始执行程序。提交执行的案件有三类：具有给付或者履行内容的生效民事判决、裁定(包括先予执行的抚恤金、医疗费用等)；具有财产执行内容的刑事判决书、裁定书；审判人员认为涉及国家、集体或公民重大利益的案件。

(3)向上一级人民法院申请执行。人民法院自收到申请执行书之日起超过6个月未执行的，申请执行人可以向上一级人民法院申请执行，上一级人民法院经审查，可以责令原人民法院在一定期限内执行，也可以决定由本院执行或者指令其他人民法院执行。

有下列情形之一的，上一级人民法院可以根据申请执行人的申请，责令执行法院限期执行或者变更执行法院：债权人申请执行时被执行人有可供执行的财产，执行法院自收到申请执行书之日起超过6个月对该财产未执行完结的；执行过程中发现被执行人可供执行的财产，执行法院自发现财产之日起超过6个月对该财产未执行完结的；对法律文书确定的行为义务的执行，执行法院自收到申请执行书之日起超过6个月未依法采取相应执行措施的；其他有条件执行超过6个月未执行的。

5. 执行中的其他问题

(1)委托执行。《民事诉讼法》规定，被执行人或被执行的财产在外地的，可以委托当地人民法院代为执行。受委托人民法院收到委托函件后,必须在15日内开始执行不得拒绝。

(2)执行异议。

1)当事人、利害关系人提出的异议。当事人、利害关系人认为执行行为违反法律规定的,可以向负责执行的人民法院提出书面异议。当事人、利害关系人提出书面异议的,人民法院应当自收到书面异议之日起15日内审查,理由成立的,裁定撤销或者改正;理由不成立的,裁定驳回。当事人、利害关系人对裁定不服的,可以自裁定送达之日起10日内向上一级人民法院申请复议。

2)案外人提出的异议。在执行过程中,案外人对执行标的提出书面异议的,人民法院应当自收到书面异议之日起15日内审查,理由成立的,裁定中止对该标的的执行;理由不成立的,裁定驳回。案外人、当事人对裁定不服,认为原判决、裁定错误的,依照审判监督程序办理;与原判决、裁定无关的,可以自裁定送达之日起15日内向人民法院提起诉讼。案外人提起诉讼,对执行标的主张实体权利,并请求对执行标的停止执行的,应当以申请执行人为被告;被执行人反对案外人对执行标的所主张的实体权利的,应当以申请执行人和被执行人为共同被告。该诉讼由执行法院管辖,诉讼期间不停止执行。

(3)执行和解。在执行过程中,双方当事人自行和解达成协议的,执行员应当将协议内容记入笔录,由双方当事人签名或者盖章。一方当事人不履行和解协议的,人民法院可以根据对方当事人的申请,恢复对原生效法律文书的执行。

6. 执行措施

执行措施主要有以下几项:

(1)查封、冻结、划拨被执行人的存款。

(2)扣留、提取被执行人的收入。

(3)查封、扣押、拍卖、变卖被执行人的财产。

(4)对被执行人及其住所或财产隐匿地进行搜查。

(5)强制被执行人和有关单位、公民交付法律文书指定的财物或票证。

(6)强制被执行人迁出房屋或退出土地。

(7)强制被执行人履行法律文书指定的行为。

(8)办理财产权证照转移手续。

(9)强制被执行人支付迟延履行期间的债务利息或迟延履行金。

(10)依申请执行人申请,通知对被执行人负有到期债务的第三人向申请执行人履行债务。

7. 执行中止和终结

(1)执行中止。执行中止是指在执行过程中,因发生特殊情况,需要暂时停止执行程序。有下列情况之一的,人民法院应裁定中止执行:

1)申请人表示可以延期执行的。

2)案外人对执行标的提出确有理由异议的。

3)作为一方当事人的公民死亡,需要等待继承人继承权利或承担义务的。

4)作为一方当事人的法人或其他组织终止,尚未确定权利义务承受人的。

5)人民法院认为应当中止执行的其他情形,如被执行人确无财产可供执行等。中止的情形消失后,恢复执行。

(2)执行终结。在执行过程中,由于出现某些特殊情况,执行工作无法继续进行或没有必要继续进行的,结束执行程序。有下列情况之一的,人民法院应当裁定终结执行:申请人撤销申请的;据以执行的法律文书被撤销的;作为被执行人的公民死亡,无遗产可供执行,又无义务承担人的;追索赡养费、扶养费、抚育费案件的权利人死亡的;作为被执行人的公民因生活困难无力偿还借款,无收入来源,又丧失劳动能力的;人民法院认为应当终结执行的其他情形。

第四节 《仲裁法》法律制度

一、仲裁的基本制度

仲裁也称"公断",是双方当事人在合同争议发生前或争议发生后达成协议,自愿将争议交给仲裁机构作出裁决,并负有自觉履行义务的一种解决争议的方式。仲裁有下列三项基本制度:

1. 协议仲裁制度

仲裁协议是当事人仲裁自愿的体现,当事人申请仲裁,仲裁委员会受理仲裁,仲裁庭对仲裁案件的审理和裁决,都必须以当事人依法订立的仲裁协议为前提。《仲裁法》规定,没有仲裁协议,一方申请仲裁的,仲裁委员会不予受理。

2. 或裁或审制度

仲裁和诉讼是两种不同的争议解决方式,当事人只能选用其中的一种。《仲裁法》规定:"当事人达成仲裁协议,一方向人民法院起诉的,人民法院不予受理,但仲裁协议无效的除外。"因此,有效的仲裁协议可以排除法院对案件的司法管辖权,只有在没有仲裁协议或者仲裁协议无效的情况下,法院才可以对当事人的纠纷予以受理。

3. 一裁终局制度

仲裁实行一裁终局的制度。仲裁作出后,当事人就同一纠纷在申请仲裁或者向人民法院起诉的,仲裁委员会或者人民法院不予受理。但是,裁决被人民法院依法撤销或者不予执行的,当事人就该纠纷可以根据双方重新达成的仲裁协议申请仲裁,或者向人民法院起诉。

二、仲裁协议的规定

1. 仲裁协议的概念及特征

仲裁协议是指双方当事人在合同中预先载明表示愿意将其履行合同过程中发生的争议交付仲裁解决的一种条款,或者当事人在争议发生后以其他方式达成的愿意交付仲裁的一种书面协议。从这个概念中,可以看出仲裁协议具有以下五个方面的法律特征:

(1)仲裁协议是双方当事人一致的、真实的意思表示。
(2)仲裁协议确定了双方当事人解决纠纷的仲裁途径。
(3)仲裁协议的效力及于双方当事人和有关第三人(即法院、仲裁机构和仲裁员)。
(4)仲裁协议的效力具有独立性。
(5)仲裁协议具有严格的形式要求,即必须采用书面形式。仲裁协议的书面形式主要表现为包含于主合同中的仲裁条款和单独签订的仲裁协议书。

2. 仲裁协议的表现形式

《仲裁法》第十六条规定，仲裁协议包括合同中订立的仲裁条款和以其他书面方式在纠纷发生前或发生后达成的请求仲裁的协议。

(1)仲裁条款。仲裁条款是指双方当事人在合同中订立的，将今后可能因该合同所发生的争议提交仲裁的条款。这种仲裁协议的特点是当事人就他们将来可能发生的争议约定提交仲裁解决，而且是在合同中用一个条款来约定。该条款作为合同的一项内容订立于合同中，是合同的组成部分。仲裁条款是仲裁实践中最常见的仲裁协议的形式。

(2)仲裁协议书。仲裁协议书是指双方当事人之间订立的，一致表示愿意将他们之间已经发生或可能发生的争议提交仲裁解决的单独的协议。这种仲裁协议的特点是独立于合同之外单独的仲裁协议，是在合同中没有规定仲裁条款的情况下，双方当事人为了专门约定仲裁内容而单独订立的一种协议。仲裁协议书可以在争议发生前订立，但更多是在争议发生后，双方订立专门的仲裁协议书。

(3)其他文件中包含的仲裁协议。在民事活动中，当事人除订立合同外，还可能在相互之间有信函、电报、电传、传真、电子数据交换、电子邮件或其他书面材料的往来。这些往来文件中如果包含有双方当事人同意将他们之间已经发生或可能发生的争议提交仲裁的内容，那么，有关文件即是仲裁协议。这种类型的仲裁协议与前两种类型的仲裁协议的不同之处在于，仲裁的意思表示一般不集中表现于某法律文件中，而往往分散在当事人之间彼此多次往来的不同文件中。例如，一方当事人将他希望订立仲裁协议的事宜向另一方当事人发出建议，如果另一方当事人愿意接受该项建议，必须将他接受该仲裁协议的意向传达给对方当事人，通过这种往来，仲裁协议才能成立。随着通信方式的快速发展，这种形式的仲裁协议也较为常见。

3. 仲裁协议的内容

(1)请求仲裁的意思表示。请求仲裁的意思表示是指条款中应该有"仲裁"两字，表明当事人的仲裁意愿。该意愿应当是确定的，而不是模棱两可的。有的当事人在合同中约定发生争议可以提交仲裁，也可以提交诉讼，根据这种约定就无法判定当事人有明确的仲裁意愿。因此，《最高人民法院关于适用〈中华人民共和国仲裁法〉若干问题的解释》规定，这样的仲裁协议无效。

(2)仲裁事项。仲裁事项既可以是当事人之间合同履行过程中的或与合同有关的一切争议，也可以是合同中某一特定问题的争议；既可以是事实问题的争议，也可以是法律问题的争议，其范围取决于当事人的约定。

(3)选定的仲裁委员会。选定的仲裁委员会是指仲裁委员会的名称应该准确。《最高人民法院关于适用〈中华人民共和国仲裁法〉若干问题的解释》规定，仲裁协议约定的仲裁机构名称不准确，但能够确定具体的仲裁机构的，应当认定选定了仲裁机构。仲裁协议约定两个以上仲裁机构的，当事人可以协议选择其中的一个仲裁机构申请仲裁；当事人不能就仲裁结构选择达成一致的，仲裁协议无效。仲裁协议约定由某地的仲裁机构仲裁且该地仅有一个仲裁机构的，该仲裁机构视为约定的仲裁机构。该地有两个以上仲裁机构的，当事人可以协议选择其中一个仲裁机构申请仲裁；当事人不能就仲裁机构选择达成一致的，仲裁协议无效。

4. 仲裁协议的效力

(1)对当事人的效力。仲裁协议一经有效成立，即对当事人产生法律约束力。发生纠纷后，当事人只能向仲裁协议中所约定的仲裁机构申请仲裁，而不能就该纠纷向法院提起诉讼。

(2)对法院的效力。有效的仲裁协议排除法院的司法管辖权。《仲裁法》规定，当事人达成仲裁协议，一方向人民法院起诉未声明有仲裁协议，人民法院受理后，另一方在首次开庭前提交仲裁协议的，人民法院应当驳回起诉，但仲裁协议无效的除外。

(3)对仲裁机构的效力。仲裁协议是仲裁委员会受理仲裁案件的基础，是仲裁庭审理和裁决案件的依据。没有有效的仲裁协议，仲裁委员会就不能获得仲裁案件的管辖权。同时，仲裁委员会只能对当事人在仲裁协议中约定的争议事项进行仲裁，对超出仲裁协议约定范围的其他争议无权仲裁。

(4)仲裁协议的独立性。仲裁协议独立存在，合同的变更、解除、终止或者无效，以及合同成立后未生效、被撤销等，均不影响仲裁协议的效力。当事人在订立合同时就争议解决达成仲裁协议的，合同未成立也不影响仲裁协议的效力。

(5)仲裁协议效力的确认。当事人对仲裁协议效力有异议的，应当在仲裁庭首次开庭前提出。当事人既可以请求仲裁委员会作出决定，也可以请求人民法院裁定。一方请求仲裁委员会作出决定，另一方请求人民法院作出裁定的，由人民法院裁定。

当事人向人民法院申请确认仲裁协议效力的案件，由仲裁协议约定的仲裁机构所在地的中级人民法院管辖；仲裁协议约定的仲裁机构不明确的，由仲裁协议签订地或者被申请人住所地的中级人民法院管辖。

5. 仲裁程序

(1)申请和受理。

1)申请仲裁的条件。当事人申请仲裁应当符合下列条件：

①有仲裁协议。

②有具体的仲裁请求和事实、理由。

③属于仲裁委员会的受理范围。

2)受理。仲裁委员会收到仲裁申请书之日起5日内，认为符合受理条件的，应当受理，并通知当事人；认为不符合受理条件的，应当书面通知当事人不予受理，并说明理由。

3)送达法律文书。仲裁委员会受理仲裁申请后，应当在仲裁规则规定的期限内将仲裁规则和仲裁员名册送达申请人，并将仲裁申请书副本和仲裁规则、仲裁员名册送达被申请人。

被申请人收到仲裁申请书副本后，应当在仲裁规则规定的期限内向仲裁委员会提交答辩书。仲裁委员会收到答辩书后，应当在仲裁规则规定的期限内将答辩书副本送达申请人。被申请人未提交答辩书的，不影响仲裁程序的进行。

4)有仲裁协议但一方起诉时的处理。当事人达成仲裁协议，一方向人民法院起诉未声明有仲裁协议，人民法院受理后，另一方在首次开庭前提交仲裁协议的，人民法院应当驳回起诉，但仲裁协议无效的除外；另一方在首次开庭前未对人民法院受理该案提出异议的，视为放弃仲裁协议，人民法院应当继续审理。

5)财产保全。仲裁中的财产保全是指法院根据仲裁委员会提交的当事人的申请，就被申请人的财产作出临时性的强制措施，包括查封、扣押、冻结、责令提供担保或法律规定的其他方法，以保障当事人的合法权益不受损失，保证将来作出的裁决能够得到实现。

当事人申请财产保全的，仲裁委员会应当将当事人的申请依照民事诉讼法的有关规定提交人民法院。申请有错误的，申请人应当赔偿被申请人因财产保全所遭受的损失。

(2)仲裁庭。

1)仲裁庭的组成。仲裁庭可以由3名仲裁员或者1名仲裁员组成。由3名仲裁员组成的，设首席仲裁员。

当事人约定由3名仲裁员组成仲裁庭的，应当各自选定或者各自委托仲裁委员会主任指定1名仲裁员，第3名仲裁员由当事人共同选定或者共同委托仲裁委员会主任指定。第3名仲裁员是首席仲裁员。

当事人约定由1名仲裁员成立仲裁庭的，应当由当事人共同选定或者共同委托仲裁委员会主任指定仲裁员。

2)仲裁员的回避。仲裁员有下列情形之一的，必须回避，当事人也有权提出回避申请：

①是本案当事人或者当事人、代理人的近亲属。

②与本案有利害关系。

③与本案当事人、代理人有其他关系，可能影响公正仲裁的。

④私自会见当事人、代理人，或者接受当事人、代理人的请客送礼的。

当事人提出回避申请，应当说明理由，在首次开庭前提出。回避事由在首次开庭后知道的，可以在最后一次开庭终结前提出。

仲裁员是否回避，由仲裁委员会主任决定；仲裁委员会主任担任仲裁员时，由仲裁委员会集体决定。

仲裁员因回避或者其他原因不能履行职责的，应当依据《仲裁法》规定重新选定或者指定仲裁员。因回避而重新选定或者指定仲裁员后，当事人可以请求已进行的仲裁程序重新进行，是否准许，由仲裁庭决定；仲裁庭也可以自行决定已进行的仲裁程序是否重新进行。

(3)开庭和裁决。

1)不公开仲裁。仲裁应当开庭进行但不公开进行。当事人协议公开的，可以公开进行，但涉及国家秘密的除外。

所谓仲裁不公开进行，包括申请、受理仲裁的情况不公开报道，仲裁开庭不允许旁听，裁决不向社会公布等。

2)举证责任。当事人应当对自己的主张提供证据。仲裁庭认为有必要收集的证据，可以自行收集。在证据可能灭失或者以后难以取得的情况下，当事人可以申请证据保全。

3)和解与调解。仲裁和解是指仲裁当事人通过协商，自行解决已提交仲裁的争议事项的行为。《仲裁法》规定，当事人申请仲裁后，可以自行和解。达成和解协议的，可以请求仲裁庭根据和解协议作出裁决书，也可以撤回仲裁申请。当事人达成和解协议，撤回仲裁申请后反悔的，可以根据仲裁协议申请仲裁。

仲裁调解是指在仲裁庭的主持下，仲裁当事人在自愿协商、互谅互让基础上达成协议从而解决纠纷的一种制度。《仲裁法》规定，仲裁庭在作出裁决前，可以先行调解。当事人自愿调解的，仲裁庭应当调解。调解不成的，应当及时作出裁决。调解达成协议的，仲裁庭应当制作调解书或者根据协议的结果制作裁决书。调解书与裁决书具有同等法律效力。调解书经双方当事人签收后，即发生法律效力。在调解书签收前当事人反悔的，仲裁庭应当及时作出裁决。

4)仲裁裁决。仲裁裁决是指仲裁庭对当事人之间所争议的事项进行审理后所作出的终局的权威性判定。仲裁裁决的作出，标志着当事人之间的纠纷的最终解决。

裁决应当按照多数仲裁员的意见作出，少数仲裁员的不同意见可以记入笔录。仲裁庭不能形成多数意见时，裁决应当按照首席仲裁员的意见作出。

裁决书应当写明仲裁请求、争议事实、裁决理由、裁决结果、仲裁费用的负担和裁决日期。当事人协议不愿写明争议事实和裁决理由的，可以不写。裁决书由仲裁员签名，加盖仲裁委员会印章。对裁决持不同意见的仲裁员，可以签名，也可以不签名。

裁决书自作出之日起发生法律效力。

【案例 10-4】 仲裁的条件和程序

某修配厂与某研究所签订一份技术转让合同，合同中规定："因本合同发生的一切争议应提交 A 市仲裁委员会仲裁，或者向合同双方所在地及 A 市仲裁委员会所在地的 A 市 B 区人民法院提起诉讼"。合同在履行过程中，修配厂认为该项技术存在缺陷，双方发生争议。修配厂据此向 A 仲裁委员会申请仲裁，双方当事人均未选定仲裁员，共同委托仲裁委员会主任丁某指定仲裁员组成仲裁庭。丁某于是指定了甲某、乙某、丙某三名仲裁员。修配厂认为甲某与研究所有利害关系，申请其回避。首席仲裁员丙某审查后确认申请理由不实，决定公开审理。研究所对此不服，仲裁庭经过研究，又决定不公开审理。研究所在开庭期间未经仲裁庭许可中途退庭，仲裁庭因此决定中止仲裁程序。一周后研究所表示愿意出庭，仲裁庭决定再次开庭。开庭前仲裁委员会指定某机构对该项技术进行了鉴定，但始终未告知当事人鉴定报告的内容，只由仲裁庭内部掌握和参考。裁决作出后，修配厂以仲裁员甲某在仲裁该案时应予回避而未回避为由，向 A 市中级人民法院申请撤销裁决。

【案例评析】

1)仲裁协议同时约定了仲裁管辖和诉讼管辖，这种仲裁协议属于约定不明确的协议，如果当事人没有补充协议，则该协议无效。

2)该仲裁协议不明确，仲裁委员会本应待该协议明确或当事人双方重新签订协议后，方可受理。而本案中，仲裁委员会直接受理了修配厂的申请，这是违反仲裁法规定的。

3)本案例中双方共同委托仲裁委员会主任指定仲裁员组成仲裁庭违反了仲裁法的规定。理由是根据仲裁法的规定，双方当事人只能共同委托指定首席仲裁员或独任仲裁员，仲裁委员会主任指定三名仲裁员的情形只发生在双方当事人超过仲裁规则规定的时间而没有约定仲裁员的情况下。

4)仲裁员甲某的回避问题，由首席仲裁员丙某决定是错误的，应当由仲裁委员会主任丁某决定。

5)仲裁庭根据修配厂的要求，曾经决定公开审理是错误的，因为仲裁原则上不应当公开审理，除非当事人双方协议约定并且不涉及国家秘密。

6)仲裁庭在被申请人未经许可中途退庭的情况下，仲裁法规定可以进行缺席裁判。

7)仲裁庭不将技术鉴定结论在开庭时出示是错误的，这实际上剥夺了双方当事人进行质证的权利。

6. 仲裁裁决的撤销

仲裁实行一裁终局制度，仲裁裁决一经作出，即发生法律效力。为保护当事人的合法权益，申请撤销裁决是法院实行外部监督的一种方法。

(1)撤销仲裁裁决的情形。当事人提出证据证明裁决有下列情形之一的，可以向仲裁委员会所在地的中级人民法院申请撤销裁决：
  1) 没有仲裁协议的；
  2) 裁决的事项不属于仲裁协议的范围或者仲裁委员会无权仲裁的；
  3) 仲裁庭的组成或者仲裁的程序违反法定程序的；
  4) 裁决所根据的证据是伪造的；
  5) 对方当事人隐瞒了足以影响公正裁决的证据的；
  6) 仲裁员在仲裁该案时有索贿受贿，徇私舞弊，枉法裁决行为的。
  人民法院经组成合议庭审查核实裁决有前款规定情形之一的，应当裁定撤销。
  人民法院认定该裁决违背社会公共利益的，应当裁定撤销。
  (2) 申请撤销裁决的期限。当事人申请撤销裁决的，应当自收到裁决书之日起6个月内提出。
  人民法院应当在受理撤销裁决申请之日起2个月内作出撤销裁决或者驳回申请的裁定。

7. 仲裁裁决的执行

仲裁裁决的执行是指人民法院经当事人申请，采取强制措施将仲裁裁决书中的内容付诸实现的行为和程序。

当事人应当履行裁决。一方当事人不履行的，另一方当事人可以依照民事诉讼法的有关规定向人民法院申请执行。受申请的人民法院应当执行。

被申请人提出证据证明裁决有《民事诉讼法》第二百三十七条第二款规定的情形之一的，经人民法院组成合议庭审查核实，裁定不予执行。

一方当事人申请执行裁决，另一方当事人申请撤销裁决的，人民法院应当裁定中止执行。

人民法院裁定撤销裁决的，应当裁定终结执行。撤销裁决的申请被裁定驳回的，人民法院应当裁定恢复执行。

第五节 调节、和解制度与争议评审

一、调节的规定

我国的调节方式主要有人民调解、行政调解、仲裁调解、法院调解和专业机构调解等。

(一) 人民调解

《中华人民共和国人民调解法》（以下简称《人民调解法》）规定："人民调解是指人民调解委员会通过说服、疏导等方式，促使当事人在平等协商基础上自愿达成调解协议，解决民间纠纷的活动。"人民调解制度作为一种司法辅助制度，是人民群众自己解决纠纷的法律制度，也是一种具有中国特色的司法制度。

1. 人民调解的原则和人员机构

人民调解的基本原则如下：
(1) 在当事人自愿、平等的基础上进行调解。
(2) 不违背法律、法规和国家政策。

(3)尊重当事人的权利,不得因调解而阻止当事人依法通过仲裁、行政、司法等途径维护自己的权利。

人民调解的组织形式是人民调解委员会。《人民调解法》规定,人民调解委员会是村民委员会和居民委员会下设的调解民间纠纷的群众性自治组织,在人民政府和基层人民法院指导下进行工作。人民调解委员会由3~9人组成,设主任1人,必要时可以设副主任若干人。

人民调解员由人民调解委员会委员和人民调解委员会聘任的人员担任。人民调解员应当具备的基本条件如下:

(1)公道正派。
(2)热心人民调解工作。
(3)具有一定文化水平。
(4)有一定的法律知识和政策水平。
(5)成年公民。

2. 人民调解的程序和调解协议

人民调解应当遵循的程序主要如下:

(1)当事人申请调解。
(2)人民调解委员会主动调解。
(3)指定调解员或由当事人选定调解员进行调解。
(4)达成协议。
(5)调解结束。

经人民调解委员会调解达成调解协议的,可以制作调解协议书。当事人认为无须制作调解协议的,可以采取口头协议的方式,人民调解员应当记录协议内容。经人民调解委员会调解达成的调解协议具有法律约束力,当事人应当按照约定履行。当事人就调解协议的履行或者调解协议的内容发生争议的,一方当事人可以向法院提起诉讼。

经人民调解委员会调解达成调解协议后,双方当事人认为有必要的,可以按照《民事诉讼法》的规定,自调解协议生效之日起30日内共同向调解组织所在地基层人民法院申请司法确认调解协议。人民法院受理申请后,经审查,符合法律规定的,裁定调解协议有效,一方当事人拒绝履行或者未全部履行的,对方当事人可以向人民法院申请强制执行。

不符合法律规定的,裁定驳回申请,当事人可以通过调解方式变更原调解协议或者达成新的调解协议,也可以向人民法院起诉。

(二)行政调解

行政调解是指国家行政机关应纠纷当事人的请求,依据法律、法规和政策,对属于其职权管辖范围内的纠纷,通过耐心的说服教育,使纠纷的双方当事人互相谅解,在平等协商的基础上达成一致协议,促成当事人解决纠纷。

行政调解可分为以下两种:

(1)基层人民政府,即乡、镇人民政府对一般民间纠纷的调解。
(2)国家行政机关依照法律规定对某些特定民事纠纷或经济纠纷或劳动纠纷等进行的调解。

行政调解属于诉讼外调解。行政调解达成的协议也不具有强制约束力。

(三)仲裁调解

仲裁调解是仲裁机构对受理的仲裁案件进行的调解。

仲裁庭在作出裁决前,可以先行调解。当事人自愿调解的,仲裁庭应当调解。调解不成的,应当及时作出裁决。调解达成协议的,仲裁庭应当制作调解书或者根据协议的结果制作裁决书。调解书经双方当事人签收后,即发生法律效力。调解书与裁决书具有同等法律效力。在调解书签收前当事人反悔的,仲裁庭应当及时作出裁决。

仲裁与调解相结合是中国仲裁制度的特点。该做法将仲裁和调解各自的优点紧密结合起来,不仅有助于解决当事人之间的争议,还有助于保持当事人的友好合作关系,具有很大的灵活性和便利性。

(四)法院调解

《民事诉讼法》规定:"人民法院审理民事案件,根据当事人自愿的原则,在事实清楚的基础上,分清是非,进行调解。"

法院调解是指人民法院对受理的民事案件、经济纠纷案件和轻微刑事案件在双方当事人自愿的基础上进行的调解,是诉讼内调解。法院调解书经双方当事人签收后,即具有法律效力,效力与判决书相同。调解未达成协议或者调解书送达前一方反悔的,人民法院应当及时判决。在民事诉讼中,除适用特别程序的案件和当事人有严重违法行为,需给予行政处罚的经济纠纷案件的情形外,各案件均可适用调解。

1. 调解方法

《民事诉讼法》规定,人民法院进行调解,可以由审判员一人主持,也可以由合议庭主持,并尽可能就地进行。人民法院进行调解,可以用简便方式通知当事人、证人到庭。

人民法院进行调解,可以邀请有关单位和个人协助。被邀请的单位和个人,应当协助人民法院进行调解。

2. 调解协议

调解达成协议,必须双方自愿,不得强迫。调解协议的内容不得违反法律规定。

调解达成协议,人民法院应当制作调解书。调解书应当写明诉讼请求、案件的事实和调解结果。调解书由审判员、书记员署名,加盖人民法院印章,送达双方当事人。调解书经双方当事人签收后,即具有法律效力。

但是,下列案件调解达成协议,人民法院可以不制作调解书:

(1)调解和好的离婚案件;

(2)调解维持收养关系的案件;

(3)能够即时履行的案件;

(4)其他不需要制作调解书的案件。对不需要制作调解书的协议,应当记入笔录,由双方当事人、审判人员、书记员签名或者盖章后,即具有法律效力。

(五)专业机构调解

专业机构调解是指当事人在发生争议前或争议后,协议约定由依法成立的具有独立调解规则的机构按照其调解规则进行调解。所谓调解规则,是指调解机构、调解员及调解当事人之间在调解过程中所应遵守的程序性规范。我国从事专业民商事调解的机构有中国国际商会(中国贸促会)调解中心、北京仲裁委员会调解中心等。

专业调解机构制定有调解员名单,供当事人在个案中选定。调解员由专业调解机构聘请经济、贸易、金融、投资、知识产权、工程承包、运输、保险、法律等领域里具有专门知识及实际经验、公道正派的人士担任。专业调解机构进行调解达成的调解协议对当事人双方具有合同约束力，可以通过法院的司法确认或者申请仲裁机构出具和解裁决书获得强制执行力。

二、和解的规定

和解与调解的区别在于和解是当事人之间自愿协商，达成协议，没有第三方参加，而调解是在第三方主持下进行疏导、劝说，使之相互谅解，自愿达成协议。

(一)和解的类型

和解的应用很灵活，可以在多种情形下达成和解协议。

1. 诉讼前的和解

诉讼前的和解是指发生诉讼以前，双方当事人互相协商达成协议，解决双方的争执。这是一种民事法律行为，是当事人依法处分自己民事实体权利的表现。

和解成立后，当事人所争执的权利即归确定，所抛弃的权利随即消失，当事人不得任意反悔要求撤销。但是，如果和解所依据的文件，事后发现是伪造或涂改的；和解事件已为法院判决所确定，而当事人于和解时不知情的；当事人对重要的争执有重大误解而达成协议的，当事人都可以要求撤销和解。

2. 诉讼中的和解

诉讼中的和解是当事人在诉讼进行中互相协商，达成协议，解决双方的争执。《民事诉讼法》规定："双方当事人可以自行和解。"这种和解在法院作出判决前，当事人都可以进行。当事人可以就整个诉讼标的达成协议，也可以就诉讼标的个别问题达成协议。

诉讼阶段的和解没有法律效力。当事人和解后，可以请求法院调解，制作调解书，经当事人签名盖章产生法律效力，从而结束全部或部分诉讼程序。结束全部程序的，即视为当事人撤销诉讼。

3. 执行中的和解

执行中的和解是在发生法律效力的民事判决、裁定后，法院在执行中，当事人互相协商，达成协议，解决双方的争执。

《民事诉讼法》规定，在执行中，双方当事人自行和解达成协议的，执行员应当将协议内容记入笔录，由双方当事人签名或者盖章。申请执行人因受欺诈、胁迫与被执行人达成和解协议，或者当事人不履行和解协议的，人民法院可以根据当事人的申请，恢复对原生效法律文书的执行。

4. 仲裁中的和解

《仲裁法》规定，当事人申请仲裁后，可以自行和解。

和解是双方当事人的自愿行为，不需要仲裁庭的参与。达成和解协议的，可以请求仲裁庭根据和解协议作出裁决书，也可以撤回仲裁申请。当事人达成和解协议，撤回仲裁申请后又反悔的，可以根据原仲裁协议重新申请仲裁。

(二)和解的效力

和解协议不具有强制约束力，如果一方当事人不按照和解协议执行，另一方当事人不可以请求人民法院强制执行，但可以向法院提起诉讼，也可以根据仲裁协议申请仲裁。

法院或仲裁庭通过对和解协议的审查，对于意思真实而又不违反法律强制性或禁止性规定的和解协议予以支持，也可以支持遵守协议方要求违反协议方就不执行该和解协议承担违约责任的请求。但是，对于一方非自愿作出的或违反法律强制性或禁止性规定的和解协议不予支持。

三、争议评审机制的规定

建设工程争议评审（以下简称争议评审），是指在工程开始时或工程进行过程中当事人选择的独立于任何一方当事人的争议评审专家（通常是3人，小型工程1人）组成评审小组，就当事人发生的争议及时提出解决问题的建议或者作出决定的争议解决方式。当事人通过协议授权评审组调查、听证、建议或者裁决。一个评审组在工程进程中可能会持续解决很多的争议。如果当事人不接受评审组的建议或者裁决，仍可通过仲裁或者诉讼的方式解决争议。

采用争议评审的方式，有利于及时化解争议，防止争议扩大与拖延而造成不必要的损失或浪费，保障建设工程的顺利进行。

1. 争议评审制度的起源与发展

争议评审制度起源于美国，其概念在20世纪60年代美国华盛顿州Boundary大坝工程中首次应用，当时的联合技术咨询组针对一些争议问题提出了建议。但这还不是真正意义上的争议评审。建设工程争议评审委员会（Dispute Review Board，现称Dispute Resolution Board，简称DRB）制度最早在1975年美国科罗拉多州艾森豪威尔隧道工程中采用，取得了成功。这条隧道的土建、电气和装修三个合同共计1.28亿美元，都采用了争议评审的方式解决争议，在4年工期内有28次不同的争议听证和评审，而DRB的意见都得到了双方的尊重而未发生仲裁或诉讼，在美国赢得了较大的正面效应。美国由14个建筑业有关机构和代表组成的美国建筑业争议解决委员会，协助美国仲裁协会（AAA）制定了一套可供建筑业选择使用的非诉讼纠纷解决程序（Alternative Dispute Resolution，简称ADR）。

世界银行关注到美国的实践，逐渐在其贷款项目中试用。1980年至1986年由世界银行和泛美开发银行贷款的洪都拉斯EI Cajon大坝项目，首次在国际工程项目中采用争议评审机制。该项目金额高达2 030万美元的5次争议均由DRB调解成功并为争议双方所接受，工程按期完工，DRB费用仅为30万美元。至2006年，有超过2 000宗国际性项目使用或计划使用争议评审为纠纷解决机制，项目建设总值超过1 000亿美元。

1995年1月，世界银行开始在其招标文件中强制要求由其贷款的项目必须采用争议评审制度。同年，国际咨询工程师协会（FIDIC）在《设计—建造与交钥匙工程合同条件》中提出了"争议评审"的概念，并相继在其他类型合同条件中引入"争议评审"机制。2004年9月1日，国际商会（ICC）推出《争议小组规则》，明确规定了争议小组的3种类型：

(1) Dispute Review Board（简称DRB，争议评审组），小组只提供建议性意见，没有约束力，当事人在规定期限内对建议提出异议的，该建议对当事人不发生约束力。

(2) Dispute Adjudication Board（简称DAB，争议裁决组），其决定具有约束力，当事人在另行达成协议或决定被裁决或判决推翻之前要遵照执行。

(3) Combined Dispute Board（简称CDB，综合争议组），可以根据争议的性质和当事人的意思表示就争议作出建议或有约束力的决定。2005年5月，世界银行推出的标准招标文件统一规定为争议小组（Dispute Board，DB），该小组作出的决定对于双方当事人均有约束力，除非被友好争议解决或仲裁裁决推翻外，当事人应当遵照执行。

争议评审与其他争议解决机制相比的优势是：专业性、快速反应、现场解决问题、创造良好气氛、争议双方不需要律师的介入，以及双方最终仍保留诉讼或仲裁的救济途径。

2. 我国争议评审制度的实践

在我国，争议评审制度的运用还较少，只有一些世界银行贷款项目如二滩水电站工程项目、黄河小浪底水利枢纽项目、万家寨水利工程项目、昆明掌鸠河引水供水工程等运用了争议评审机制，均取得良好效果。

3. 我国对争议评审的规定

2007年11月国家发改委、建设部、信息产业部等9部门联合发布了《〈标准施工招标资格预审文件〉和〈标准施工招标文件〉试行规定》，其《标准施工招标文件》"通用合同条款"的争议解决条款部分规定了争议评审内容，即当事人之间的争议在提交仲裁或者诉讼前可以申请由专家组成的评审组进行评审。

《标准施工招标文件》中规定，采用争议评审的，发包人和承包人应在开工日后的28天内或在争议发生后，协商成立争议评审组。争议评审组由有合同管理和工程实践经验的专家组成。

合同双方的争议，应首先由申请人向争议评审组提交一份详细的评审申请报告，并附必要的文件、图纸和证明材料，申请人还应将上述报告的副本同时提交给被申请人和监理人。被申请人在收到申请人评审申请报告副本后的28天内，向争议评审组提交一份答辩报告，并附证明材料。被申请人应将答辩报告的副本同时提交给申请人和监理人。除专用合同条款另有约定外，争议评审组在收到合同双方报告后的14天内，邀请双方代表和有关人员举行调查会，向双方调查争议细节；必要时争议评审组可要求双方进一步提供补充材料。除专用合同条款另有约定外，在调查会结束后的14天内，争议评审组应在不受任何干扰的情况下进行独立、公正的评审，作出书面评审意见，并说明理由。在争议评审期间，争议双方暂时按照总监理工程师的确定执行。

发包人和承包人接受评审意见的，由监理人根据评审意见拟定执行协议，经争议双方签字后作为合同的补充文件，并遵照执行。发包人或承包人不接受评审意见，并要求提交仲裁或提起诉讼的，应在收到评审意见后的14天内将仲裁或起诉意向书面通知另一方，并抄送监理人，但在仲裁或诉讼结束前应暂按总监理工程师的确定执行。

2013年3月国家发展和改革委员会、住房和城乡建设部等9部门联合发布了《关于废止和修改部分招标投标规章和规范性文件的决定》，将《〈标准施工招标资格预审文件〉和〈标准施工招标文件〉试行规定》修改为《〈标准施工招标资格预审文件〉和〈标准施工招标文件〉暂行规定》，但对其《标准施工招标文件》未作任何修改。2013年5月住房和城乡建设部、国家工商总局联合发布的《建设工程施工合同示范文本》（GF—2013—0201）（该示范文本已于2017年修订），在"通用合同条款"第二十条中正式引入了"争议评审"，在"专用合同条款"部分也预留了相应选填项目。该示范文本的正式执行，标志着建设工程争议评审制度已在我国建筑市场中得到确立。

为了促进我国工程建设领域的当事人运用争议评审机制，及时化解纠纷，保障建设工程顺利进行，中国国际经济贸易仲裁委员会和北京仲裁委员会分别依据《标准施工招标文件》，并参考国际商会的《争议小组规则》及FIDIC合同条件中的相关规定，根据案例实践制定了各自的建设工程争议评审规则。

本章小结

法律纠纷是指公民、法人、其他组织之间因人身、财产或其他法律关系所发生的对抗冲突（或者争议），主要包括民事纠纷、行政纠纷、刑事纠纷。民事纠纷的法律解决途径主要有和解、调解、仲裁、诉讼四种。建设工程行政纠纷是在建设工程活动中行政机关之间或行政机关同公民、法人和其他组织之间由于行政行为而引起的纠纷，包括行政争议和行政案件。

民事诉讼中的管辖是指各级法院之间和同级法院之间受理第一审民事案件的分工和权限。诉讼时效是指权利人在法定的时效期间内，未向法院提起诉讼请求保护其权利时，依据法律规定消灭其胜诉权的制度。

审判程序是人民法院审理案件适用的程序，可分为一审程序、第二审程序和审判监督程序。

仲裁也称"公断"，是双方当事人在合同争议发生前或争议发生后达成协议，自愿将争议交给仲裁机构作出裁决，并负有自觉履行义务的一种解决争议的方式。仲裁协议是指双方当事人在合同中预先载明表示愿意将其履行合同过程中发生的争议交付仲裁解决的一种条款，或者当事人在争议发生后以其他方式达成的愿意交付仲裁的一种书面协议。

我国的调节方式主要有人民调解、行政调解、仲裁调解、法院调解和专业机构调解等。

和解与调解的区别在于和解是当事人之间自愿协商，达成协议，没有第三方参加，而调解是在第三方主持下进行疏导、劝说，使之相互谅解，自愿达成协议。

建设工程争议评审（以下简称争议评审），是指在工程开始时或工程进行过程中当事人选择的独立于任何一方当事人的争议评审专家（通常是3人，小型工程1人）组成评审小组，就当事人发生的争议及时提出解决问题的建议或者作出决定的争议解决方式。

小知识

建设工程中的民事纠纷与行政纠纷

建设工程争议可分为平等主体之间的"民事纠纷"和不平等主体之间的"行政纠纷"。建设工程当事人与有关行政管理机关的争议，主要表现为建设工程当事人对有关行政机关的处罚不服所产生的分歧。建设工程平等主体当事人之间的纠纷一般表现为对合同是否已经履行或者是否已按合同的约定履行产生的分歧；对没有履行合同或者没有完全履行合同的责任应由哪一方承担和承担多少产生分歧；对引起建设工程无效的原因及后果承担的争议等。建设工程当事人与有关行政管理机关的争议，主要通过行政复议和行政诉讼来解决；建设工程当事人之间的争议，可通过自行协商、调解、仲裁、诉讼等途径进行解决。

练习题

1. 什么是法律纠纷？建设工程中常见的纠纷有哪些？民事纠纷的法律解决途径主要有哪些？
2. 《民事诉讼法》规定，民事证据有哪几种？
3. 什么是诉讼时效？诉讼时效期间的计算方法是什么？
4. 民事诉讼的审判程序是什么？
5. 仲裁协议的内容是什么？仲裁的程序是什么？
6. 仲裁裁决的撤销情形包括哪些？
7. 调节方式主要有哪些？

综合练习题

案例 1

甲房地产开发公司（以下简称甲公司）与乙房地产开发公司（以下简称乙公司）签订的《H 项目合作开发合同》中约定：双方合作开发 H 项目，乙公司在取得市发改委项目建议书批复文件 10 日内向甲公司支付补偿金 700 万元，如乙公司不能按时付款，本合同即作废，乙公司应向甲公司支付 300 万元违约金。合同还约定："因本合同引起的或与本合同有关的任何争议，均提请 B 仲裁委员会仲裁。仲裁裁决是终局的，对双方均有约束力。"因乙公司在取得 H 项目批复文件后未支付补偿金，甲公司通知解除合同并向 B 仲裁委员会申请仲裁。乙公司在收到 B 仲裁委员会的仲裁通知及相关资料后提出了管辖异议，称合同中虽有仲裁条款，但合同已经解除，B 仲裁委员会没有管辖权。甲公司认为乙公司的抗辩理由不能成立。B 仲裁委员会根据合同中的仲裁条款作出了裁决。为此，乙公司以 B 仲裁委员会对本案无管辖权为由向人民法院提出撤销该裁决的申请。

问题：本案中的 B 仲裁委员会对此案是否具有管辖权？

案例 2

某建筑公司诉某开发公司施工合同纠纷一案，法院终审判决开发公司应在 2008 年 11 月 12 日前一次性支付所欠工程款 300 万元，建筑公司胜诉。但开发公司没有在规定的履行期限内支付欠款。2010 年 9 月，建筑公司的领导要求公司有关人员向法院申请强制执行时，有关人员汇报说，公司现在才申请强制执行，已超过规定的 6 个月申请强制执行期限，法院不会再受理了，只能与开发公司协商解决。

问题：建筑公司有关人员的说法是否正确？该公司还能否对开发公司的欠款向法院申请强制执行？

综合练习题解析

参 考 文 献

[1] 廖征军. 工程建设法规[M]. 3版. 北京：北京理工大学出版社，2019.
[2] 吴胜兴. 土木工程建设工程法规[M]. 4版. 北京：高等教育出版社，2020.
[3] 徐广舒. 建设法规[M]. 北京：机械工业出版社，2017.
[4] 佘立中. 建筑工程合同管理[M]. 3版. 广州：华南理工大学出版社，2011.
[5] 何红锋. 工程建设中的合同法与招标投标法[M]. 3版. 北京：中国计划出版社，2014.
[6] 张培新. 建筑工程法规[M]. 3版. 北京：中国电力出版社，2014.
[7] 徐占发. 建设法规与案例分析[M]. 2版. 北京：机械工业出版社，2011.
[8] 李永福. 建设工程法规[M]. 北京：中国建筑工业出版社，2011.